黯淡的達賴

——失去光彩的諾貝爾和平獎

——正覺教育基金會 編著

ISBN 978-986-86852-1-5

編者的話

　　達賴喇嘛雖然頂著諾貝爾和平獎的光環在世界遊走，但是當我們移開這個光環假象以後，就看見了達賴喇嘛的眞實模樣。因爲現在是資訊發達的時代，許多事情都可以經由多方的驗證而得知眞貌。這些年來，經由各國理性有智者的發掘，讓達賴集團的許多陰謀事實證據曝光，因此顯示出頒給達賴的諾貝爾和平獎光環早已黯淡，因爲達賴喇嘛表裡不一的欺世本質與諾貝爾和平獎根本不相當。

　　基本上，達賴喇嘛只是舊西藏社會統治階層造神運動的結果，再加上渲染的宣傳手法而在世界各地扮演他和平大使的角色；其實達賴喇嘛的流亡政府對流亡海外的藏胞依然保持舊西藏君權時代的統治手段，不離血腥、殘忍、迷信與暴力等，達賴集團也曾與美國中央情報局合作培訓軍事人員，試圖以武力恢復他在舊西藏的統治權——雖然最後沒有成功，因此當年諾貝爾和平獎頒給達賴喇嘛，其實是天大的諷刺。說穿了，達賴集團這類對付異己的殘暴作爲與武力行動，仍是舊西藏達賴世系君王統治的政治傳承；達賴喇嘛這樣的本質，不會因爲接受諾貝爾和平獎的包裝而有改變。

　　更有甚者，達賴喇嘛所弘揚的藏傳佛教，並非眞正的藏傳佛教，違背藏傳佛教的正統佛法，本質是喇嘛教而非藏傳佛教。眞正的藏傳佛教所弘揚的同樣是佛陀傳下來的第八識如來藏妙義，但達賴集團率領的仿冒佛教等喇嘛教集團，都是以外道的男女雙修坦特羅性交追求最強烈的淫樂爲核心法要，從其最早祖師的傳承，到達賴推廣於全球的大樂光

明、樂空雙運，就是不離這類欲界低下淫慾的修行方法，而且喇嘛們是要常常與女信徒雜交的，卻美其名為「無上瑜伽」。其實這樣的「瑜伽」只是盜用佛法名詞，絕無絲毫佛法實質；因為達賴所傳揚的所謂「無上瑜伽」名實不符。「瑜伽」的意思是「相應」，佛法中的「無上瑜伽」是說，與智慧及解脫境界的最高層次相應，是指稱成佛的境界。但達賴喇嘛弘傳的假「無上瑜伽」卻是識陰六識與淫樂境界相應的境界，錯認淫樂覺受中的意識為空性，誤以為控制淫行持久不洩精而漸漸達到全身遍滿淫樂時，就是諸佛報身所住的境界，落入意識心中，成為常見外道，達賴喇嘛推廣的這種假「無上瑜伽」，其實是錯認外道五現見涅槃中的第一種境界為成佛的境界。這種境界在眞正密法的密教部經典《楞嚴經》中，佛陀已經嚴屬斥責為魔王所說，如是修行之人皆是魔子魔孫，死後必然下墮三塗。因此，達賴喇嘛弘傳的假「無上瑜伽」性交修行方法，純屬外道境界，未離常見外道之所知所見。

達賴喇嘛又假冒為觀世音菩薩的化身，欺騙單純不知眞相的信徒；又以藏傳佛教的名稱入篡佛門，籠罩西方人士，使不明內情的西方人士誤以為達賴喇嘛眞是「活佛」，誤以為達賴集團的喇嘛教眞是藏傳的佛教。實質上，達賴集團本是推廣印度教支派性力派邪法的喇嘛教，根本不是佛教；其理論、所說、所修、成果，全都與正統佛教修行的內容違背，因此達賴喇嘛根本不是佛教人士，頂多只是一個喇嘛教的上師。

因此本書收集各種資訊、報導及證據，以及發生在達賴

喇嘛身上的一些不爲人知的祕密故事，於其中對照達賴喇嘛自己所著書籍中內涵，一一呈現在讀者眼前，有智讀者在詳細閱讀之後，就能認清達賴喇嘛及其領導的假藏傳佛教喇嘛教的底細，知道這個主推淫慾雙身法，實踐暴力政治手段的達賴喇嘛集團，只是一個結合暴力、性侵、謊言的政治團體領導者，絕非佛教中的出家人或修行者，這才是達賴喇嘛的眞實面貌；由這些證據的顯示，大眾就能知道這個諾貝爾和平獎的光環，早已被達賴玷污而失去光彩了。編者期望廣大民眾不再被其僞裝的「和平使者」面具所欺騙，也因此可以讓純樸的老百姓增加見聞知識，若有因緣遇到達賴等假藏傳佛教的喇嘛時，可以遠離迷信而避免受其邪教侵害；佛教徒或尚未進入佛門的人們，若已讀此書，正式開始修行時，即可緣於了知達賴的邪妄行爲而避免誤入假藏傳佛教中，可免法身慧命受其殘害，以免捨壽後因生前誤修雙身法而違犯佛戒，導致長劫墮在地獄受苦的無量痛苦。已誤入假藏傳佛教性交修行的密宗女信徒，若能瞭解達賴喇嘛仿冒佛教的眞相而遠離之，也能及早終止與上師喇嘛繼續合修雙身法，滅除未來被配偶知悉的機緣，則可預防婚姻破裂，家中尚未成年的兒童、少年期子女，也可以免除失怙的危險，維護家庭的完整與和樂，社會也將比以前更祥和。也期望此書流通之處，社會風俗因而回復原有的善良純樸，不再繼續受到假藏傳佛教性交修行外道法的染污。

目　　錄

第一章 一任黑風吹船舫
——第十四世達賴喇嘛掀波惹浪的一生

一、搖籃外的造神（1935-1939）

第十四世達賴喇嘛的造神運動是在搖籃外展開的，因為當年「尋訪靈童」的人馬，從找出二歲的活佛人選，等到安排打理好粉墨登場，達賴娃娃已經四歲多了。在此之前，達賴出生地的青海省祈川地區，一直是個寧靜得不曾有什麼神鬼騷擾的小村；達賴娃娃躺在一姊三兄先後睡過的搖籃裡，除了父母輕搖入夢之外，不曾有什麼異樣的晃盪過；直到那些專業造神的「喇嘛匠人」策馬揚塵來到，才開始了達賴十四世掀波惹浪的一生。

新舊達賴的死與生

1933 年 10 月，達賴喇嘛十三世土登嘉措在拉薩布達拉宮過世，享年只有 57 歲。喇嘛教相信人死以後要輪迴轉世，被訛言宣傳為觀世音菩薩化身的達賴喇嘛自然更是如此；不但如此，轉世後還要被指認然後再接續其「上一世」的事業。因此他死後的第二年，西藏的葛廈（內閣）就開始規劃尋找達賴轉世的靈童。為了取信於人，當然得編造說在尋找轉世靈童之前，就已有了很多先兆。譬如：達賴喇嘛十三世死後，他的屍體暫時停厝在布達拉宮內供人瞻仰，停放時本來是面向南的，後來竟轉過去面向東北。同時，為安置其遺體，而

在廣場上所設立之新祠堂，其朝東方向一支上好木柱上的東側，長出一顆菌菇。攝政當局遂穿鑿附會說：「這些暗喻都指出，下一世達賴喇嘛的轉世靈童將向東尋找。」

可是仔細尋思，這些都不算什麼「瑞相」：一根還沒有乾透就拿來濫充棟樑的木柱，立在潮濕不通風的角落而長出了菌菇，其實是興造宮室中的「敗象」，卻拿來哄騙世人說是祥徵瑞兆；同樣的，因為遺骸放置久了產生筋肉乾縮不勻，或是棺中襯枕缺陷以致使得遺體項偏頭側，都是物理現象，與靈異神蹟何干？硬要把這些現象攀扯是已故的活佛示意，那麼活佛何不在瀕死仍活的時候，口說筆書還比較輕鬆，何苦還要死後自敗其「莊嚴法相」，掙扎扭動地故弄啞謎？牽強造作故弄玄虛，只會讓人看破手腳，正暴露了：達賴轉世只是一種炒作，沒什麼神祕、神聖的。

據達賴喇嘛的官方網站簡述：

1935年，依照西藏的歷史慣例與宗教儀規，攝政熱振仁波切率領的尋訪小組，前往距離首都拉薩約90哩的聖湖——拉嫫拉錯湖，進行觀湖儀式。當時攝政本人「清楚地看到」水裡呈現三個藏文字母：「Ah」、「Ka」和「Ma」。接著出現下列影像：一座寺院，有著碧藍色及金色的屋頂；以及一棟房子，有著綠松石色的屋頂。攝政乃將這些景象詳細地描述記錄下來，「並予保密」。[1]

---

[1] 達賴喇嘛的生平簡介
http://www.dalailamaworld.com/topic.php?t=48 達賴官方網站

隨後，西藏宗教政府依循祕象在西藏各地開始尋訪，期望能找到攝政在聖湖水面所見影像的實際地方。其中一個向東而行的尋訪團，由色拉寺喇嘛給昌仁波切所帶領，當他們到達安多地區古本寺（塔爾寺）附近時，發現一個村莊附近的房子與祕象所描述相符，因而確定找對地方了！為了便於查訪，由初級官員洛桑吉旺假扮領隊，並由給昌仁波切扮作僕人來到這一家。當時仁波切身上正戴著第十三世達賴喇嘛的佛珠，小孩一下子就認出了念珠，並要求應還給他；給昌仁波切應允可以給他，但小孩必須先猜出仁波切是誰，小孩即大叫「色拉喇嘛」（色拉寺是給昌仁波切駐錫的寺）；然後仁波切又問小孩，假扮領隊的人是誰，小孩也答出正確的名字，甚至連真正僕人的名字都知道。接下來一系列的試驗，小孩皆一一無誤地認出那些屬於第十三世達賴喇嘛的東西。

經過一連串「測試」之後，尋訪團成員進一步確認轉世的達賴喇嘛已經找到了，同時亦證實祕象中的三個字母：其中「Ah」代表安多（Amdo）；另兩個字母「Ka」和「Ma」代表著古本賢巴林寺院或代表附近的噶瑪如比多杰寺院，該寺正位於村莊的山頂上，同時亦說因第十三世達賴喇嘛訪問中國的回程途中，曾於該寺停留，而使其更深具特殊意義。

死去活來只為爭權奪利

以上的這些敘述既富戲劇性又有神祕感，讀來很能引人入勝，但是就缺真實性。首先我們不曉得這些西藏的攝政團隊，或是依教領政的高層喇嘛，為何會遲至舊頭頭死去兩

年，另覓新主的實際行動才開始積極起來？這中間統緒的傳承是否本來就是可有可無，後經多方長時折衝協調，談好權、利的擺平方案了，才想到「啊！可以請出死鬼轉世解決了」？

綜觀西藏歷史，歷任達賴喇嘛轉世，其實本就是各朝各代的既得利益團體為延續統治權，或是新興勢力為了鬥爭奪權而有目的演出的戲碼。活佛在西藏除掌握教派中的權力，事實上也具有領主的身分，也就是說，控制了活佛等於掌握了相當的宗教、政治與經濟權力，這也就引起各方爭奪轉世靈童的「認證權」；在西藏這類的紛爭層出不窮，特別是政教合一後，達賴喇嘛成為實質的統治者，因此年幼的達賴喇嘛常常成為犧牲品；不但只是傀儡性質的存在，更往往在衝突鬥爭中性命都難保。如：

> 僧俗大農奴主為了奪取權力，圖謀較長時間以攝政掌政，致使達賴早亡，如九世達賴僅活到 11 歲，十世達賴活到 22 歲，十一世達賴活到 18 歲，十二世達賴活到 20 歲。他們都在少年和青年時期夭折，有些著作說是因病而逝，但亦有的說是「非正常死亡」，這幾世達賴喇嘛可能是統治者爭奪權力的犧牲品[2]。

這並不完全屬於臆測，道光 24 年十一世達賴七歲時，遭謀害未遂，光緒 25 年也發生十三世達賴遭謀害未遂；這

---

2. 蔡志純／黃顥，《藏傳佛教中的活佛轉世》，華文出版（北京），2007年 1 月初版二刷，111 頁。

是未遂而遭查辦的例子，若是謀害成功，圖謀者順利掌握權力，自然能掩飾陰謀而不洩露，所以這些夭折的達賴遭謀害的可能性很高。從這裡可以看得出來，所謂的活佛，在政爭中不但無法保住其世俗權力與地位，甚至連自己的生命都無法保住，這樣的人自稱為活佛未免太荒謬。即便他們是病死而非被害，這樣的薄福少德也不能與其身分相稱，說為是觀世音菩薩的化身，其誰能信？

前說十三世喇嘛遺體歪脖示意，木柱長出蘑菇都朝著東北，既然如此稱說而又信服之，又何必反向朝東去「觀湖顯像」？何況這觀湖顯像的把戲根本就同於民間信仰宮廟中的「開砂」、「畫符」，也像是 1980 年代台灣流行「大家樂」、「六合彩」時瘋狂求發財的民眾，跑到各處陰廟或是墳地，圍觀爐中香灰痕跡求明牌一樣迷信而荒唐；這只是一種在不確定感中求指引或是安慰的一種心裡投射，不但與眾所共知不尚迷信的佛教背道而馳，也與菩薩入世度眾大悲無遮無礙的精神完全不相干。

至於所謂攝政本人清楚地看到水裡呈現的「Ah」、「Ka」和「Ma」三個藏文字母；以及金碧屋頂的寺院、綠松石色的屋頂的房子等影像，如果屬實，當時就該公布出來昭告四方，以便全境協尋並昭大信。怎麼反而會是私家記存「並予保密」，等結果揭曉之後才從口袋掏出、對號認取並補行貼上標籤？這不是「事後諸葛」斧痕明顯的追加杜撰、牽緣附會又是什麼？

這認證靈童的故事中，還安排了官員喇嘛隱藏身分假扮

領隊隨從的情節，令人覺得荒唐好笑；認證靈童若真有神祕，還需要人為矯作嗎？對於一家住在上不巴村、下不巴店的鄉野佃農，和一個兩歲的小娃娃，需要用「諜對諜」的方式試探，才能完成神聖的認證嗎？兩歲的小孩知道什麼叫作「色拉喇嘛」？還不是像是鸚鵡學語一般無甚意識的，學著大人眼前寒暄口中說的話聲發音而已，這也能稱為神蹟嗎？又如小兒面客好奇，見到喇嘛身上新奇的事物伸手抓取，也是一般正常的反應，尋訪靈童團隊順手將它遮過彰美、加油添醋地串聯成可以自圓其說的說詞，就此編成了找到靈童的故事；其實明眼人正好可以藉著這些反證，所謂達賴靈童轉世的說法，完全不出古今中外統治者神道設教，大搞愚民騙術那一套。

以上還只是為達賴造神人士對尋訪靈童的鋪陳，至於實際找到靈童的情況，更是謊言的串聯。根據達賴官方網站[3]所述：「1935 年 7 月 6 日，第十四世達賴喇嘛丹增嘉措，誕生於西藏安多地區塔爾寺附近一個稱為『塔采』的小鎮農家中。」事實上達賴的出生地並不在西藏，而是在青海省西寧附近的湟中縣南祁川。[4] 達賴喇嘛在他的英文自傳中說，他是生在西藏的安多地區（Amdo）。這是由於他和他的隨從自搞西藏獨立運動以來，他們所謂的「西藏獨立國」便

---

[3] 財團法人達賴喇嘛西藏宗教基金會網站
http://www.tibet.org.tw/dalailama_life_history.php
[4] 解讀達賴：一個分裂者的鬧劇人生
http://news.sina.com/c/2008-04-21/083615397076.shtml

已逕自把今天的青海省全境納入了版圖之內，所以他說他是生在「西藏境內」。從這裡也可以看出他暗中偷天換日搞政治的藏獨心思，違背佛教出家人不搞政治的戒律；因此，日後達賴喇嘛屢在國際間放話，說他不搞西藏獨立，實際上只是緩兵之計、推託之詞，全不可信。

雞犬皆仙的達賴一家人

達賴喇嘛十四世的漢文譯名的確是丹增嘉措，英文譯名是 Tenzin Gyatso，但那是被認證以後的事。他出生時的俗名是拉木登珠，父親的漢文譯名是祈卻才郎（也譯作拉布秀），是湟中縣南祁川的一個藏族農民。丹增嘉措在他家的孩子中排行第五，他上面有一個姊姊、三個哥哥，下面有一個妹妹和一個弟弟。自傳中又說，他父親是一個佃農，但不是農奴（正因為「青海不是西藏」，所以沒有農奴制度），承租了面積不大的土地，每年種植大麥、蕎麥和洋芋等作物，養有五、六頭奶牛，七、八十隻山羊和綿羊，兩、三匹馬和兩頭犛牛。雖然是小農戶，在三十年代的青海，能夠讓九口之家維持溫飽，也稱得上是小康之家了。

達賴喇嘛曾經在其自傳《我的故鄉與人民》（另有譯作《吾土吾民》）一書中曾述及：「我始終感覺，若我生於一個富貴的家庭，我將永遠無法了解西藏人民，尤其是來自卑微階層百姓的感受及情感。然而，正因為我的出生低微，因此更能體會並知道他們心中所想的一切。這也是為什麼我能強烈的感受到其需要，同時嘗試盡全力改善他們

生活的原因。」[5]這其實是矯情的說詞，除了先前已表述過，他們家並非西藏真正受苦的農奴，除了原本就已小康的生活環境之外，當認證完成後拉木登珠坐在象徵達賴地位的黃轎子進入布達拉宮，他全家也由青海農村搬到了拉薩，並成了西藏的大貴族，名為「達拉」。西藏地方當局按照慣例，給了達賴一家大片的莊園和成百的農奴；因此達賴自懂事以來，除了他本人享盡萬般榮寵之外，他們家早已是一個「富貴的家庭」和權位上的既得利益者，不但躋身豪門，更先後在達賴政府中封官晉爵；坐享富貴之餘，又何曾「*體會並知道*」「*來自卑微階層百姓的感受及情感*」？達賴總是用不老實的說詞盜名欺世，於此可見一斑。

就舉十四世達賴自身為例，他的家族在西藏佔有 27 座莊園、30 個牧場，擁有農奴六千多人。每年在農奴身上搾取青稞 33,000 多克（1 克相當於 14 公斤）、酥油 2,500 多克、藏銀 200 多萬兩、牛羊 300 頭、氆氌 175 卷。1959 年，十四世達賴喇嘛本人手上有黃金 16 萬兩、白銀 9,500 萬兩、珠寶玉器 2 萬多件，有各種綢緞、珍貴裘皮衣服 1 萬多件，其中價值數萬元的鑲有珍珠寶石的斗篷 100 多件。[6]

---

[5] 達賴官方網站所刊內容後來修改為：
「我意識到，假如我來自一個富庶或貴族人家，我便不會珍惜西藏的低下階層的感情和思想。然而，由於我本人卑微的出身，我可以理解他們，明白他們的思想。那就是我何以對他們有如此強烈的感情，並致力於改善他們生活的原因。」

[6] 〈達賴—披著宗教外衣殘酷剝削西藏人民的最大農奴主〉，2009 年 4 月 22 日，《西藏日報》。

　　因此，作爲舊西藏最大的農奴主，十四世達賴的土地、財富多到自己都數不清。甚至在達賴逃亡途中，經過多日翻山越嶺的跋涉，到達一個叫作「覺拉」的小山村，還可以在他登基時家族受贈的莊園裡度過了兩天；而這個偏遠難至的山村，若非逃難，恐怕達賴家族終其一生都未必會前來的；但仍有專人看管著許多農奴，持續經營著達賴家族這一份屬產。[7]

　　然而當時西藏攝政的熱振喇嘛（達賴官網稱之爲「瑞廷喇嘛」）等人，所以要大費周章跑到荒遠的青海鄉間去尋找靈童，原因不外是「地偏心遠人不識」，跳脫上層舊識圈子比較方便搞神祕造神；等到木已成舟後，異議者也無力提出證據反駁或是質疑。但是這件事到底還是有矯作的斧痕：雖然尋找靈童的僧官格桑次旺一行確定這個四歲多的男孩，就是他們要找的靈童；但是後來，等到尋找靈童的其他幾隊人馬也都先後回到了拉薩，靈童居然一共找到了三個，還眞是「公嬤隨人祀」，各懷各的鬼胎。此後又經過了請神降旨等裝模作樣的繁複過程，以及攝政熱振活佛的「指示」，最後才確定這位青海農家出身的靈童丹增嘉措，是眞正達賴十三世的轉世的靈童。從這裡不難看出，這三分之一的「合法性」，到底是死鬼指定投胎，還是活人主導轉世？想清楚了，則達賴的轉世之謎，也就一無神祕可言了。

---

http://www.wretch.cc/blog/kc4580455/13302424
[7] 參見 達賴官方網站 達賴傳記《我的故鄉與人民》第十二章：〈逃亡印度〉http://www.dalailamaworld.com/topic.php?t=280

再從時間上來看，主張輪迴轉世的人士都知道，人死後除了善惡業重的會直接轉世升、墮之外，大部分人都會在死後七七四十九天之內，或早或晚的隨願或是隨業的輕重投胎輪迴，除了證阿羅漢果解脫入無餘涅槃外，沒有誰不在時限內投胎的。依此算來，十三世達賴喇嘛土登嘉措，1933 年10 月在拉薩布達拉宮過世，快則當年之內，慢則翌年（1934）年初，達賴十四世應早已誕生了，斷不會拖到一年半以後的1935 年 7 月 6 日才出生。這已證明十四世達賴並非十三世達賴的轉世，除非中間又隔了一次生死；也就是說，十三世達賴死後先投胎至哪個惡道中短命中夭，一遍生死後才再返回人間。如此一來已是福薄造惡之人，保得人身已屬萬幸，又有何德、何福能被篩選為舊西藏的政教領袖？

帶衰的烏鴉惡咒

說到福薄，達賴曾述及他剛出生後的一件事：

一對烏鴉落在我家的屋頂上，過一會兒就飛走了，這樣它們每天早上就要落在那裡停一停。發生這個特別有趣的事，如同發生在第一世、第七世、第八世和第十二世達賴喇嘛出生時一樣，也都出現了一對烏鴉。對我本人所發生的這件事，當初沒有人在意。後來，最近大概是三年前，我告訴家慈後，她回想起這件事，並注意到那對烏鴉早晨落在屋頂上，過一會兒就飛走了，第二天早上又飛回來了。據記載；第一世達賴喇嘛出生在傍晚，那天晚上他家遭到匪徒襲擊，慌

亂中兩位父母留下嬰兒逃出屋子，第二天早晨返回家，發現嬰兒在屋子角落裡安然無恙，前面有一隻烏鴉在做保護，……不難看出，烏鴉、吉祥天母及達賴喇嘛之間存在一定的特殊關係。[8]

在東方乃至世界眾多民族文化中，烏鴉一向是不祥的徵兆，屬於「休、徵」一類預報凶兆的動物，也是未離惡業果報的畜生，只有達賴居然如此的與之認同，並引以為炫耀之事，卻沒有去思考故事中第一世達賴喇嘛的出生，伴隨烏鴉而俱來的，竟是他身生父母在自家中被搶，這算什麼吉兆呢？不僅如此，反而是隨著達賴的出現產生接二連三地種種災難危險凶兆。達賴也曾在他的自傳中說：「西藏廣泛流傳著一種信念：在上層化身喇嘛轉世前，他的出生之地會有災難。在我出世以前四年裡，它喀則一直欠收，不是在莊稼成熟時遭了冰雹，就是幼苗受了水淹。村民們說，一定會有轉世者在他們之間投胎轉世。我的家庭尤其多難，在我家廖寥無幾的寶貴的家財中，死掉了幾匹馬和牲畜，我父親不知其然。」[9] 果然是薄福者受生後及出生前的禍不單行，這都是達賴喇嘛真實的自述，不是別人的抹黑。那麼命底這麼冷硬的歷代達賴究竟是活佛化身，還是妖魔轉世？這就值得人們好好思考了。

---

[8] 達賴官方網站：「生平欄」之問題釋答之二
http://www.dalailamaworld.com/topic.php?t=199
[9] 達賴官網傳記《我的故鄉與人民》第一章：〈農夫的兒子〉
http://www.dalailamaworld.com/topic.php?t=294

　　縱然如此，千百年來文盲眾多而受在位者宗教愚弄的舊西藏百姓，仍普遍深信達賴轉世的神話，甚至還以爲達賴是觀世音菩薩化身的轉世，而轉世者當然有著不同凡響的智慧。達賴曾開示他的信眾說：「身爲轉世者的兒童能夠憶記他們前世的人和物，這是『一件很平常的事』。有些兒童甚至不須他人教導便能誦出佛經。」[10] 這當然是吹牛胡扯，有人曾問達賴記不記得當年被認證的經過，達賴回答：「不用說，對這件事，我記得不多。我太小了。」靈童若能記憶前世，這不是「一件很平常的事」，因爲只有已離隔陰之迷、已發起意生身的三地滿心以上菩薩，方能正知入胎、住胎、出胎，才能夠將此生之意識延續至下一生；或是已證俱解脫而迴心大乘的阿羅漢，已有五通的證量才能離胎昧，能憶宿命，那就代表證量已達聖位。既然已將前一世的意識連貫到今生，卻又如何來到此世後反而忘卻兒時所歷？這就好像一個自稱能馱重千里的大力士，到了自家門口反而無力舉步入門，這不是豈有此理嗎？

　　曾經有人也問過達賴喇嘛，難道您從未懷疑過您自己的確是達賴十三世的轉世嗎？達賴喇嘛很誠實地說：「我當然也懷疑過，但是，每當我想到我與達賴十三世擁有許多共通的興趣，如我們都收藏手錶和念珠，這便讓我放心不少。」[11] 對本身以神佛轉世而自處的信念，竟是建立在

[10] 同上註。
[11] 陳玉慧作，〈與智慧寶相遇_我所認識的達賴喇嘛〉一文，登載於網路部落格：http://blog.udn.com/jadechen123/610523 下載時間：2012/7/19。

這些世俗事務的見取的認同上，則可見所謂達賴喇嘛轉世的神話，就是透過如此般的自我催眠，自欺成功後接著再去欺人，這樣代代相傳下去的。

黃轎子搖開的首航

話說回頭，靈童找到後，從青海迎奉靈童去拉薩的問題上，又遇到了一些周折。時際對日抗戰，在重慶的國民政府，全力支持西藏當局尋找靈童的過程；靈童找到以後，電令當時的青海省主席馬步芳對靈童入藏事務給了必要的協助，並撥給馬 10 萬元銀元，美其名為護送費，實際上是賄賂他，要他聽命合作。馬步芳是當時西北的回族大軍閥之一，白白得了 10 萬銀元並不滿足，還敲詐了西藏葛廈 40 萬英鎊，作為允許靈童入藏的條件。就這樣演成：「轉世的神話靈童，藉著買通人間攔路的小鬼，才得以就任他的活佛法王聖職。」天底下有這樣窘迫，自救不暇的觀世音菩薩化身嗎？真是一路顢頇自欺欺人。

就這樣 1939 年 10 月，這位「轉世」而已離開搖籃的達賴娃娃，終於乘坐著他的專屬黃轎子，在官員、喇嘛的前呼後擁之下，夾帶著鋪天蓋地的謊言一路顛顛簸簸地，從青海搖到了拉薩，開始了他那幼小心靈完全不可預知的法王之旅；就像一艘船舫被不知名的黑風鼓動吹拂著向人生啟航，也簇擁著他朝向未來的瞞天過海掀風翻浪，而那個時候這位十四世達賴——丹增嘉措才只有四歲多。

二、孤囚的童年法王（1940-1950）

轉世神話與「達賴」虛號

　　為什麼西藏喇嘛們要猛搞神祕大費周章地弄一趟「轉世靈童」的把戲，把大家兜得團團轉呢？這還是因為「權」和「利」兩個字的緣故。西藏自古以來就是政教合一的體制，在上位掌握權力並擁有資源的喇嘛和貴族，只佔西藏總人口的百分之五左右，卻領導統治了近百分之九十以上的文盲農奴。為了鞏固既得利益，自然就會神道設教，醞生一套愚民壓榨的統治制度，這就是所謂的「活佛轉世」神話；尤其「達賴喇嘛」，他正是這套神話統治的核心活體證據。

　　其實西藏的活佛轉世成為制度，本來濫觴於西元十三世紀噶瑪噶舉派的噶瑪拔希，並不是達賴所屬的格魯派所創；而「達賴喇嘛」這個稱號，更是蒙藏地方宗教及政治鬥爭而出現的產物；1578 年，俺答汗為索南嘉措上尊號為「聖識一切·齊爾達喇·達賴喇嘛」，這就是「達賴喇嘛」一詞的出處。從佛法層面來看，這根本沒有絲毫的實質意義可說。網友評得好：「就好比一個乞丐和流浪漢互稱對方為總統、國王是一樣的道理，只有自我安慰的心理作用，唯是人為的政治施設，彼此互取所須、互相吹捧利用的世俗稱號罷了！」[12]

---

[12] 出處：達賴喇嘛稱號的由來──實相無相── udn 部落格

在冉光榮的著作，萬卷樓出版的《變異與新生——藏傳佛教》一書中就很清楚明白的寫道：「一個穩定的領導集團必須儘快形成，作為該（格魯）派核心的哲蚌寺、沙拉寺決定採取轉世相承的辦法。這樣不僅可以產生一個基本杜絕爭權奪利矛盾的最高權威機構，而且轉世者身份也得以神化，社會地位提高，更便於在世俗貴族中進行活動。」這便是為將來達賴喇嘛靈童轉世所埋下的伏筆，直到時機因緣成熟後，才正式的開啟達賴喇嘛轉世的制度。然後「由於根敦嘉措的奔走努力，使得格魯派寺院集團組織日趨健全，勢力恢復發展，他本人聲譽也大為上升，於是，正式推行轉世制度的內外條件成熟了。在他死後，一個帕竹官宦人家的幼兒——索南嘉措，被認定為根敦嘉措的轉世。」[13]

由於當時鬥爭形勢的急需，索南嘉措不得不尋找新的盟友及靠山。1578 年，受明（朝）封為順義王的草原勇夫——俺答汗，因西征瓦剌失敗，面臨部眾分裂及青海地區篤信喇嘛教的廣大藏民亦將發生反抗行為，便順勢與索南嘉措搭上。索南嘉措與俺答汗見面，原本就具有濃厚的政治色彩，因之彼此盡力抬舉，互贈尊號，製造蒙藏當然領袖的形象。

[13] 蔡志純／黃顥，《藏傳佛教中的活佛轉世》，華文出版社（北京），2007年 1 月初版二刷，頁 10。

俺答汗被稱「咱克喇瓦爾‧徹辰汗」[14]。索南嘉措被稱「聖識一切‧瓦齊爾達喇‧達賴喇嘛」[15]，從此索南嘉措這一轉世系統開始有了達賴喇嘛這一稱號。他遂追稱根敦嘉措為第二世達賴喇嘛，根敦珠巴為第一世達賴喇嘛，他本人為第三世達賴喇嘛。

從文中內容即可得知，「達賴喇嘛」從第一世到第三世都只是政治稱號，並非同一人轉世；也是兩個別有居心的人相濡以沫、無中生有的一個名詞，完全無關佛法，又豈有可能像西藏喇嘛們所稱說，是觀音菩薩的化身？

發展到後來又出現所謂「金瓶掣籤」，成了決定達賴和班禪轉世靈童的最後一個過程。原來最早的辦法有許多缺點，易生流弊。乾隆時清廷為了杜絕所生糾紛，頒令西藏採行新法。由清帝頒賜金瓶一個，以後於尋到數個靈童時，要把每個靈童的名字和生日年月用漢、滿文寫在一個籤牌上，裝入金瓶內，然後由高僧多人誦經七天，在清朝駐藏大臣的親自監視下，由有呼圖稱號的活佛在大昭寺抽取籤牌；第一次抽出者即為達賴轉世的真正靈童，他人不得再提異議。若只尋到一個靈童。也須將他的名字，生日寫在籤牌上，和一

---

[14] 咱克喇瓦爾第義為轉輪王。佛經稱能統一全印度之君王為轉輪王。徹辰汗是聰睿汗王之意。忽必烈曾稱徹辰汗，後世蒙古汗王極為珍視此稱號。

[15] 聖字在佛教裡表示超出凡位之意。識一切，即一切智的異譯，西藏顯教最高成就僧之稱。瓦齊爾達喇意為執金剛，是密教最高成就僧之稱。達賴意為大海，喇嘛意為上師……

個空白籤牌一同放進金瓶；若抽出的是空白籤牌，即不能認該童爲轉世靈童，需要另行尋找。

中國主持的坐床大典

十四世達賴喇嘛的金瓶掣籤和坐床大典是於 1940 年 3 月在拉薩舉行的，坐床大典就是登基大典。按照過去的往例，自明代起，西藏的重要官員，一律要經過中央政府的冊封才能取得合法地位，被冊封的也都認作是一種殊榮，鞏固了他們在西藏的統治地位。清朝建立以後，順治皇帝首於 1653 年冊封了達賴五世，得到了清朝中央政府的正式認可；自此以後，每個達賴喇嘛和班禪喇嘛都要中央政府派任大員到拉薩主持他們的坐床大典。

當時擔任西藏攝政的是熱振活佛，較爲內傾而排斥親英派。他要求抗戰中的重慶當局派大員到拉薩主持坐床大典。中央派了當時任蒙藏委員會委員長的吳忠信，經印度前往拉薩主持典禮。此次吳忠信到西藏主持達賴十四世的坐床典禮，事先本來應該在他面前舉行金瓶掣籤（一共有三個靈童），但攝政熱振活佛已經爲此事捲入一場鬥爭之中；吳忠信爲了支持他，遷就他已經私下認定拉木登珠，就免去了金瓶掣籤這個過程，成全了他的願望。但是也正因爲這樣，從靈童的認證到找吳忠信來背書當靠山，熱振都一味強勢，遂也引起他的政敵們的攻擊，造成他日後的下野和後來的殺身之禍。達賴「轉世」幕後爭權奪利的凶險狠戾可見一斑。

吳忠信到拉薩後，在典禮籌備期間遇上了一些困難。吳

堅持循清朝時的慣例，要西藏當局在儀式進行時認他為坐床典禮的最高權威；西藏當局開始時表示有困難，後來還是讓了步。在典禮的座位安排上也發生了爭執，最終熱振活佛也遷就吳的意見，把他排在和達賴併列的座位上；但也因此而觸怒了英國從印度派去的觀禮使節，拒絕出席典禮，氣憤中返回印度。在英國人看來，讓中國中央大員坐上座，無異是承認了中國在西藏的主權，而摒棄了英國。後來於 1941 年熱振辭去攝政職務，1947 年回頭奪權失敗，被親英分子誣陷逮捕下獄，不久在獄中被害；主其事者就是後來於 1959 年暴動的領導分子，親外頭頭的索康‧昭清格勒，當然這是後話了。

達賴官方網站刊載的達賴著作《我的故鄉與人民》(另有譯作《吾土吾民》)第四章：〈西藏與鄰邦中國〉中曾如此表示：「**西藏從 1912 年到 1950 年中國的入侵期間，保持完全獨立。中國，或者別的任何國家在西藏都沒有任何權力。**」對比於熱振攝政主動要求重慶當局派大員到拉薩主持坐床大典，而吳忠信不但親臨主持、鑑證，還援往例成了大典的最高權威。如此一來，不但證明了吳及其所代表的政府在法理上是達賴的直屬父母宰官；他給達賴的方便，對達賴的恩義更像是師長貴人，在在都足以證明達賴所言不實。問題是達賴竟為了宣揚「藏獨」而歪曲歷史過河拆橋，否定自己坐床大典的合法性，正是為逞私欲而不惜一股腦推倒「天地君親師」等所有價值象徵，這樣的人已經充分表顯出其「不可信賴」的人格特質了。

布達拉宮裡的孤寂幽囚

達賴十四世在中央政府主持下完成坐床大典以後，取得了他合法的最高統治地位，但因未滿十八歲不曾親政，政權操在葛廈手中，拉薩哲蚌寺、色拉寺、甘丹寺等三大寺在政治上的影響力是最高的。四十年代，西藏一直處於親漢和親英美兩大集團的衝突之中，政治上出現一些動盪不安。在二次大戰期間，各國忙於戰爭，無暇顧到西藏，因此從四歲到十四歲的十年，達賴算是過了一段平靜幸福的生活。但是，自從入宮以後，他不能和父母兄弟姊妹生活在一起，對於一個年才五、六歲的幼童，也是一種沉重的精神折磨。他在自傳中不只一次說到他那時心情上的寂寞：「於是從此開始了我生命中一段並不怎麼快意的日子。我父母並沒在那裡待太久，不久後，我即孤零零置身於陌生的新環境，與父母生離，對一個小孩是一件頗殘酷的事。」[16]

曾有人如此描述達賴童年成長的居所：「布達拉宮歷經歲月的風蝕日晒，建築結構已逐漸鬆垮，一些毛病層出不窮。宮內長明不滅的酥油燈，千年來把佛堂內珍貴的唐卡、壁畫都煙薰得發黑變形了。加上除了幾個小窄窗之外無任何窗口（外觀的窗子純為裝飾），因此既不透光又不通風，空氣污濁，充滿了酸臭味。」[17]

---

[16] 達賴官方網站傳記《流亡中的自在》，第一章：〈手持白蓮的觀音〉
http://www.dalailamaworld.com/topic.php?t=369

[17] 何理美著，〈那離天堂最近的地方—前生回憶的迷思〉
http://www.efccc.org/ArticleDetail.aspx?DocID=2755

　　當上法王的少年達賴，就是在這樣的環境下遠離父母的懷抱和兄弟姊妹之間的嬉戲玩樂，一個人過著表面萬般榮寵，內心卻被孤寂幽囚的宮廷生活。

　　達賴自己也曾如此回憶：「當我小時候，偶而也曾想到過，如果我只是個普通人，也許我會過得快樂些。尤其是在冬天，我的活動範圍就被局限在布達拉宮的一個小房間，從早到晚就只待在那裡背誦陀羅尼……我的房間很陰暗、很冷，而且老鼠成群，又有一股惡臭！當夕陽西下時，我從窄小的窗口向外看，黑夜漸漸來臨，我感到無限悲哀……在布達拉宮的前面，我每天都看著村民早上趕牛羊到野地，一天結束了，牧人也回家了，他們看起來那麼快樂，邊走邊唱，小調旋律悠揚……也許他們羨慕住在宮殿上面的我，實際上，他們可不知道我多麼希望能和他們生活在一起……。」[18] 達賴多次在其自傳中提到，自己有個不快樂的童年。

　　曾經七次面訪達賴喇嘛的作家陳玉慧女士，在她的部落格中這樣描述：「在我腦中裡總有這樣一幅畫面：童年的達賴喇嘛一個人在他的布達拉宮中，拿著望遠鏡俯瞰山下的人在做什麼。離開雙親的他，童年一定非常孤獨，而達賴喇嘛到今天還是那個拿望遠鏡的孩子，他一生從未與自己的親人真正相處過，他的週遭只有虔誠服侍他的和尚或者為他授課的仁波切，年紀小小的他所經之

---

[18] 同上註。

處，所有的人皆行頂禮，跪拜於地，誰能想像這樣的童年？達賴喇嘛說，他小時候喜歡玩鉛兵組合，他稍長時，甚至將鉛兵全改鑄成和尚，然後以和尚俑來玩戰爭遊戲。」[19] 達賴喇嘛或許就是在這樣孤寂的成長氛圍中，逕自的做著兵棋推演，揣摩著他日後的弘法戰術和佈署調遣他的喇嘛兵團，漸漸的也發展出他慣用權謀的心思。

缺乏愛的童年成長經驗

達賴喇嘛在他口述的《菩提心釋》一書中，曾經大談出生後有母愛守護、懷抱下成長的孩子，「於這一生當中會有比較溫和情緒，比較愉悅的人生，身體大概會有比較好的發育」[20]。反過來說，出生後得不到照料或是放任不管，「就會死掉，即使被照顧而存活下來，但是在一生當中，那種人的內心稍為會……因為在剛出生時缺乏愛心的守護，所以，在那童心之中也就比較難以升起愛心。」[21] 發現了嗎？其實他要表達的正是缺乏愛心的自己。隨後他更舉證學者實驗室的觀察研究說：「同樣的，對猴子做研究時，與母猴在一起的那些小猴子會玩耍、有喜悅、有歡樂；與母猴分開的那些小猴子不太會玩耍，經常發怒、爭執。這是那

---

[19] 同上註。

[20] 與智慧寶相遇 —— 我所認識的達賴喇嘛 —— 陳玉慧-udn 部落格 http://blog.udn.com/jadechen123/610523

[21] 達賴喇嘛傳授，滇津顙摩中譯，《菩提心釋》，台南市如意保影音流通佛學會，2010.11 初版，頁 18。

些研究者的發現呀！所以，和我們人類差不多一樣。」[22] 我們相信達賴之所以會理解並深刻記住那些學術理論，並且屢屢在弘法中演說出來，從他的那許多欲言又止的關節處可以想見，應該也都是為童年孤寂的積鬱作宣洩，和為了成長中的情傷作代償吧。因為在達賴有一次論及西方心理學「無意識」(潛意識) 時曾這麼說道：「**在你的童年發生了一件重要的事，在你的腦海中留下深刻的印象，這些感覺是隱藏著的，卻對你未來的行為有影響。**」[23]

2008 年英國國家廣播公司 BBC 製作的紀錄片，「西藏半生緣」[24]，透過達賴喇嘛小時候珍貴的歷史畫面，深入介紹西藏。畫面中出現當達賴猛然看見小時後自己家人照片時，不禁伸手指著大叫：「Oh-ho, father. I mean my father.」興奮激動的心情溢於言表。人們可以相信那個突如其來的當下，達賴喇嘛是真情流露毫無掩飾的；一個人縱使平素內心深沈複雜，但是在驟見親人的當下，感情是自然的，情緒是直接的。達賴潛意識在霎時間想要喚回攔下的，恐怕正是自己過去被劫掠的童年歲月和深心孺慕的親情啊！

舊西藏那一套政教合一的制度是多麼的僵化落伍、悖情悖理，它的接班領導人養成方式仍是多麼封閉壓抑而不合時

---

[22] 同上註，頁 19。

[23] 達賴喇嘛、霍華德‧卡特勒著，朱衣譯，《快樂——達賴喇嘛的人生智慧》(*The Art of Happiness : A Handbook for Living*)，時報文化企業，2004.5 二版 11 刷，頁 6。

[24] 「記錄觀點——西藏半生緣」You tube 網站
http://www.youtube.com/watch?v=krKE8vpYe_8

宜，等於直接綁架了達賴的整個童年，斷斷了他的全部親情。但是若以達賴喇嘛自身常相信並依賴的心理分析來看，成年後的達賴所言所行，所作所爲，豈不正是與這套體制共依共生而成爲「斯德哥爾摩症候群」[25] 的一環？只不過是從開始的「受害者」轉變而成爲「加害者」的角度而已。

風暴中的課程和隱藏在課程裡的風暴

坐床大典之後，達賴喇嘛從六歲起接受啓蒙，頭幾年是學習藏文，到十三歲才開始接受喇嘛教的教育。他的啓蒙老師就是當時的攝政熱振活佛，他對這位老師十分敬仰。可是1941 年，六歲的達賴喇嘛指定塔湯仁波切繼熱振仁波切之後成爲攝政。六歲剛接任不久的達賴喇嘛怎會懂得人事上的治罰臧否？想當然爾，這又是幕後政治勢力的消長興替使然。不知情的達賴喇嘛就在西藏政教內鬥的暴風眼中，在隱隱的不安中被推上課桌椅，開始一連串被設定好的學習。

舊西藏當局對他的教育要求既高，教法又很嚴格。學習

---

[25] 斯德哥爾摩症候群又稱爲人質情結、人質綜合症，是指犯罪的被害者對於犯罪者產生情感，甚至反過來幫助犯罪者的一種情結。心理分析學的看法，新生嬰兒會與最靠近的有力成人形成一種情緒依附，以最大化周邊成人讓他至少能生存（或成爲理想父母）的可能，此症候群可能是由此發展而來。斯德哥爾摩症候群是角色認同防衛機制的重要範例。
http://zh.wikipedia.org/wiki/%E6%96%AF%E5%BE%B7%E5%93%A5
%E7%88%BE%E6%91%A9%E7%97%87%E5%80%99%E7%BE%A4
#.E9.80.B2.E5.8C.96.E5.92.8C.E5.BF.83.E7.90.86.E5.88.86.E6.9E.90.E
5.AD.B8.E7.9A.84.E8.A7.A3.E9.87.8B

的科目有論理學、西藏藝術文化、梵文、西藏傳統醫學和喇嘛教教義五個主科。另有詩歌、音樂戲劇和星象學等副科，最重要的自然是喇嘛教教義。達賴童年和青年時代的學習能力很強，智力也高過和他年紀相仿的人，在各科學業上進步很快；課外的達賴從兒童時代起就已顯示很強烈的求知慾，他的愛好和興趣是多方面的，對自然科學和機械原理有濃厚興趣，這當然也就奠定了他對西方現代文明的嚮往和崇拜。

十三、四歲以後開始跟一個西藏老師學習英文，又得到一位戰時以難民身分逃到西藏的奧地利人海因利希‧哈勒（Heinrich Harrer）的協助，他的英文進步很快。達賴這位英文、數學兼體育的老師哈勒，與達賴相處甚為相得，達賴暱稱他為「Gopse」，意即「黃頭」(哈勒一頭金髮)，又讚歎他是一位「有趣的、擅交際的可人兒」。但此人其實是納粹的潛藏分子，對達賴的初步國際觀和政治觀有著深遠的啓發與影響。

1943 年 1 月，由海因利希‧哈勒率領的納粹五人探險小組，因某種祕密任務啓程赴藏。但是哈勒等人的旅程並不順利，1943 年 5 月，他們在印度被英軍逮捕。在幾次越獄失敗後，哈勒等人總算成功逃出戰俘營。由於當時的英國印度總督派駐西藏的官員理查森，對德國人採取了寬容的政策，冒充德國商品推銷員的哈勒開始了他在西藏的七年之旅。1948 年，這個神祕兮兮的哈勒在西藏拉薩成為達賴喇嘛的私人教師和政治顧問。當時十二、三歲的達賴，逢到這樣複雜背景的二戰戰犯成為他的國際政治啓蒙老師，二

人又相交甚篤，因此種下了種族偏見，和政治外交攻防爾虞
我詐的習性。

　　1951 年解放軍進入西藏時，哈勒倉皇逃往印度；為逃
避審判，他選擇了定居列支敦士登（中歐小國，位於瑞士與
奧地利之間）。此後，哈勒與達賴長期保持著密切聯繫。1977
年，哈勒撰寫了回憶錄《西藏七年》，但書中並沒有透露他
受希特勒之命祕密尋找「地球軸心」，以及他納粹分子的真
實身分。此書就是後來「火線大逃亡」電影的稿本，製片編
導特別找了好萊塢當紅小生布萊德彼特擔任主角，當然是要
刻意美化，事實上幕後仍是黑風陣陣，暗影幢幢。哈勒本人
雖已於 2006 年死去，但是納粹進入西藏的檔案保密級別較
高，按德國、英國和美國的規定，有可能在 2044 年後解密，
但也有可能永遠塵封在歷史中。[26]

　　就這樣，一面要學習那些霉朽不堪的西藏古老教條，和
詭密繁瑣的喇嘛教義，一面又是新奇有趣的工業文明，和外
在世界詭譎風雲中最激進的政治思惟；綜合激盪的結果，自
然在達賴的心中激起陣陣漣漪，也將掀颳起層層風暴。學者
徐明旭先生在他著作的《陰謀與虔誠：西藏騷亂的來龍去脈》
導論中指出：「從美國紀實電影『在西藏七年』(Seven Years in
Tibet) [27] 中可以看出，達賴喇嘛在少年時代就醉心於汽
車、電影放映機、收音機、留聲機、畫報、望遠鏡等來

---

[26] 參見〈二戰謎團：希特勒兩次派人進西藏找神秘洞穴〉
http://teacher.aedocenter.com/mywebB/NewBook/EG-24.htm
[27] 編案：在台灣，電影上映時的片名為「火線大逃亡」，1997 年出品。

自英國的洋玩意兒，當時在西藏也只有達賴喇嘛一人有電燈、汽車和電影放映機。……他（達賴）今天也並不拒絕享用汽車、飛機、電燈、電話、電視、電影、家用電器、自來水、現代醫療等。達賴喇嘛可能會說，他不反對享用現代物質文明，他只要求保存西藏的傳統價值……。」[28] 只有當時年輕正在學習中的達賴，才深深明白這兩種截然不同的價值系統的差異，並且在各種不同的課程衝擊中陷入混亂，又在時代扭曲和現實處境的盲點之下，熏染拼湊成他混亂的價值觀念和人格狀態。

山雨欲來的暗潮湧動

在達賴成長受教的同時，西藏的政教界也正山雨欲來暗潮湧動。先是達賴的貴人兼恩師熱振仁波切，他本身具有相當反西方諸國干預的思想，主張和中國中央恢復友好關係。1934 年上任攝政職後得到三大寺的支持，打擊了意圖政變的親英勢力集團，罷免了擦絨的噶倫職務，把藏軍司令龍夏逮捕下獄，挖了雙眼，還抄沒家產。其他親英份子也被判刑或逃亡。然而這些恩怨也造成了後來西藏內部的政爭不休。

1941 年，親英勢力捲土重來，熱振失勢，被迫辭職回熱振寺潛修。1947 年，在大扎活佛的統治下，西藏政權變成清一色的親英集團。他們製造了一個熱振企圖謀殺大扎活佛的莫須有罪名，由索康·旺清格勒和龍夏的兒子率領軍隊

---

[28] 徐明旭著，《陰謀與虔誠：西藏騷亂的來龍去脈》〈導論—價值的矛盾〉，明鏡出版社，1999.2 第 1 版，頁 38。

到熱振寺，逮捕熱振和他的家屬及屬員。熱振下獄後先被挖去雙眼，同年 7 月在獄中被毒殺，家屬和屬員也都被殺。熱振被捕後，色拉寺的堪布派武裝僧人曾進軍拉薩營救，和西藏政府軍隊演成武鬥，雙方戰死三百多人。從熱振辭職到西藏「解放」的十年，西藏政權一直是在親英勢力的掌握之中。

達賴喇嘛當時年僅十二歲，正由兩位稱廈訓練辯論。所有在拉薩的中國官員都被驅逐出境，而熱振遭難，給他在心靈上帶來重大的打擊；很長的一段時間，他絕口不談熱振是為什麼遭殺的；直到他的第二本傳記《流亡中的自在》第二章中，他才給熱振的遭難定位為奪權失敗，並多少表示遺憾，未能在熱振求救時，及時伸出援手。這個到了二十世紀中葉，還在把政爭的對方眼睛互相挖來挖去的古老「文明」，在達賴童年時殘忍的剝削了他的親情；又在其少年時冷血的吞噬了他生命中另一根支柱——他最信任、敬愛的老師和恩人，則少年達賴心中所受到的創痛，和強壓回潛意識中所造成生命中隱隱脈動的黝暗伏流，正和西藏當時的風暴潮湧同步。

1950 年夏天，就在藏劇節前夕，西藏發生芮氏地震儀 8.5 級的大地震。10 月，八萬人民解放軍越過昌都東邊的翠處河。隨後中共廣播宣稱：中共建國一週年，開始和平解放西藏。於是廢除舊西藏政教合一農奴制的行動開始了，舊西藏轉變為今日新西藏的過程也依序漸漸展開，留戀舊西藏政權而親英的十四世達賴喇嘛的少年成長時期，就在這些巨大動盪中提前結束。達賴不但倉促地坐上政教合一的法王寶

座,就像在風暴裡載沈載浮的危船上,不曾掌舵的水手突然當上船長,開始治理他幾乎沒有第一手接觸過的江山;卻也同時打開了在布達拉宮裡自我幽囚的歲月;面對陌生的新時代與世界,準備迎向更大的動盪與漂泊。

三、坐不穩的寶座 握不住的江山 (1950-1959)

天搖聲鼓動地來

　　一陣地動天搖，撼動了達賴的少年青澀歲月，也提早揭開達賴躍上政治舞台的序幕。1950 年 8 月 15 日晚間，中國西藏察隅縣墨脫地方發生芮氏地震儀 8.6 級的強烈地震。喜馬拉雅山幾十萬平方公里大地瞬間面目全非：雅魯藏布江在山崩中被截成四段；整座村莊被拋到江對岸。全世界的地震學家都目瞪口呆，所有的地震儀都被強大的地震波激過了最高限而失靈。大地震引發了無數處山體崩塌、滑坡和泥石流，墨脫大地面目全非；在數萬平方公里的地面上，平均每 1 平方米的面積就有 1.1 平方米的物質參與了滑移。毗鄰於震區的中印兩國，共死亡約四千人。[29]

　　隨著達賴即將親政，他出生時的烏鴉惡咒再度應驗；遭逢這樣驚人的天災地變，真可謂山河破碎、黎民遭殃；為政者雖然未必要祀天罪己，但是至少要做到深切的關心，不但得親臨災區省視災情，更應該撫慰災民，並發動政府機關，呼籲民間組織大家齊心協力救護傷亡、安置流離、清理災區、整建家園才對。但是在達賴自傳性的著作《我的故鄉與人民》中，相應於這一段時間之內所述，只見他盡力的在做當時政治上的種種辯解與撇清，對於地震以及災後的救濟重建等工作卻隻字未提。可見達賴對於自己「故鄉與人民」遭

---

[29] http://wf66.com/day.asp?id=5284　　http://www.jnlib.net.cn/dz/dz2.html

逢的災苦，是多麼的冷漠與無情。

　　在達賴另一本傳記著作《流亡中的自在》中，雖曾提到墨脫大地震，卻不是關心地面上或是山村間的災情，而是在和他的納粹逃犯老師哈勒，大談地震發生時天映紅光的異象，並爭辯有無科學或是超科學的依據；對於受災和救災仍是隻字未提。達賴說：「我不認爲哈勒的説法能説明一切……人們自然開始認爲這不只是地震，而是個預兆。」[30] 並把這個「預兆」的實相解釋，指向緊接著發生的 10 月份中共進兵西藏和兩個月後的昌都之戰。「事後諸葛亮」的達賴在傳記中分析：「無論如何，從高空或僅是地底發出的隆隆聲警告，暗示了西藏的處境將迅速惡化。」[31] 黎民受災事不關己的心態，於此溢於言表。

　　事實上地震發生時，達賴當時的理解是：「我想到我們一定還會再踫到另一次地震，因爲西藏位於地震頻繁的地帶。[32]」以及昌都傳來的一份份緊急戰報。可是他哪裡會想到，後來這個造成西藏掀天動地斷層崩陷的深層原因，不僅只是地理上的，更是像他這樣的統治者和黎民百姓間天淵也似的差別境遇所造成。在達賴直接間接統治的歲月中，當年舊西藏社會兩極化的不平等極其嚴重，在極權高壓和神道愚民的政教合一統治之下，西藏極大多數的黎民百姓，何止是水深火熱？何止是民不聊生？

[30] 達賴官方網站傳記《流亡中的自在》第三章〈入侵─風暴的開始〉
　　http://www.dalailamaworld.com/topic.php?t=367
[31] 同上註。
[32] 同上註。

貧窮、落後的西藏舊社會

　　當時的社會狀況又如何呢？直至中共解放軍 1951 年進藏前，西藏沒有任何現代意義上的工業，連一根火柴、一枚鐵釘都不能生產。沒有一寸公路，傳遞文書靠驛站。雅魯藏布江上只有幾座鐵索橋，沒有可以通車的橋樑。那時從康定馱運貨物到拉薩，要翻越二十多座山（其中許多是雪山），跨涉上百條江河，行程達兩個月以上。連達賴的那位英文老師哈勒（Heinrich Harrer），都曾這樣評論他所眼見的情景：「作為二十世紀的一位現代人，我實在不明白這片土地上的統治者為什麼那麼固執地反對改革與進步。」[33]

　　1927 年，噶廈政府曾請英國人修了奪底水電站，但是裝機容量僅 125 千瓦，斷斷續續工作，只有達賴喇嘛與少數豪門可以享用，維持僅十年就壽終正寢。農業停留在原始水準，大量使用木犁、木鋤，鐵質工具都很少。畜牧業仍採用原始的自然放牧方式，草場和牲畜品種退化，畜疫流行，獸類猖獗，一遇天災牲畜就大量死亡。1952 年，西藏畝產糧食平均只有 80 公斤，人均佔有糧食僅 125 公斤，遠遠低於生存標準；牲畜總頭數僅為 974 萬頭，人均佔有不到 8 頭，人民生活之貧困令人難以想像。

　　研究西藏歷史的學者多傑才旦回憶道：「五十年代初，我在拉薩看到城東、南、北有許多破舊不堪的貧民窟，

---

[33]　徐明旭著，《陰謀與虔誠：西藏騷亂的來龍去脈》〈第一部：西藏的自然和歷史 第三章：落後、停滯的社會〉，明鏡出版社，1999.2第 1 版，頁 79。

觸目皆是衣衫襤褸，風餐露宿，凍餒街頭的乞丐，就連原地方政府的罪犯也因監獄不管飯而肩扛木枷、腳戴鐵鐐沿街乞討，其情景令人觸目驚心，至今難忘。農奴們的悲慘際遇，與那些身著綢緞黃袍、騎著高頭大馬昂首而過市的領主官員們形成了鮮明的對照。1959 年藏曆正月傳召大會（一種大規模的宗教活動——引者）時，我曾參加西藏自治區籌備委員會發放佈施的工作，領取佈施的除喇嘛外，還有麇集拉薩近萬人的乞丐，須知當時拉薩市的人口總共才兩萬多人。」[34] 當時西藏文盲率高達90%以上，性病流行，人均壽命僅 35.5 歲，兩百多年來人口沒有增加，可見其社會發展已經停滯。

即使在這樣貧富不均的情況下，達賴還對他的子民放高利貸。歷代達賴喇嘛設有專管自己放債的機構「孜布」和「孜窮」，把每年對達賴的部分「供養」收入作為高利貸放給群眾，牟取暴利。據 1950 年這兩個放債機構賬本的不完全記載，共放高利貸藏銀 3,038,581 兩，年收利息 303,858 兩。舊西藏各級地方政府設有為數不少的放債機構，放債、收息成為各級官員的行政職責。根據 1959 年的調查，拉薩哲蚌寺、色拉寺、甘丹寺三大寺共放債糧 45,451,644 斤，年收利息 798,728 斤；放藏銀 57,105,895 兩，年收利息 1,402,380 兩。高利貸盤剝的收入佔三大寺總收入的 25%至 30% [35]。

---

[34] 同上註，頁 80。
[35] 達賴─披著宗教外衣殘酷剝削西藏人民的最大農奴主
http://www.wretch.cc/blog/kc4580455/13302424

直到 1959 年達賴流亡印度以前，西藏仍處於政教合一的封建農奴制統治之下，由官家、貴族和寺院上層僧侶三大領主組成的農奴主階級，對廣大農奴和奴隸進行極其殘酷的政治壓迫、精神奴役和經濟剝削。集政教大權於一身的達賴喇嘛，正是政教合一的封建農奴制的產物，是舊西藏封建農奴主階級的總代表，是披著慈悲博愛宗教外衣，殘酷剝削勞動人民的最大農奴主。

達賴治下不講人權

達賴奔走西方各國要求改善西藏的人權，然而根據 1991 年 5 月 15 日的「人民日報」所發表的，由卜問寫的《達賴喇嘛的人權紀錄》中說：達賴喇嘛在 1959 年之前統治西藏地方的時候，也是有法的──沿用了三百多年的所謂「十三法典」和「十六法典」。在這兩部法典中，按人的血統貴賤、職位高低，規定「人有上、中、下三等，每等人又分上、中、下三級」。藏王、大小活佛及貴族屬「上等人」，商人、職員、牧主等屬「中等人」，鐵匠、屠夫和婦女等屬「下等下級人」。各等人的生命價值也是不同的。……「上等上級人」的「命價」爲「無價」，或「遺體與金等量」，作爲「上等中級人」的「命價」爲「三百至四百兩」（黃金），而被列爲「下等下級人」的鐵匠、屠夫、婦女等，「命價」則爲「草繩一根」[36]。達賴政權視

---

[36] 查查「達賴喇嘛的人權紀錄」《求是報》。
http://www.wretch.cc/blog/aliangStudio/23501414

人民如草芥竟一至於斯,這與他不斷奔走西方各國要求給與
藏胞人權,是多麼諷刺的鮮明對比。

　　達賴甚至不准「下等人」在政府做事和自由通婚。西藏
自治區檔案館保存的《不准收留鐵匠後裔的報告》記載:

「1953 年,堆龍德慶縣一個鐵匠的後裔在十四世達
賴喇嘛身邊做事。當十四世達賴喇嘛發現他是鐵匠的
後代後立即將其趕走,並命令凡是出身金銀鐵匠、屠
夫等家庭的人均是下等下級人,不能在政府裡做事,
不能和其他等級家庭通婚。」、「達賴家族成員和親信
殘害農奴。其副經師赤江在德慶宗設立的私人寺廟管
理機構赤江拉讓,就曾經打死打傷農奴和貧苦僧人
500 多人,有 121 人被關進監獄,89 人被流放,538
人被逼迫當奴隸,1025 人被逼迫逃亡,有 72 人被拆
散婚姻,484 名婦女被強姦。」[37]

　　這些古老落伍的法規之中,還保留著許多殘忍、不人道
的人身刑罰,恐怖地統治著下層的人民和農奴。譬如十三法
典第四條:「重罪肉刑律」規定有「挖眼、刖足、割舌、
砍手、推崖、溺死、處死等」[38],現存資料中還藏有不少
達賴喇嘛統治時期的五○年代拍攝的照片,有挖去雙眼,有
剁去右手的,有砍掉一隻腳的;以及各種刑具,至今仍保存

---

[37] 達賴—披著宗教外衣殘酷剝削西藏人民的最大農奴主
　　http://www.wretch.cc/blog/kc4580455/13302424
[38] 查查「達賴喇嘛的人權紀錄」《求是報》。
　　http://www.wretch.cc/blog/aliangStudio/23501414

著成為證據。甚至在所謂上層的鬥爭中，仍舊不乏這種野蠻的遺留，如在攝政時代，藏軍司令龍夏父子和熱振喇嘛，互相挖掉落敗者的眼睛，就是明顯的例子；而達賴喇嘛竟在其恩師求見討救的當兒抽手轉頭，坐任慘事發生而不說一句話；從這些事實和資料看來，日後達賴在國際間高舉「人權」話題，豎立自身「人權鬥士」的形象，是極其諷刺的事。

耍「寶」上「座」 坐難安穩

話分兩頭，言歸正傳，先說達賴喇嘛被迫提前親政的事。按照原先的規劃，達賴未滿十八歲之前，是不能親政的；但是戰爭發生使得舊西藏社會秩序因而瓦解，一切都在失控當中。迷信的藏人便開始轉向，寄望新的救世主達賴喇嘛或許能扭轉乾坤；更有可能是那些膽小怕事的貴族、喇嘛，要把燙手的山芋趕快丟掉，於是便發出聲音希望達賴全面掌權。結果兩派意見爭議不定，很滑稽的，攝政政府決定將之付予「神諭」而不是由達賴自己決定，當然這絕不是正統佛教的作法。達賴回憶說：「這是非常緊張的場合，最後靈媒頂著他那巨大的、儀式用的頭飾，蹣跚搖擺地踱到我座前，獻上一條白絲貢巾（哈達），放在我的膝上，並說『他的時代到了』。」[39]

如果在真正的佛教中，行事是依於智慧，而不像喇嘛教依於所謂「神諭」。何況一般會附身起乩的鬼神，多是層次

---

[39] 達賴官方網站傳記：《流亡中的自在》第三章：入侵—風暴的開始
http://www.dalailamaworld.com/topic.php?t=367

及威德比較低的；達賴的治藏大政僅經過這樣跳乩的把戲，就決定了西藏兒戲式的政權交替。達賴喇嘛追述：「扎滇金剛（Dorje Drakden 跳乩中附身的達賴護法鬼神）已經明示了。塔湯仁波切立刻準備從攝政位置退下來，他仍舊是我的資深親教師。剩下來的就是占卜國師挑選即位日期的事了。他們選中 1950 年 11 月 7 日，因爲這天是年底前最吉利的日子。這樣的發展令我非常沮喪。」[40] 就這樣在震災尚未瀰平，烽火鼙鼓、擂天動地而來的場面下，1950 年 11 月 7 日年僅十六歲的達賴，坐上了他的寶座親掌政教大權，並且沮喪憂惱地承接起西藏這個爛攤子。

　　儘管有所謂「神諭」和攝政、國師等人的安排，達賴畢竟福德還是不足，連這個猶似針氈的寶座也坐得不安穩；不僅只是登座大典中，達賴因頻尿而屢屢打岔，也表現在掌權後第一件任務，就是提名兩位新總理，把爛攤子和煩惱丟給他們，讓他們留守拉薩；而自己卻帶著印璽和布達拉宮地窖裡幾世紀以來搜刮的金銀重寶，移居到二百里外藏南錫金邊境的錯模地方，隨時準備往印度方面落跑。這些當然不是一個未經世事的毛頭小孩能事先決策而備辦，據達賴在自傳中抱怨追述：「這些安排甚至連我都不知道。這是我前任服飾總管天津的主意，他新近擢升爲去結堪布（Chikyab Kenpo）。我看到這些舉措，非常憤怒；並非我在意這些財寶，而是我年輕的自尊受傷了，因爲他沒事先告訴我，

---

[40] 同上註。

我覺得他仍然視我爲孩子。」 [41]

可見隆重的達賴即位鬧劇,不過是爲了掩飾幕後五鬼搬運所演的一場傀儡戲罷了;這都是西藏舊社會上層的骯髒事,並且若要追溯,則可能有更早的長遠佈局,因爲這位僭越擅權的天津仁波切,正是當年尋訪靈童找到拉木登珠的成員之一。他們居然處心積慮,長期佈局了如此之久,等到達賴一旦提早親政,立即迫不及待的製造機會,寧可離鄉棄位,也要把原先鎖定的珍財重寶一股腦的席捲而去;等到世亂政敗、烏煙瘴氣之際,便成爲他和達賴等人上下其手的囊中之物。還原事實眞相,證明這些人是舊西藏的盜賊敗類,可是卻反而被人以聖賢、功臣視之,眞令人爲之嘆息和感到悲哀。

話說達賴喇嘛親政以後,卻似乎一直不樂本座、不在其位,當然也表現得不怎麼關心其政。根據達賴官網列出的大事記錄年表中節錄,從他 1950 年親政開始到 1959 年逃出西藏爲止,達賴的官方行程大概是這樣的:

1950 年 11 月 17 日,年僅十六歲的達賴喇嘛正式即位管理國事。隨即暫居南方的錯模。

1951 年 5 月 23 日,前昌都省長阿沛阿旺晉美在北京被迫簽署「和平解放西藏的十七點協議。」(編案:達賴喇嘛總算吃下一顆定心丸),八月中旬,經過九個月的

---

[41] 達賴官方網站傳記:《流亡中的自在》第四章:避難藏南
http://www.dalailamaworld.com/topic.php?t=366

流亡，達賴喇嘛返回拉薩。

1954 年 7 月 11 日，達賴喇嘛、班禪應中共之邀出訪大陸，會見毛澤東、周恩來、朱德、劉少奇等人。在北京停留十周，後又遊歷其他省分直到 1955 年 5 月才回到拉薩。

1956 年 11 月，達賴喇嘛離開拉薩赴印，與班禪喇嘛同行。留印期間除參加紀念法會、朝聖外，還向尼赫魯求助，尋求政治庇護的可能性。但最後達賴喇嘛還是接受尼赫魯的勸告、周恩來的保證返回拉薩。

1957 年 4 月 1 日抵達拉薩，全西藏的形勢不但已不受中共控制，連達賴喇嘛也控制不住。

1958 年達賴喇嘛遵照新任達賴喇嘛必須在寶園另立新居的傳統，遷入諾布林卡新宮。

1959 年初，達賴喇嘛從諾布林卡遷往大昭寺，準備參加祈願大法會以及最後的大考。3 月 5 日，達賴喇嘛獲得最高的拉然巴格西學位（佛學博士），從大昭寺遷回諾布林卡。

1959 年 3 月 17 日，達賴喇嘛請教神諭，神諭指示：「快走，快走，今晚！」並清楚的劃出逃走的路線。3 月 26 日，達賴喇嘛駁斥十七條協議並於西藏山南隆孜縣成立西藏臨時政府。[42]

---

[42] 彙整摘錄自第十四世達賴喇嘛大事記錄年表
網址：http://www.dalailamaworld.com/topic.php?t=193

　　可見許多時間中，達賴都在東奔西跑，與舊西藏的政情乃至社會民情脫節。換句話說，他自身在旅途中增廣見聞、逍遙快樂，卻沒有和他的子民同甘共苦、共濟時艱。達賴的心中並沒有「他的故鄉與人民」，反而一生倒是都能「在流亡中得自在」。本文無意挑起半個世紀前達賴的瘡疤並在其上灑鹽，但是從昌都戰役開始，舊西藏進行了十多年動亂和戰爭確是事實；這是一場普通西藏人和漢人絕對不願打的戰爭，但是它還是在達賴喇嘛親政時期被策動而發生了，果然是烏鴉惡咒帶衰了西藏。

體會出「落跑」反而自在

　　關於這場戰爭的起因，是因為中共謀求解放西藏農奴的改革，威脅到藏族上層人士的傳統特權，所以他們才鋌而走險。而一位台灣記者林照真的採訪卻告訴我們所謂「叛亂」的直接導火線：「1952 年初，因為物價上漲面臨飢荒引起拉薩局面混亂，藏人天天寫信給西藏政府，並遊行示威要求中國裁軍，而西藏政府對此沒有任何動作，使得拉薩人民對自己的政府非常不滿。」「應該說，政府中的貴族為了保持自己的既得利益最容易與中共妥協，而且雙方也是可以合作的，例如當年西藏政府軍的德格王子和阿沛・阿旺晉美，他們就經常把藏人的情況向中國人彙報。」「到了後來，被逼起義的藏人哭著說：『西藏政府病了』，他們這才毅然自發地拿起武器決一死戰。」[43] 固

---

[43] 參見 茉莉撰：探尋西藏抗暴戰爭之謎——讀林照真小姐的「喇嘛殺

然用兵乃大凶之事，這是無法美化的；但是無論如何已經親政的達賴，以及他的領導班子和利益共同集團的麻木、對於民瘼漠不關心，繼續剝削，坐視西藏人民難以生存而導致政經局勢惡化，總也是難辭其咎的。

正當西藏人民正處在水深火熱，飢荒和動亂、戰爭交迫的時候，達賴在做什麼呢？他大部分時間都能與家人相處一處，不必再分開，這正補償了他童年的孤寂；當別人妻離子散家破人亡的時候，他卻能大享其天倫之樂。他還周遊四方，包括大陸、蒙古和印度，甚至差一點跑到蘇俄去玩；而且一「出訪」就是好幾個月，甚至將近一整年。雖然多是接受邀請的政治性往訪，但是達賴從不掩飾他每一次臨出發前的興奮和愉悅，甚至 1959 年脫下喇嘛袍換上軍服變裝逃亡時也一樣，彷彿那只是個人的旅遊活動，和他的「故鄉與人民」的苦難無關似的。當然這些訪問活動對達賴本人也有正面意義：他更進一步打開了原來在雪域高原上封閉的視野和思維，也在與各形各色的政治人物接觸之後，變得更懂政治圈的運作和周旋之道；這對於他日後在國際間應對進退，倒是上了非常實際的臨場課程。

他也開始懂得了國際密謀，網路上早就在談，他自叛逃開始就祕密領用美國中央情報局的金錢，甚至一直到 1973 年還在支領。達賴當然一直否認，並推說是他哥哥們所為，他自己並不知情。事實上達賴的兄弟姊妹常代表達賴出席會

議參加政務，又常扮演他的黑白手套，這是人盡皆知的；他儘管否認，世人都知道是怎麼一回事。達賴喇嘛的二哥嘉樂頓珠在接受林照真採訪時表示，1954 年西藏內部已經鬧得很厲害了；游擊隊派人找他，希望他能設法提供武器以挽救藏區的敗局，他在猶豫之後才開始聯絡美國，主動要求美國方面提供協助。[44]

甚至在達賴逃亡途中，也都看見美國中情局的影子陰魂不散。達賴追述：「幾乎除了我以外，每個人都是全副武裝，甚至我私人的廚子也扛著一具火箭炮，腰間掛滿了炮彈。他是個曾受中央情報局訓練的年輕人，迫不及待的想一試他那外表嚇人的偉大武器。」[45] 除了表明武器是中情局提供，人員是中情局訓練，達賴還有意無意帶上一句：「我們隊伍中還有一名中央情報局特工，他會操作無線電，而且顯然一路都跟他的上級保持聯絡。他到底聯絡的是誰，我到現在都還不知道。我只知道他隨身攜帶一台摩斯發報機。」[46] 這擺明了達賴的心思，是要預留伏筆，以防將來萬一被出賣，還得以及時拖人下水；達賴與美國中情局的關係密切，要是再推說一問三不知，就更不會有人相信了。

---

[44] 同上註。

[45] 達賴官方網站傳記：《流亡中的自在》第七章：出亡
http://www.dalailamaworld.com/topic.php?t=363&sid=e6cf56c2efa0e8d8b7579bdb40975191

[46] 同上註。

實修密法「轉大人」

除此之外，達賴在這一段藏胞蒙受苦難的日子裡，還忙著修密法、玩女人。先是在達賴還未親政的 1947 年左右（達賴還未成年），他的親教師塔湯仁波切，就開始為他安排漸次的種種「修行」前方便。達賴回憶：

> 大約在那段時間，我從塔湯仁波切那裡受領達賴五世的特殊祕法，這是達賴喇嘛獨傳的法，當初由偉大的達賴喇嘛五世（他至今仍名聞全藏）得之於一個異象。這次傳法後，我有許多不尋常的經驗，特別是透過作夢的形式，雖然別人不認為有什麼大不了，我現在看來，卻覺得非常重要。[47]

所謂「達賴五世的特殊祕法、達賴喇嘛獨傳的法」，就是從印度教裡轉借出來的「大吉祥天母」（Palden Lhamo）；早期是西藏的女魔，後被密宗喇嘛降服而服務於喇嘛教。她是達賴喇嘛的守護神，也是拉薩乃至整個西藏的守護神。本文在第一節曾提及的「烏鴉惡咒」中，十四世達賴在答問中所言「烏鴉、吉祥天母及達賴喇嘛之間存在一定的特殊關係。」[48] 正是指此女。五世達賴非常信仰她，當作是政治上的顧問，並曾在長時間誦唸呼喚其咒語之後，夢見「女神

---

[47] 達賴官方網站傳記：《流亡中的自在》第二章：獅子法座
http://www.dalailamaworld.com/topic.php?t=368
[48] 達賴官方網站「生平欄」之問題釋答之二。
http://www.dalailamaworld.com/topic.php?t=199

佔領了整個中國」[49]。這就是現世達賴口中的「得之於一個
異象」。

這個「大吉祥天母」是怎樣的形象呢？喇嘛教的唐卡上：
滿嘴齜出的獠牙，眼球突出眼眶，身體呈藍黑色，騎在一匹
非驢非馬的怪物上。她的坐騎之下是片血海，人頭、斷肢殘
臂、人肉內臟等漂浮其上。她的馬鞍是人皮做的，那張人皮
不是別人的，正是她親生兒子的。只因他不肯聽從母命，一
起降服於喇嘛教，大吉祥天母便親手殺了親生兒子，並扒了
他的皮做成馬鞍。她的右手揮舞著一具兒童骷髏，即是親生
兒子的屍骨，左手端著一個人頭蓋骨（密宗法器嘎巴拉），
飲其中所盛的人血，她的身上纏滿了毒蛇，手下還有一大批
同樣品味的女魔。[50] 坦白說，這樣的形象和來歷，毫無「吉
祥」可言，倒不妨稱之為「大凶險羅剎」或是「大惡毒鬼婆」
還來得貼切。

喇嘛教的終極目標是修習「無上瑜伽」而得「即身成
佛」，因此性交「雙身法」是遲早要修的，何況達賴喇嘛身
為未來的「法主」，當然更要修習。因此他的教授喇嘛們得
要為他安排次第，就在他十四、五歲將發育而未發欲之際，

---

[49] 耶律大石編譯，《西藏文化談》，正覺教育基金會（台北），2008.3 初
版，頁 92。
（編案：《西藏文化談》主要內容節譯自：特利蒙地（Trimondi），
《達賴喇嘛的陰暗面：藏傳佛教的雙修、巫術與政治》（Der Schatten
des Dalai Lama: Sexualität, Magie und Politik im tibetischen
Buddhismus），Patmos 出版社，德國 Düsseldorf，1999，第一版）
[50] 參見 上註。

先教他這個「特殊祕密的達賴喇嘛獨傳的法」，不過就是透過冥想來日思夜夢這個「大不祥天母」，以進行意淫乃至手淫的練習罷了，也就是中國歷史典故中楚襄王夜夢巫山神女共赴雲雨之意。塔湯仁波切的教授真可謂：「教壞囝仔大小。」

　　達賴在答問中說的：「**達賴喇嘛成年後修行佛法，並達到一定境界後，用定力與吉祥天母直接交談。**」[51] 只不過是以「夢想瑜伽」之類的專念觀想，達到日有所思夜有所夢的效果；而所謂「交談」，只是少年春夢一場而已，沒有什麼稀奇。喇嘛教總是把修行境界的話說得含糊神祕，讓人以為其中真有蹊蹺；事實上都是丟乖漏醜，並不是真有什麼神通定力，此處正是一個例證。而達賴坦承：「**這次傳法後，我有許多不尋常的經驗，特別是透過作夢的形式，雖然別人不認為有什麼大不了，我現在看來，卻覺得非常重要。**」動不動就要尋求「不尋常的經驗」，特別是「透過作夢的形式」要來和「大吉祥天母」「交談」而獲得淫樂，少年達賴就這樣學了這一套，便開始不顧江山顧「天母」去了。

　　1953 年夏，林仁波切正式授予達賴喇嘛時輪金剛灌頂，隨即閉關一個月。這「時輪金剛灌頂」，是依據產生於十世紀的《時輪續》密續所舉行的儀式；《時輪續》是喇嘛教創造的最後一部經文，對其世界觀有著最複雜、最權威的解釋，故被視為喇嘛教的最高教義。傳統上也只有達賴和班

---

[51] 達賴官方網站：「生平欄」之問題釋答之二。
　　http://www.dalailamaworld.com/topic.php?t=199

禪有權舉行此儀式，有專設的 Namgyal 學院作爲專門研究，並負責爲達賴做理論和禮儀上的準備工作。《時輪續》的儀式分爲公開的和祕密的兩部分，公開的儀式理論上任何人都可以參加；但是高層的、重要的儀式，只有喇嘛教內部高層人士才能參加。而「灌頂儀式」的目的，是將能量和思想從大喇嘛傳到弟子身上。《時輪續》一共有十五級灌頂，前七級是所謂「生起次第」，後面是兩次各四級的祕密灌頂，屬於「圓滿次第」；過程繁複而冗長，都是在做漸次的宗教催眠，只有喇嘛教內極少數的「精英」，在極其保密的情況下才能傳授；修練者必須吃「五肉」「五甘露」，過程中透過儀式將原本的人性一點一點的刨除，便會使「神性」（其實是魔性）一點一點的轉化出來。[52]

　　達賴的時輪金剛灌頂當然是最上級的祕密儀式，因爲要用到眾多實體「明妃」性交，因此這就是正式讓達賴「轉大人」而懂得「人事」的儀式。隨後的一個月「閉關」，自然是讓初試過雲雨情的達賴反覆操練，直到「訣竅」嫻熟，不但練得信心十足，更能在性交運用時得心應手才行。這也就是爲何在達賴出關後不久，當年（1953 年）5 月在夏宮諾布林卡便改以傳法上師的身分，傳授第一次時輪金剛灌頂，猶

---

[52] 請參考 耶律大石 編譯，《西藏文化談》（九－十二章），正覺教育基金會（台北），2008.3 初版，頁 46-66。
　　（編案：《西藏文化談》主要內容節譯自：特利蒙地（Trimondi），《達賴喇嘛的陰暗面：藏傳佛教的雙修、巫術與政治》（Der Schatten des Dalai Lama: Sexualität, Magie und Politik im tibetischen Buddhismus），Patmos 出版社，德國 Düsseldorf，1999，第一版）

如小公雞初試啼聲，達賴向四方宣告「成道」的新法王開始要「普施法雨」(淫雨)，讓眾生「淫露均霑」了，這才是達賴今天向西方人士不斷高喊「博愛」的真正意思。

向流亡處求自在

　　1956 年 11 月，達賴喇嘛離開拉薩赴印，與班禪喇嘛同行。留印期間還向尼赫魯求助，尋求政治庇護的可能性。但最後達賴喇嘛還是接受尼赫魯的勸告，在周恩來的保證下返回拉薩。1957 年 3 月啓程，4 月 1 日抵達拉薩，達賴官網的大事紀要寫著：「全西藏的形勢不但已不受中共控制，連達賴喇嘛也控制不住。」事實上這位常不在其位的「西藏領袖」，似乎打一開始就從來不曾控制住局面；他仍舊用老招「落跑」，很快的移居到諾布林卡新宮；一直到 1959 年 3 月，江山變色大勢土崩瓦解，他又以跳乩的「神諭」指示：「快走，快走，今晚！」又是一陣黑風吹拂，達賴遂趁著夜色變裝，毫無交代地丟下他的「故鄉與人民」，去流亡找他的「自在」了。

四、打造幽靈海盜船（1959-1967）

板蕩中的跳梁

回顧達賴喇嘛倉皇辭廟逃亡印度，甚至連「丟盔卸甲」都說不上，因爲達賴始終不曾像被他遺棄的部分子民一樣，眞的曾經披盔戴甲、手執干戈的保衛家園；他是聽從鬼話（所謂「涅沖神諭」）脫下喇嘛袍、換上軍服，趁著夜色摸黑從諾布林卡新宮變裝「落跑」的。所以，基本上他的不告而別，是對他的「土地與人民」，甚至是對他的信仰──「喇嘛教」的叛逃，爲的只是求保全個人的苟安，沒有什麼正當性可言。

可是，握不住江山但戀棧權位的達賴，逃亡途中卻在距印度邊界不遠的隆次宗，厚顏地自說自話，宣布恢復他所棄守的政府爲「西藏合法政府」，並開始否定「十七點協議」，迫不及待的要打造他未來漂泊的浮臺。所謂「十七點協議」，是達賴初即位發生昌都戰役而南逃錯模時，全權委派前昌都省長阿沛阿旺晉美在北京簽署的「和平解放西藏的十七點協議」。當初達賴是完全贊成、充分期待的，達賴官網甚至稱說：爲此「達賴喇嘛總算吃下一顆定心丸」[53]，因而從「出訪」印度滯留不歸中，安心的返回拉薩。如今達賴卻任意片面撕毀這「十七點協議」，不但表現出對自己的授權和決策出爾反爾，優柔寡斷；更表示他視自己所簽署的法令規約爲

---

[53] 編案：細節請參閱達賴官方網站「第十四世達賴喇嘛大事記錄年表」http://www.dalailamaworld.com/topic.php?t=193

無物，完全沒有遵行履踐的誠信，是個背信忘義不可信賴的偽君子。

　　寄人籬下的日子並不好過，達賴在 1959 年 4 月初逃入印度境內，被安置在印度南方一個叫莫梭瑞的地方，過了兩週半後，他的「老友」印度總理尼赫魯才前來探望，並且也沒給達賴好臉色。達賴在自傳中回憶：「到了這時候，尼赫魯變得更生氣，『即使你已經成立政府，印度政府也不會承認它。』他說。」[54] 這不啻是一記當頭棒喝，達賴顯然有些招架不住，他在傳記中追述：「我開始認為，尼赫魯把我當成一個需要常常叱責的年輕人。」卻沒有反省自己無故闖入別人家中，去當一個「麻煩製造者」，給人家帶來的困擾。

　　但是尼赫魯還是收留了達賴和跟隨他流亡至印度的西藏人，不知是單純的為了人道的理由，還是達賴的獻媚表態給了他哪些不切實際的聯想，甚或是誤以為有了更多政治談判桌上的籌碼？達賴當時曾說：「只有印度才有權利來援助我們。因為佛教是從印度傳到西藏，此外伴隨佛教傳入，還有許多其他重要的文化影響。因此我心中毫無疑問地認為印度比中國更有理由聲稱領有西藏主權。中國對西藏只有過些微的影響力。我常常把印度和西藏的關係比喻成老師和弟子的關係。當弟子有困難時，幫助弟子就

---

[54] 達賴官方網站傳記《流亡中的自在》第八章〈風雨飄搖的歲月〉http://www.dalailamaworld.com/topic.php?t=362

是老師的責任。」[55] 由此可見，達賴的「西藏主權觀」只是牆頭草式的搖擺不定：一會兒說是效忠中央政府，一會兒說是要「西藏獨立」，可是一旦到了人家家裡，居然能把他不時掛在口頭上的「土地與人民」當作「伴手禮」相贈，成為印度的附庸；這顯示達賴非但沒有任何理想性可言，反而是充滿了向現實低頭妥協的卑劣，實可謂「有奶便是娘」。聽其言、觀其行，像達賴這樣的人居心之猥瑣就顯然可見了。

達賴的最終落腳是在印度北部的達蘭薩拉地方，它比莫梭瑞還要荒僻；莫梭瑞距離德里只有幾個小時，達蘭薩拉到德里卻要一整天的路途，這樣的安排不禁讓一向容易疑神疑鬼的達賴，開始不安的揣測起來，達賴說：「我開始懷疑印度政府現在是不是打算把我們藏在一個對外連絡不便的地方，好讓我們西藏人從外面世界的眼中消失。」[56] 但是無論如何這個失魂落魄的船長，和隨從著他的那些孤魂野鬼般的散兵游勇，總算抓住可棲息的浮木，開始在遺世邊陲打造他那幽靈海盜船一般的「流亡政府」。

動手掏空西藏祖產

西藏流亡政府百廢待舉總是需要經費，除了向印度政府和國際救援機構伸手之外，達賴自然得動用到 1950 年他親政之初發生昌都戰役，天津喇嘛等人藉故挾持達賴南避錯模的時候，所偷運出來的大批金銀財寶。行前本來是準備一去

[55] 同上註。
[56] 同上註。

不回的,所以走時把布達拉宮中和諾布林卡宮中積存了幾百年的金、銀、財寶和珍藏搜羅一空,隨達賴一行帶到了亞東。他後來在他的自傳中也含含混混地承認有這件事。據多年以後非官方透露的一項資料說,他們 1950 年去亞東時,徵用一千餘頭騾馬犛牛等搬運牲畜來搬運這批財物,平均每頭搬一百二十磅,其他的四十頭用來搬黃金,六百頭搬白銀,其他搬金幣、銀幣和其他珍寶。如果這項資料屬實,不難照上面數字計算出來,他們一共運走了黃金 2.2 噸,白銀 32.7 噸,以及其他無法估計的財寶。1951 年 5 月,北京和拉薩達成十七點協議,達賴喇嘛一行又從亞東回到了拉薩,但這批東西沒有運回來,後來都從亞東運到了錫金,顯然是為後來的出走作了準備。1960 年,也就是達賴一行到印度後的第二年,這批寶物又從錫金裝上一列火車,運到加爾各答,在一家銀行的庫房中存儲起來。(這些財物,加上後來達賴和他的流亡政府,歷年來在世界各地所掌握的投資和股票,使他有資格儕身於世界大富翁之列。)[57]

這本來也算是一種天意,可以及時的幫忙落難藏人撫輯流亡,可是誰能想到轉眼之間,它卻反而落入了達賴私人的「人謀」裡去了。達賴事後回溯說:「最初,我打算把這批寶物賣給印度政府,這是尼赫魯主動提出的建議。但我的顧問堅持在公開市場出售,他們確信這麼做能換得更多的錢。最後我們在加爾各答拍賣,得款相當於幣值八

---

[57] 參見 張在賢著,《在西藏問題的背後(四)》 夏潮聯合會網站
http://www.xiachao.org.tw/?act=page&repno=917

百萬美元，在我看來簡直是個天文數字。」[58] 這分明是故作驚詫轉移焦點，歷代達賴在西藏搜刮私藏的金銀不知有多少，隨便取其極少部分貼現便不只此數（八百萬美元），何須變賣「寶物」？其餘的錢幣（無論法幣還是各國外幣）又到哪裡去了呢？

　　而即使是這變賣寶物所換得的八百萬美元，到後來竟也不堪折騰，幾乎化為烏有。達賴解釋說：「這筆錢用於投資多種事業，包括一家鋼管工廠，一家紙廠的相關企業，以及其他所謂保證賺大錢的事業。不幸的是，這些幫助我們適用這筆寶貴資金的計劃，不久被宣告失敗。很遺憾，很多表面上要幫助我們的人，其實對于幫助他們自己更感興趣，我們大部分資金就這樣失去。去結堪布的高瞻遠矚，大多數被浪費了。最後只搶救到不及一百萬美金的錢，1964 年成立達賴喇嘛慈善信託基金。」[59] 看看，歷代達賴努力搜刮所得，就在第十四世達賴喇嘛的幾次轉手之間，「只搶救到不及一百萬美金的錢」；而即使是這僅餘的殘款，也仍逃不出回到達賴名下所屬的「慈善」基金會，偌大的西藏公共祖產，就在達賴「流亡的自在」中完全被掏空。除了幾句有意無意諉過給去結堪布的不干痛癢的言語，沒有人為此負任何責任，當然也沒有人敢去質疑；因為在眾多一無所有，又飽受流離顛沛、疾病、凍餒之苦的西藏難民

---

[58] 達賴官方網站《流亡中的自在》第九章〈十萬難民〉
http://www.dalailamaworld.com/topic.php?t=361
[59] 同上註。

眼中，達賴已成爲唯一的資源集中擁有者和支配供應者了。

不僅如此，達賴還對流亡同胞作種種催眠，他說：「其實我自己對這樣的結局並不太難過。回想起來，這批實物很顯然該屬于全西藏人民。而不是我們逃出來的少數人的財產，因此我們也無權獨享，這是宿命。我聯想到林仁波切立下的先例，我們離開拉薩那晚，他把最喜歡的手錶留下，他覺得流亡就代表放棄保有這隻錶的權利。我現在明白他這種看法是正確的。」[60] 這是怎樣一種厚顏無恥又荒唐無稽的硬拗呢？「屬于全西藏人民」竟可不經同意便矯稱「投資失敗」而化爲飛灰，這其中有無五鬼搬運轉成私產的作爲？也一直沒有人敢追查；然而口稱「無權獨享」就該委之天命任奪任騙，不能追查，這又是什麼邏輯？既要當海盜頭子劫掠一切，卻又要向受害者灌輸這是「宿命使然」，勸令「接受現實」「放棄保有」，當然就是要壓抑住大家「別再追究」的意思，眞是名副其實的「達」人「賴」錢。好話說盡，壞事作絕，這就是達賴對自己的故鄉與人民的態度和作爲。走在人民前面，他擁有一切；人民跟著他走，卻失去了所有。

向人伸手自肥的「新丐幫」

達賴之所以敢這麼做，那是因爲他在經費運用上並不如想像的拮据，他的背後還大有靠山：

---

[60] 同上註。

　　印度政府接受「西藏難民」到印度避難，並爲他們畫出土地，建起居住區，因此，達賴集團的「生活費」大多出自印度政府的腰包。印度政府一直全額負擔達賴喇嘛在印度的安全保衛、醫療保健和到外地視察的開支費用，除此之外，每年都要在教育領域和國外藏人的居住區維修和建設方面給予資助。據印度媒體報導，印度政府爲藏人子弟修建、開辦的學校共七十九所，學校的經費全部由印度政府提供。此外，印度政府還爲達賴集團「教育部」開辦的學校支付教職員工的薪金，國外藏人兒童的教育經費也由印度政府提供。[61]

　　除了流亡西藏官民的一般行政和生活開銷由印度政府買單之外，達賴集團還獲得了來自其他國家民間組織的援助。並且隨著日後達賴的活躍於國際，此類捐贈有增無減，乃至西方世界的一些名人，因爲不瞭解達賴的眞實面目，又因國際政治運作而頒給達賴諾貝爾和平獎，更增長了盲目崇拜與夤緣，也加入爲達賴集團募集經費的活動中。譬如美國影星理查基爾便常爲達賴集團舉行募款晚會。達賴本人更常藉舉辦法會的名義，謊稱是傳授佛法，在印度乃至世界各地從事宗教斂財，累計所得難以計數。

　　美國是達賴集團的最大「金主」之一。美國對達賴集團的經濟援助表面上是由民間組織出面，但實際上相當一部分

[61] 「CCTV.com」：《美印出資養活達賴集團》
http://big5.cctv.com/gate/big5/news.cctv.com/military/20080416/106289.shtml

是政府「埋單」。每當達賴集團需要資金時，達賴集團駐美辦
事處及在美支持者就會展開遊說活動，遊說之後，美國會提
出資助計劃，美國務院人口、難民及移民局核准後將資金撥
給達賴集團駐紐約辦事處，辦事處再轉交「西藏流亡政府財
政部」。美國給予達賴集團的資金援助，主要用於「西藏流亡
政府」的日常運營，以及達賴集團武裝力量的訓練和裝備。

美國政府的一份解密文件顯示，1964 至 1968 年，美國
給予達賴集團的財政撥款每年達 173.5 萬美元，其中包括給
達賴喇嘛個人津貼 18 萬美元（在那個冷僻不毛的小山村裡，每年
18 萬美元要怎麼用啊？），給達賴集團設在紐約和日內瓦的「西
藏之家」7.5 萬美元，幫助達賴集團武裝分裂組織進行訓練
及提供軍事裝備 148 萬美元。此外，美官方一直「對口支援」
「西藏流亡政府」的一些特殊部門，比如曾在上世紀五、六
十年代，不遺餘力地支援西藏叛亂勢力及其武裝組織的中
央情報局，目前每年仍對「西藏流亡政府」安全部提供 30
萬美元的經費，美政府還以提供獎學金的方式對國外藏胞
進行資助。[62]

達賴具有如此多元的資金來源，卻懂得故作低調把自己
裝扮成「丐幫幫主」似的，逕與一干「皇親丐戚」及「八袋、
九袋長老」的核心喇嘛們同享吃香喝辣，卻吃裡扒外的一面
低姿態故現苦難乞丐狀而求外施，另一面坐視同胞在流亡的
異國修築鐵路、打工販售勞力辛苦謀生，卻同時暗中掏空流

---

[62] 參見 註 54。

亡藏胞帶出去的公共祖產以求自肥。別人流血流汗,他卻
舀取現成來澆灌自家的搖錢樹,這樣既貪婪自私又狠心腸
的領導人,無怪乎要以「流亡中的自在」來作為他自傳的
書名,因為人民流亡他卻自在;或者說他是愈流亡愈有「本
錢」自在。

　　除了在財務方面掏空公共祖產,集中自肥之外,達賴在
對下一代的教育上也一手包辦。他在到達蘭薩拉兩周之內,
就設立了第一所西藏難民子女的育幼院,這是由印度政府租
給達賴集團,以收容新來者當中日益增加的孤兒。達賴任命
他的姊姊澤仁多瑪經營這所育幼院。多瑪在 1964 年去世,
她的工作改由達賴的妹妹傑春佩瑪(或譯名為吉尊白瑪)接辦。
這樣一來,這些流亡印度的西藏下一代,他們的習性、認同
乃至意識型態的塑造,都落入了達賴的手中,達賴在海外就
可從根扎起,上緊發條從事他的思想洗腦和精神控管,以便
使得未來的青少年都聽他的,並能為他所用。後來傑春佩瑪
又成為「藏青會」創建人之一,數次出任「噶倫」,並擔任
設在印度的「西藏兒童村」總管四十六年,凡外國對達賴集
團提供的援助,相當部分由她以「兒童村」的名義接收和支
配。真是「肥水不落外人田」,好個號稱「要學習民主」的
「皇室一家」。

假「民主化」與真「家天下」

　　1960 年一整年,達賴致力於改革行政制度,展開其所
謂「全面民主化的艱難歷程」。也成立了所謂「最高立法機

關」的西藏人民代表委員會，代表們是由西藏烏昌、安多與
康省三地經自由選舉產生，當然這是僅限達蘭薩拉一個地區
所玩出的「三地自由選舉」。達賴喇嘛邯鄲學步開始搞「民
主試驗」，為了裝模作樣表現誠意給外人看，甚至還允許藏
人成立「西藏共產黨」等組織，以及開辦一些民間報紙，但
一旦這些組織及報紙觸及一些外逃舊貴族的利益，恐嚇、威
脅、「封口令」等就接踵而至，很快這些持批評意見的報紙
和組織就銷聲匿跡了[63]。1962 年，達賴當局出版了一份「西
藏憲法草案綱領」；1960 到 1965 年之間在印度各地方政府
的援助之下，流亡藏人在各地建立了二十多個屯墾區，到此
達賴的流亡政府和流亡藏民，總算是大致搭架完成，開始要
粉飾登場了。

　　然而「民主試驗」只是借殼上市的看板，達賴集團其實
始終無法脫掉其代表舊西藏封建農奴主殘餘勢力的本色。舊
貴族、大家族，尤其是達賴家族長期把持達賴集團核心權
力。達賴自己是「最高政教領袖」，掌握最高權力。「一人得
道、雞犬升天。」他兄弟姊妹七個，個個發達，除了前述的
大姊和妹妹之外，達賴的大哥當才活佛曾擔任「駐紐約辦事
處」、「駐日本辦事處」主任，全家在美定居。

　　二哥嘉樂頓珠曾數次擔任「流亡政府」「首席噶倫」，是
達賴集團中僅次於達賴的二號實力人物，他在印度新德里、
噶倫堡、大吉嶺和中國香港等地均有私人住宅。三哥洛桑三

---

[63] 參見　「藍色情懷部落格」：《達賴集團採用暗殺等手段 迫害異己維
　　繫專制》http://jackiexie.blogspot.com/2009/09/10.html

且長期任分管衛生的「噶倫」和藏醫院負責人，其妻子也官至「衛生部」祕書長。姊姊次仁卓瑪的丈夫達拉‧平措扎西長期擔任分管「內政部」、「安全部」的「噶倫」。弟弟阿里活佛曾任「藏青會」第二任會長，並在「印藏特種邊境部隊」當了五年軍官，退役後執掌達賴集團的權力運轉中樞——「達賴私人祕書處」。阿里活佛的夫人仁青康珠當過「印藏特種邊境部隊」女兵連教導員，連任三屆「藏婦會」會長；1993 年達賴改組「流亡政府」後，她擔任分管教育的「噶倫」達八年，那些想到歐美深造的在印藏人學生，大多需經她「審定」，這對於把出國留學作為最佳出路的流亡藏人學生來說，此人無疑是掌握了生殺大權。現在這一屆「流亡政府」的「噶倫」裡，丹巴次仁是吉尊白瑪的丈夫，達拉‧格桑央金是達拉‧平措扎西的第二任妻子。算一算從「流亡政府」成立至今，十四世達賴家族中先後有七人擔任過「噶倫」和「首席噶倫」，其家族勢力之龐大超過了歷世達賴喇嘛[64]，名符其實的是個家族統治的政權，是個早已失了其「天下」還在夢遊似的流亡中演出著家天下的「雞犬一家仙」。

「揚帆」前的絕情翻臉

有人說「一九五九年出走以後，達賴喇嘛完全變成另外一個人」，並把它歸因於「三十多年的流亡生活和生存環境的塑造」[65]，其實這些只是達賴變臉的助緣的一部分而

---

[64] 同上註。
[65] 參見 張在賢著，《在西藏問題的背後（四）》 夏潮聯合會網站。

已，促使達賴改變的真正理由是「時間到了」，達賴在東奔西跑中不知不覺的長大了。這使得他幽囚孤寂、陰鬱不歡的童年扭曲生活，有了個「斯德哥爾摩症候群」式的全面翻轉，尤其是當周圍的人都從挾持、操控者的角色轉為依附、仰賴，而自己又從「受害者」一躍而成為權力擁有和資源支配者。達賴終於「多年媳婦熬成婆」，但是「絕對的權力造成絕對的腐化」，達賴翻身之後，接著就開始翻臉。

為了維繫其專制統治，達賴和他的統治集團，在流亡政府建立之後，開始排除異己，對政治和宗教上的不同意見者採取暗殺、毒害等手段，殘酷實施政治與宗教迫害。1970年代，不聽其指揮的「十三集團」首領之一的貢塘楚臣和理塘·阿塔被暴力滅口。1990 年代末期，功德林活佛在家中被刺成重傷，赤江和松布兩個年輕活佛遭到「死亡威脅」，這些暴力事件都與達賴集團有直接關係。曾經是達賴集團領導核心成員的其美澤仁證實：有十名藏人因不同意達賴意見而先後被暗殺。[66]

在採取政治迫害的同時，達賴集團對宗教異己分子實施殘酷打壓。同樣是在上個世紀九〇年代，達賴突然認為喇嘛教信奉數百年，而自己早年也一度信奉不疑的傑千修丹（雄天）護法神是「親漢的惡魔」，「對西藏事業不利，對自己長壽不利」，傑千修丹信徒的厄運從此開始。1996 年 6 月 6 日，

http://www.xiachao.org.tw/?act=page&repno=917
[66] 參見 《達賴集團採用暗殺等手段 迫害異己維繫專制》「藍色情懷」部落格 http://jackiexie.blogspot.com/2009/09/10.html

根據達賴的要求，僞議會作出決議，凡在「流亡政府」各部門和社會團體以及各藏人社區、寺廟、學校的工作人員要嚴禁供奉傑千修丹（雄天）。「流亡政府」和「達賴私人祕書處」也發出通知，要求所有寺廟的僧人一律簽署保證書，停止供奉傑千修丹，並威脅稱「繼續供奉的人將成爲藏人社會的公敵」。隨後，「藏青會」、「藏婦會」充當打手，出動大批人員到藏人社區和寺廟搜查搗毀傑千修丹（雄天）神像，砸窗戶、燒房屋，騷擾、毆打信徒，製造多起流血事件，許多人被迫離家離寺。[67]

　　資源被劫奪箝制、親人被挾持控管、政治不同意見被打壓，異己的文化信仰被消滅，這一切高壓統治讓流亡藏人敢怒而不敢言。就連達賴集團自己辦的《獨立雜誌》都看不下去，特意刊載漫畫《西藏民主的現狀》並配發社論說：「我們西藏流亡政府目前的政府體制中的監督機構和制衡體系不起作用」，「一切工作只爲了取悅達賴喇嘛，這是哪家的民主？」[68]

　　隨著在達蘭薩拉偏安的日子過得越來越自在，達賴對仍在西藏境內的游擊隊和人民，也開始表現出過河拆橋式的冷漠與無情。原來最後護送達賴喇嘛逃亡印度的，是一支以雙叉刀尖爲旗幟、組織嚴密的民間武裝團體「四水六嶺護教志願軍」，在他們當初成軍的時候，基本上對達賴的西藏政府持不信任態度。他們認爲西藏政府的官員都拿了中國人的薪

---

[67] 同上註。
[68] 同上註。

水，所以不能指望他們的支持。當西藏政府得知康巴人決心抵抗，派代表去勸阻他們時，幾次都被「四水六嶺」游擊軍首領安珠貢保扎西拒絕接見，使得政府代表非常無奈。此外，「四水六嶺」在初建軍時還曾在拉薩東方香噶登曲克林寺強行奪取西藏政府的軍械所。當時受政府之命保護槍支的寺院僧人以不惜作戰相威脅，但以「護教」為宗旨的游擊軍中許多官兵都流淚要求不要自相殘殺。最後游擊軍還是把守衛軍械所的僧人捆綁起來，才奪取了政府的槍支。

當時的西藏政府中的一部分官員理解和同情「四水六嶺」游擊軍，他們卻都不敢支持游擊軍，只是在兩難處境中委屈求全。1959 年達賴逃亡印度，「四水六嶺」游擊軍還放下原本對立的態勢和前嫌，只為了單純的「護教」的理由沿路護送。即便游擊隊曾如此情義相挺，但是到達印度之後的達賴，也仍是不支持藏族游擊軍的戰事。1960 年，達賴喇嘛接見「四水六嶺」的總司令安珠，就要求他們把從美國得到的軍事援助經費轉為修建學校和安置流亡藏人，但是美國人不同意。1974 年尼泊爾政府調動了軍隊欲消滅盤據境內的藏人游擊隊，達賴喇嘛只託人帶錄音帶給在木斯塘抗爭的「四水六嶺衛教軍」，要求那些藏族游擊軍向尼泊爾政府交槍。達賴所表現的冷默，令衛教軍倍感冷落、絕望。士兵們既不敢違抗達賴喇嘛又不願交槍，一個叫巴青的士兵在割頸自殺之前反覆叨唸：「錯了，錯了，這次我們錯了，我們怎麼能交槍呢？達賴喇嘛是觀世音菩薩（反諷），他在任何時候都會說不要殺人、不要打仗……哎呀，我們錯了。」

[69] 事後達賴喇嘛只是貓哭耗子說：「後來，塔克拉告訴我，很多人有被背叛的感覺——少數幾位領袖竟刎頸自殺也不肯離開。最後他們遇到埋伏，壯烈戰死。這可能正符合他們的心願，而西藏流亡史上最悲慘的一頁也於焉結束。」[70] 西藏游擊隊遇伏戰死，正是因為達賴冷眼作壁上觀，或意欲故作仁義慈悲的表演，被游擊隊錯會為真；甚至是達賴直接落井下石所造成的，他們不是「符合心願而戰死」，而是承冤含恨而斷魂，所「符合」的其實只是達賴為了自身而做的「兔死狗烹」「死道友不死貧道」式的陰狠與無情。

1969 年，西藏本地也曾再度發生藏人的武裝反抗——當時稱為「再叛」，波及四十多個縣。達賴方面將其視為五十年代西藏反抗的延續，實質上二者已經有很大不同。五十年代的西藏叛亂，底層參與者在相當程度上是為西藏上層社會的利益而戰，達賴把兵燹苦難丟給為他上「火線」的民眾，自己卻演出「大逃亡」已如前述；而 1969 年人民是為自己的利益而戰，是不願意把已經屬於自己的土地和牛羊交給人民公社，那些土地和牛羊恰恰是共產黨剝奪舊西藏上層喇嘛分給他們的。達賴喇嘛見事不關己，根本理都沒理，只淡淡的借題發揮一下說：「就這樣，西藏難民陷入歷時十五年的黑暗時期，回家的希望比我們剛開始流亡時更黯淡。」

[69] 參見 茉莉撰：探尋西藏抗暴戰爭之謎
http://archives.cnd.org/HXWK/author/MO-Li/kd021104-3.gb.html
[70] 達賴官方網站傳記：《流亡中的自在》第十章：〈披著僧袍的狼〉
http://www.dalailamaworld.com/topic.php?t=353

[71] 其實那個時節達賴寄人籬下的偏安生活過得正愜意，不但全家人經常團聚，還可以養寵物、享美食、蒔花草、種果樹，夏天經常連袈裟都不穿打羽球，冬天和媽媽、姊姊打雪球仗（不是「出家」了嗎？），一點都不「黯淡」。更何況達賴早已蠢蠢欲動丟下西藏轉心向外了。原來，隨著流亡政府的「內政」打點初步完成，這個向十方伸手乞討的丐幫，悄悄地打造好了它的「幽靈賊船」（流亡政府），開始揚帆出航，打算主動出擊劫掠四方，無論是政治、經濟乃至宗教上的種種油水都不放過。

---

[71] 同上註。

五、掌中人偶躍上戲臺 (1967-1989)

把達賴的竄訪世界各國，名之為「幽靈海盜船揚帆出航」，只是一個譬喻，這是為了描述其出沒不定譎莫如深，並且深具侵擾掠奪的本質所創造的意象。達蘭薩拉並不在海上，其「流亡政府」也不能真的在水面「飄盪」；真正活躍於國際舞台的，只是身為「船長」的達賴本人而已。當年逃出西藏的達賴，猶如鼠狸鑽入洞窟避凍療傷，等到傷癒體氣充足，又探得洞外春暖，自然興沖沖的跑將出來打探動靜以便掠食。只不過這以後一連串的戲碼，與其說是由達賴擔任主角挑大樑，還不如說是一具人偶換個「國際舞台」繼續跳梁，因為這是在政治運作下，由一隻看不見的業緣之手所舞弄出來的掌中戲。

開始出訪跳上國際舞台

1967 年秋天，達賴首度離開印度國境，到日本、泰國旅行。從那時候起達賴就常常「出國」遊歷，1973 年，達賴又首度前往歐洲及斯堪地那維亞，這趟旅行費時六星期，足跡遍及十一個國家；1976 年 6 月初，達賴喇嘛訪問莫斯科、布里亞特共和國、蒙古人民共和國。這些竄訪活動當然讓達賴增廣了不少見聞，開拓了不少眼界和日後的野心，至於他真正最想去的地方，當然還是他背後那個大金主兼影武者——美國。達賴說：「我很想看看在這地球上據說是最富裕、最自由的國家，但是直到 1979 年我才得以成行。」

72 他的收穫看似不錯，因為據他在傳記中的描述，他似乎在這個自由開放的國家，看懂了新聞媒體的運作，也領悟了在鏡頭前如何作適當演出的要領；這對他日後在國際竄訪中，常表現得長袖善舞八面玲瓏，有莫大的幫助。

除了造訪諸國，達賴也忙著和各國政治和各種宗教領袖會面;除了早期在印度與印度政要和宗教大師拉達克利斯南見面，出訪期間他又先後與德蕾莎修女、西班牙境內的一位天主教隱修士、英國的坎特伯里大主教朗西（Rober Runcie）博士等世界知名的宗教界人物相見，然後，還「此地無銀三百兩」的帶上一句：「*雖然我沒有攀附權貴，但是在旅行中我也認識了一些政治人物。其中一位就是前英國首相愛德華·奚斯。*」73 當時西藏流亡政府沒有任何國家承認和重視，於是當時尚未有顯要光環，還不夠走紅的達賴，僅是見到少數宗教人物或是政客，便奪貴自嬌的醜態溢於言表。從達賴在達蘭薩拉權、利一把抓，和全家人一道放逸自恣的生活，以及他旅遊世界攀緣富貴的情形看來，有哪一點像是一位「出家」的修行人？甚至可以說，達賴比一般世俗人還來得更入世、戀世，也更媚世。

向鄰居背後插刀

達賴在那些年月中的涉外關係，也不全然是能見天日、

---

72 達賴官方網站傳記：《流亡中的自在》第十一章〈自東往西的旅程〉
http://www.dalailamaworld.com/topic.php?t=352
73 同上註。

端得上檯面的,他除了向外國伸手相握,也曾在別人背後插刀。原來 1959 年 3 月,達賴集團引發動亂後叛逃,其後大批藏人隨著達賴集團逃往國外,其中有 6,400 多人逃到不丹。不丹政府迫於印度壓力,接受了這批「西藏難民」。在印度政府提供的經費支持下,這些人被分散安置在八個聚居點。達賴集團不曾知恩圖報,卻藉機在「流亡藏人」中不斷培植「藏獨」勢力,從事種種陰謀活動。1974 年 6 月 1 日,就在十七歲的不丹新國王吉格梅辛·格旺·楚克舉行加冕典禮的前夕,不丹政府破獲了一則已計劃了近兩年要暗殺新王的陰謀,並逮捕了三十名涉案的嫌犯。[74]

後經調查,不丹官方起出了一個武器、彈藥、手榴彈和毒藥的儲藏處,並發現這些人一直在為一個以達賴的二哥嘉樂頓珠(又譯嘉樂登珠)為首的組織搞活動,甚至達賴喇嘛本人都很可能知道這場陰謀,但並未公開承認。達賴無法迴避此事,就只在其傳記中以「但(不丹政府)從未有調查,真相始終不明。最後我才知道,這些西藏人原來被利用作不丹政府內部糾紛的替罪羔羊。」[75] 轉移焦點說是「不丹政府內部糾紛」並予以淡化處理。對於受其恩惠的鄰居,達賴集團尚且敢用此惡毒卑劣的方式來「回報」,想要「乞丐趕廟公」式的喧賓奪主,毀人宗廟踐人社稷,只為了一逞

---

[74] 參見 朗色林官網:「收留『藏獨』分子惹禍達賴集團曾密謀刺殺不丹國王」
http://www.lansirlin.org.tw/Lansirlin-new22/lan16/16-main25.htm
[75] 達賴官方網站傳記:《流亡中的自在》第十章〈披著僧袍的狼〉。

私欲；這不但是忘恩負義的作爲，更可說是直如烏鴉過境，隨其所到處處降災，達賴喇嘛眞是不祥之人，匪善之類啊！

　　除此之外，達賴的暴力外銷還涉入了日本「奧姆眞理教」，以及那個狂人教主麻原彰晃的「使日本香巴拉化」。1987年2月，麻原彰晃來到印度見到了十四世達賴，此後他們還會過五次面。1989年，麻原贈給達賴的組織十萬美金，達賴則給麻原發了所謂的證書；麻原以此證書換得了日本政府對奧姆眞理教作爲正式宗教的承認。達賴還去函日本政府推崇麻原彰晃，幫忙要求給免稅，使得日本給了麻原免稅的特權。一直到1995年3月20日，日本國東京地鐵車站發生了震駭世人的施放毒氣事件，造成12人死亡，6000多人受傷之後，兩人都還保持亦師亦友的良好關係；直到後來想要訪問日本，達賴才與日本奧姆眞理教疏遠。[76]

　　根據麻原自己的說法，兩人更早就認識。1984年達賴受日本 Agon-Shu 宗教組織的邀請來到東京，麻原那時還是此宗教組織的成員。據稱十四世達賴在此會面上對麻原說：「親愛的朋友，日本的佛教已經頹廢了，如果這樣下去，佛教就會在日本消失。你要在你的故鄉傳播眞正的『佛教』，你是最合適的人選，因爲你明白『佛』的心意。你去做這個工作，我很高興，因爲這樣你也幫助了我的工作。」然後達賴還用聖水祝福麻原。大約是基於「**使日本香巴拉化，是**

---

[76] 參見耶律大石編譯，《西藏文化談》及網路無名小站部落格：「德國《焦點》發表過達賴喇嘛與麻原彰晃、納粹份子關係」http://www.wretch.cc/blog/kc4580455/13783392。

使世界香巴拉化的第一步」的共同認知，兩者建立了師徒
關係。當然這樣的說法，在麻原惹禍又被判處死刑之後，被
達賴集團否認。[77]

這些醜事在發生的年代，都曾先後有外電報導，但是西
方主流媒體卻為了特殊政治目的的考量，把涉及達賴喇嘛的
負面消息按壓了下來。差不多同一時期達賴卻若無其事，轉
過身來恬不知恥地，仍要在世人面前戴上和平假面具，大談
「智慧與慈悲」等動人的話題，把他的海盜意圖向西方漫衍
過去；只不過這一次的「烏鴉效應」顯現的不是已往的天
災地變、戰亂人禍，而是採取一種前所未見的軟慢調性，一
種陰蝕腐化的路數，卻可能帶來更深遠的禍害——以宗教大
師的身分、人權鬥士的形象，躬身前傾、逢人合十，滿臉堆
著笑容，吐著幽默的言詞，卻把在雪域禁錮了千年的喇嘛教
幽靈，以及其家傳淫慾的「修行」方式，傾銷到飽暖但是心
靈空虛的西方各國。

弘傳喇嘛教 輸出雙身法

1970 年代前後，西方，尤其美國反戰思想濃厚，消極
頹靡之風瀰漫，多少年輕人整日沈浸在大麻煙、迷幻藥、流

---

[77] 參見 耶律大石編譯，《西藏文化談》，正覺教育基金會（台北），2003.8
初版，頁 96-97。
（編案：《西藏文化談》主要內容節譯自：特利蒙地（Trimondi），
《達賴喇嘛的陰暗面：藏傳佛教的雙修、巫術與政治》（Der Schatten
des Dalai Lama: Sexualität, Magie und Politik im tibetischen
Buddhismus），Patmos 出版社，德國 Düsseldorf，1999，第一版）

行音樂、冥想、神祕靈修經驗以及種種僞哲學中，口中喊著
「愛與和平」，心中想的卻是性開放和反戰示威。這個時候
達賴和他的喇嘛團隊，恰好呼應上這樣的調性和節奏，他說
著與西方政客同樣強調的口號「民主」、「自由」、「改革」、「人
權」等等；也說著當時年輕人流行的語彙「愛」、「和平」、「冥
想」、「解脫」，不知不覺間達賴施展的迷魅，就像大麻煙與
迷幻藥一樣，悄悄地飄進西方社會。剛開始四出竄訪的那幾
年，達賴在西方冷門而低調，但是達賴懂得搶鎂光燈的焦
點，也漸漸熟習製造話題和故示親和、幽默來操弄媒體，娛
樂大眾；再加上國際現勢的微妙變化，達賴乘勢將自己和所
謂「西藏問題」，塞進西方大國的手中成爲棋子，以取得自
身在國際的能見度和有利用價值。西方人也在一次又一次接
觸中，口味加重而漸漸「哈」上達賴時，只看見自己將他投
射爲「心靈導師」光炫的一面，卻從不曾覺察正有一片黑壓
壓的暗影，從達賴背地裡席捲而來。

其實達賴所說的「愛」，並不是世間「五倫」裡的愛，
也不是眞正宗教裡的「博愛」，更不是菩薩世出世間的大慈
大悲；他指的是喇嘛教中以「雙身修法」時修「無上瑜伽」
而能「即身成佛」。這個調調正投合當時西方一部分附庸風
雅愛趨時髦的「社會菁英」，及以反西方文明爲潮流的嬉皮
一類「前衛分子」之所好。他們既好奇嚮往於東方宗教中某
些神祕主義理論，又敢於實踐正適逢高漲的「性開放」觀念，
因此隨著達賴往訪而傳過去的喇嘛教，便與之一拍即合。遂
使原本千年來都只禁錮在荒山僻隅裡的荒謬教義及其怪誕

儀軌，一舉突破而成功傳入西方社會，甚至開始扎根、發展，侵蝕著西方那些所謂「開放」，卻也相對成爲「不設防」的社會、心靈與文化。

達賴喇嘛在其所著的《修行的第一堂課》中，開宗明義的挑開讀者的好奇和疑慮：「就算是兩性相交或一般所謂的性交，也不會減損這個人的純淨行爲。在修行道上已達到很高程度的瑜伽行者，是完全有資格進行雙修，而具有這樣能力的出家人是可以維持住他的戒律。」[78] 在哈佛校園，達賴對著大學裡的傾聽師生侃侃而談：「由於我們肉體的本質使然，意識層次的這些改變才會發生。而其中最強烈的、行者可以加以運用的意識，是發生在行房之時。因此，雙修是密乘道上的一個法門。」[79] 大家還來不及釐清喇嘛教和「房中術」到底有何異同，《達賴生死書》中卻更以肯定的語氣說道：「具有堅定慈悲及智慧的修行者，可以在修行之道上運用性交，以性交做爲強大意識專注的方法，然後顯現出本有的澄明心。目的是要實證及延長心的更深刻層面，然後用此力量加強對空性的了悟。」[80] 眞不知道性交中的專注和延長，和「慈悲及智慧」有什麼關聯？這樣的「實證」和「空性」第八識又如何能扯在一

---

[78] 達賴喇嘛著，丁乃竺譯，《修行的第一堂課》，先覺出版股份有限公司（台北），2003.5 初版七刷，頁 178。

[79] 達賴喇嘛著，鄭振煌譯，《達賴喇嘛在哈佛》，立緒文化事業有限公司（台北），2004.12 初版二刷，頁 133。

[80] 達賴喇嘛著，丁乃竺譯，《達賴生死書》，天下雜誌股份有限公司，2004.12 第一版 12 刷，頁 157。

起？顯然這是故作一本正經的在說著花言巧語、欺騙大眾，與其說他在「說法」，不如直言他在以似是而非的說詞，包裝邪惡的觀念，向西洋女性公然誘姦。

這可好了，既可不必放棄世間情慾的享樂，又能即身修成佛道，如此輕鬆便宜事，比一神教裡枯燥的低頭禱告可有趣多了。達賴六世倉央嘉措的那一首知名風流歪詩中的空留遺憾：「曾慮多情損梵行，入山又恐別傾城，世間安得雙全法，不負如來不負卿？」[81]，他的第十四代「後世身」居然就此打破乃祖的瓶頸，既不必「入山」，也無須「別傾城」，萬丈紅塵裡就可以「自命如來自抱卿」──果然有人上當接受了達賴的說法，參加了喇嘛教的「修行」。達賴更進一步「循循善誘」：「在這些男女交合的情況中，如果有一方的證悟比較高，就能夠促成雙方同時解脫或證果。」[82] 於是許多外國女性信眾都因此落入了一個個「證悟比較高」的喇嘛手中，成為喇嘛們用「宗教修行」包裝的性遊戲中，尋求「解脫」「證果」的工具，再也不得翻身。

達賴的喇嘛教在美國弘傳的結果，一處一處的靈修道場建立起來，大批的喇嘛前往美國，除了吸取美國社會大筆金錢，並沒有人在喇嘛教的修行中有所成就，倒是產生了許多後遺症。除了聚斂搜刮信眾們供養的錢財之外，喇嘛們先後

---

[81] Yahoo 奇摩知識+惡靈台詞疑問─宇文部分
http://tw.knowledge.yahoo.com/question/question?qid=1305100400149
[82] 達賴喇嘛著，鄭振煌譯，《西藏佛教的修行道》，慧炬出版社（台北），2001.3 初版，頁 57。

發生了許許多多的性侵害、性醜聞，許多信徒被誘姦甚至輪姦，乃至亦有亂倫事件發生。這些事件雖然大部分被隱覆，卻仍有少部分曝光而被告上法院判刑在案，最有名的例如：1994 年《西藏生死書》的作者索甲仁波切在加州山塔庫魯斯郡高等法院被人指控在告訴人尋求關於靈性修行的指導時犯下「肉體、精神以及性行為上的虐待」。根據起訴書記載：「索甲仁波切聲稱只要被害人跟他作愛就能強化她自己的靈性，並獲得心靈的癒合，他還告訴她說能跟一個喇嘛上床是一種很大的福氣。」[83] 這種說法簡直跟達賴一個鼻孔出氣，做了侵害信徒的事還能振振有詞；達賴在世界到處「弘法」，宣講雙身法的「合道」「有理」，還真是給足了喇嘛們理直氣壯去性侵外國女信徒的「信心和勇氣」，也直、間接導致喇嘛性侵案層出不窮。

另外一位住在紐約市，據稱也曾遭過索甲仁波切性侵犯的婦女，Victoria Barlow 說：「這些西藏男人利用西方人士對於佛法的尊重而瞎搞亂搞的惡行惡狀，實在是教人噁心厭惡透了！」[84] 達賴喇嘛在達蘭薩拉的祕書 Tenzin Geyche Tethong，稍早寫曾給其中一名女學員的信中說：「西藏佛教界領導人對於這些指控早已聞之有年了。」[85] 1993 年達賴喇嘛在開會中被問及當今藏傳佛教界師資不端性行

---

[83] 「藍色情懷」部落格 「《西藏生死書》作者索甲仁波切遭控告性侵害」 http://blog.xuite.net/jackie.xie/bluelove/21966435
[84] 同上註。
[85] 同上註。

爲時，當時告訴在場的美國人說：「當事情出差錯時，不要
向大眾隱瞞。如果你們真的覺得有必要向媒體揭發，那
就去做吧！」[86] 聞之有年而不作處理改善；以及沒有致歉，
沒有關懷慰問，沒有檢討認錯改正，竟還大喇喇有恃無恐地
展現「你們愛告就去告吧！」的姿態，這樣哪裡有宗教家的
「愛與慈悲」？只有怙惡不悛者的張狂傲慢罷了。

　　就是這樣的有恃無恐，一名英國五十一歲男子萊昂斯，
過去十多年來竟可以僅憑一張印有他和達賴喇嘛合照的名
片，扮成佛教密宗上師，僅是他一人在英、美兩地創立邪教
騙財騙色，侵犯超過三百名女子[87]；就是因爲達賴及他所帶
領的喇嘛們如此囂張怙惡，有更多的受害者隱忍而不敢出面
指控，深怕因勢弱而反遭來二度傷害。專業的輔導人員都知
道，在所有性侵案件中，宗教性侵往往是受害最烈、潛藏最
深、牽扯最廣、處理起來最爲複雜的。它不但造成受害當事
人身心受創，人性因而受巨大衝擊而易扭曲，價值觀瓦解，
乃至造成家庭破碎，社會因之而動盪不安。而這種動盪，這
些痛苦的代價，不正是這位烏鴉使者達賴帶給世界的嗎？

把暴力輸入自己的故鄉

　　相對於向歐美國家輸出夾帶邪淫的宗教，由於在大陸境
內傳教已不可能，因此達賴則對中國輸入摻雜暴力的政治角

---

[86] 同上註。
[87] 參見 網路無名小站部落格「橫行英美二國的藏傳佛教淫魔扮宗教師性侵 300 位女子」http://www.wretch.cc/blog/kc4580455/13790032

力。多年來雙方一直在西藏回歸或是獨立的議題上拉鋸。
1977 年 4 月，阿沛阿旺晉美（就是代表達賴簽訂「十七條」那一位，後來當到人大常委會副委員長）公開宣布：中共歡迎達賴喇嘛以及逃亡到印度的藏人回去。1978 年 3 月 10 日，達賴喇嘛在西藏人民抗暴十九週年紀念的演說中，呼籲中國當局開放西藏，讓外國遊客無限制進入西藏，同時也建議中共應該允許西藏當地人民能探訪流亡在外的家族親人等等。該年年底，鄧小平成為北京政府最高領導人。1979 年 2 月 1 日，美國正式承認中華人民共和國。在幾乎十年的監禁之後，班禪喇嘛十四年來首次公開露面，呼籲達賴喇嘛以及流亡在外的西藏人回去。8 月 2 日，西藏流亡政府五人考察團離開新德里前往西藏和北京。考察團於北京停留兩週，考察西藏四個月，於 12 月底返回達蘭薩拉。1980 年 5 月，二支考察團從印度前往西藏；第二支考察團被中國以「挑撥群眾造反，危及祖國統一」的罪名驅逐出境；由杰尊白瑪所率領的第三支考察團於 1980 年 10 月回到達蘭薩拉。[88]

　　在這些來往互相喊話式的接觸中，中共當局釋放了諸多善意，達賴喇嘛自然不會放過任何機會。在其「洋高參」們的指點下，他一心仿傚伊朗教主霍梅尼的「黑色革命」，在西藏進行「絳色革命」（西藏喇嘛穿絳紅色袈裟）。除了日夜向西藏廣播、派特務去西藏活動外、還以親自接見與摸頂（藏人傳統，認為被活佛特別是達賴喇嘛摸頂會交好運）為誘餌吸引藏

---

[88] 摘錄自達賴官方網站「第十四世達賴喇嘛大事記錄年表」
http://www.dalailamaworld.com/topic.php?t=193

人偷渡印度。然而這些藏人去印度後就想留下，達賴喇嘛則無意願花錢包養他們，於是改變策略，他利用中國政府允許流亡藏人回去探親之便，派大批流亡活佛回原寺活動。他深知：「利用一個活佛，可以掌握一座寺廟；控制了一座寺廟，就控制了一個地區。」[89] 這應該是參訪西方諸一神教國家由神父、牧師駐點的「教區制」得來的靈感，也彷彿是從「連鎖直銷便利商店」借鏡學習而來。透過這些駐點便可以串連「神經」深入「細胞」。就像西藏流亡議會議長桑東活佛一語道破的天機，他說：「要利用宗教把人民組織起來，形成一股強大的政治力量」[90]。（因此達賴千方百計插手活佛轉世，將由其認定、人在國外的「活佛」送回境內寺廟坐床，加緊對境內藏區寺廟的滲透和控制。僅上世紀八十年代到 1994 年，達賴就先後在流亡中卻對境內寺廟「認定」了 215 個活佛。[91]）當時的西藏「喇嘛書記」伍精華不知是計，反而大加歡迎，將他們奉為上賓。於是有人這樣描寫流亡活佛衣錦還鄉的場面：

「活佛回來啦！」活佛乘著中國政府派出的高級轎車來到原寺叫喊：「達賴喇嘛很想念大家，他讓我來看望你們！」眾人歡呼，有人下淚。

[89] 參見 徐明旭著，《陰謀與虔誠：西藏騷亂的來龍去脈》第三部、第十章〈九、喇嘛尼姑——藏獨主力〉，明鏡出版社，1999.2 第 1 版，頁 307。
[90] 同上註，頁 303。
[91] 西藏日報評論員：〈達賴肆意破壞藏傳佛教正常秩序〉2009 年 5 月 8 日 西藏日報 http://big5.home.news.cn/gate/big5/tibet.news.cn/gdbb/2009-05/08/content_16465162.htm

活佛和回藏考察團團員又喊：「達賴喇嘛是我們藏人今生的依靠，來世的希望，是藏人的救星，藏人的代表。呼喊一次達賴喇嘛萬歲，等於唸誦了一億次六字眞言！」[92] 時空的隔閡造成玄虛的想望，達賴的形象被從現實中抽離出來，再次成爲造神的對象。達賴當年棄西藏而逃亡被淡忘，他那在流亡中「打不死的蟑螂」形象成爲傳奇和對抗的象徵，深深銘刻在不知眞相的藏民心中，滿足了在封閉的高原深谷裡藏民某種寄託的代償。

活佛還改變以往作風串家走門，自古以來由於階層三分，人做九等，活佛何時親自走進藏人家裡過？於是藏人遂因此感激涕零。活佛留下大堆達賴喇嘛的照片、像章、錄音帶、語錄與小冊，還有他用過的法器、墊子與衣帽；卻帶著大量搜刮來的「布施」走了。

「藏曆 5 月 15 日達賴喇嘛要在月亮中出現了！」那些活佛還在繼續玩弄前幾個世紀的愚民手腕，放一些不會實現、但盲信的愚民會想辦法「自動對焦」的訊息和說詞，爲臨走時強化造神運動而加添柴火。

最誇張的是有個活佛回到主寺後，把所屬各分寺人員悉數召來，集中了四省區 40 多座寺廟 80 多個活佛，1,600 多僧人，主持了長達兩個多月的「講經活動」，灌輸藏獨理論與思想。群鴉來去之間，已埋下多少往後動亂的種子。

---

[92] 參見 徐明旭著，《陰謀與虔誠：西藏騷亂的來龍去脈》第三部、第十章〈九、喇嘛尼姑——藏獨主力〉，明鏡出版社，1999.2 第 1 版，頁 307。

達賴流亡政府考察團回藏的結果是,流亡活佛回達蘭薩拉後向達賴喇嘛報告:「藏獨煽動取得了巨大成功」;伍精華則去北京向胡耀邦、趙紫陽報告:「統戰工作取得了偉大成就。」而最後可以顯見的後效,竟是在八十年代最後三年拉薩歷次騷亂中,三大寺的喇嘛都充當了先鋒[93]。達賴喇嘛這個國際掌中戲臺上的人偶,這一次卻隱身後台,以自己的手掌對故鄉導演了幾場鐵公雞。

新瓶舊酒都是藏獨

達賴喇嘛自從 1959 年逃亡印度後,一直要求「大西藏」獨立。1972 年後,由於美國聯中反蘇,達賴喇嘛不得不改變策略,採取指鹿為馬的辦法,把變相獨立說成是「自治」。[94]美國一直是達賴背後的撐腰者,也是達賴國際竄訪的重點國家;冷戰時期最後那些年,達賴曾四度訪美,分別是 1979年、1981 年、1984 與 1987 年初。達賴在美國國會逐漸獲得一些同情的聲音,這使得達賴有些得意忘形。1987 年 9 月21 日達賴受邀前往華府美國國會人權高峰會議演講,提出著名的所謂〈五點和平計畫〉,其要旨是要中國從「大西藏」撤軍,把西藏建立成為一個世界和平的指標,表面上不再提「西藏獨立」,事實上只是要把所謂「西藏問題」國際化,並引誘各大國來此區塊逐鹿,自己好倚強自重,或在夾縫中左右逢源,掇拾大國噬餘的利益。其實達賴喇嘛的心中,從

---

[93] 同上註,頁 308。
[94] 同上註,頁 417。

來不曾放棄他「西藏獨立」的野心和妄想；只是見到七○年代開始美、中關係趨於緩和，藏獨叫板不響，於是達賴見風轉舵，先求其緩衝而已。連美國國務院都認為這是變相獨立，國務院的官員直說這是「隱蔽的獨立計劃」[95]，不能予以支持。

就然而就在達賴發表〈五點和平計畫〉的同時，西藏本地卻一點也不和平。1987 年 9 月、10 月，拉薩發生兩次示威，達賴兩手操作的意圖和形跡非常明顯。1988 年 3 月 5 日，拉薩動亂、宵禁兩週。這次的規模和嚴重性都超過去年秋天。原本為了藏曆新年即將來臨，「喇嘛書記」伍精華決定照常在大昭寺舉行傳召大法會。為了向西方顯示中共對西藏宗教的寬容，特地邀請了西方記者到現場採訪，還出動了七輛從日本進口的電視轉播車作實況轉播。為了預防喇嘛鬧事，班禪受趙紫陽委託先去拉薩安撫眾僧。許多老喇嘛聞到了年輕喇嘛要鬧事的氣息，建議把傳召大法會的地點從拉薩老城的大昭寺移到拉薩郊外的哲蚌寺，但是伍精華不同意，事情果然就在大昭寺大鬧了起來。[96]

慶典進行的行列中，忽然有年輕喇嘛數十名握拳高舉蜂擁而上，搶了慶典主持人的麥克風，帶領著廣場上數百人高聲喊叫「西藏要自由、西藏要獨立、打倒中國的壓迫、達賴喇嘛萬歲」等激情的口號，接著暴亂和鎮暴就發生了。達賴

---

[95] 同上註，第四部、第十三章〈四、達賴喇嘛的騙局〉，頁 417。

[96] 同上註，第三部、第十一章〈三、1988 年 3 月 5 日：大鬧大昭寺〉，頁 327。

利用活佛返鄉埋下的仇恨種子終於發芽茁長，達賴就在灰燼和血泊中收割他的政治籌碼，並且憑其想像加油添醋，扭曲事件原委，誇大傷亡數字，繼續隔空在傷口上撒鹽，完全不理會當時身在現場，事後現身作證的班禪所提出的「如果有一個喇嘛講了這樣的話（造謠），那麼，他本身就不夠當一個喇嘛。他違背了宗教的戒，宗教戒律是不允許說謊的。」[97] 達賴為了鞏固個人權、利，達到私心的目的，對自己的弟子和子民，竟不顧惜其安危，無所不用其極的利用，不啻是再一次印證了他的寡情和冷血。

翌年 3 月 5 日，拉薩又發生示威抗議行動，中共畏忌鎮壓會帶來國際輿論的批評，飭令軍警保持嚴格克制，結果反而造成迷信達賴的藏人肆無忌憚，連續三天任意的打、砸、搶，情況極度失控，因此三天後中共宣布拉薩戒嚴。八○年代收尾的三年，西藏年年都發生動亂，有三尺冰寒的遠因，也各有近期的因緣，但是達賴「三不五時」的煽動和挑動、教唆，是始終貫串其間的。諷刺的是就在 1989 西藏連續三年動亂之後，12 月 10 日，達賴喇嘛居然因為「秉持包容、互敬的基礎，堅定以和平、非暴力的方式解決紛爭」[98] 的理由，而「榮獲」諾貝爾和平獎。消息一出，有人歡慶有人喝采，但是更多的人感到錯愕失望，甚至許多推測可能會由其他人權鬥士得獎的人，更感大出意外而紛紛跌破一地眼鏡。

---

[97] 同上註，頁 328-331。
[98] 摘錄自達賴官網「第十四世達賴喇嘛大事記錄年表」
http://www.dalailamaworld.com/topic.php?t=193

　　達賴喇嘛究竟爲「世界和平」作了些什麼事呢？他什麼也沒有作，除了藏獨與教唆暴動以外，基本上他對任何和平事務，什麼也作不了。在他演出的「國際掌中戲」舞台上，達賴這個人不過是亮相作秀的人偶；眞正作了什麼而導致頒獎給達賴的，是隱藏在達賴背後的那一隻看不見的國際黑手，不管它是涉身干預的個人、團體、國家，還是人類的共業因緣。有的人喜歡在國際事務中扮演警察甚至上帝，任意施授獎懲；也有人喜歡玩權力均衡的遊戲，不是扶此抑彼，就是拆東併西。達賴本就一向是以「棋子」的角色和價值定位，出入歐美強國間的；如今國際角力彼此加碼，那麼給這一枚棋子鍍上閃閃金光，也就是理所當然的發展了。達賴喇嘛有了諾貝爾和平獎得主的光環加身，從此「走路有風」，國際竄訪就更勤快，所到之處受接待的規格，和受注意的程度也隨之大幅提升。這一大場野台戲算是叫座有賣點了，可是「秀到最高點」，高潮已過角色盡出，就將要開始漸漸冷場，「曲終人將散」只剩下「歹戲猶拖棚」了。

六、無岸可泊的迷航與衝撞（1989-2011）

名聞牽利養 四處趴趴走

1989 年是達賴喇嘛大交好運的一年：3 月拉薩爆發了自 1959 年叛亂以來最嚴重的騷亂，使達賴喇嘛獲得了更多的政治資本。當年中國對「六四」民運的處理，等於支持了達賴喇嘛關於「中共消滅了一百二十萬藏人」、「西藏是世界上侵犯人權最嚴重的地方」等謊言。1989 年諾貝爾和平獎頒發給達賴喇嘛，挪威諾貝爾協會會長作了誠實的解釋說：「選中達賴喇嘛是爲了影響中國的局勢」[99]。作爲國際政治角力的棋子和籌碼，達賴喇嘛的確具有其他候選人所不具備的有利條件，他的獲獎「人權問題」不是新因素，而是**國際政治法則起了作用**。換句話說，達賴本來是這一場諾貝爾頒獎典禮的「路人甲」，正因爲他踩著別人的淚滴和血漬，剛好可以被國際政治圈裡的好事者掀舉起來作爲標籤，意外撿到了「和平獎」。

頂戴了「諾貝爾和平獎得主」的光環之後，達賴喇嘛頓時搖身一變，成爲國際知名人物和各國邀訪的貴賓；達賴當然順水推舟的將他政教一體的海盜船，大張旗鼓的藉此機會航向國際斂財。二十多年來，他四處竄訪，遍歷五大洲、數十個大小國家和地區、千百場次的會晤、座談、接受訪問，

---

[99] 參見 徐明旭著，《陰謀與虔誠：西藏騷亂的來龍去脈》第四部、第十二章：〈冷戰在繼續〉，明鏡出版社，1999.2 第 1 版，頁 360。

當然也到處受邀演講，和安排作各種大小法會。所到之處無不堆滿笑臉雙手合十，刻意包裝推出溫和善意的形象；由於達賴善於公關以及在媒體前作秀，因此他的訪問西方社會，常刻意引起媒體的關注，並逐漸造成聲勢，最後甚至蔚為一種流行時尚。

譬如說達賴官方網站轉載自美國 1999 年 9 月 5 日《世界日報》的一篇文章：

「這是達賴喇嘛第 13 次訪問紐約，第二次在『中央公園』公開演講。1991 年那次，聽眾有五千人。這次聽眾達到四萬，等於八年翻了八番，平均每年增加一倍。有評論家認為，達賴喇嘛現在好像是超級影星，是在美國最受歡迎的名人之一。」「『達賴喇嘛在美國受歡迎的程度達到了歷史頂峰』，美國最有影響力的大報之一《紐約時報》這樣評價。『他簡直成了好萊塢巨星』，另一家大報《華盛頓時報》感嘆。此刻，美國三大電視台的錄像機和幾十部攝影記者的鏡頭，把大草坪的盛況定格、顯影到整個世界。」[100]

當然，這些聚會的場面，達賴喇嘛可都是要收費的：達賴喇嘛 8 月 12 日抵達紐約當晚，由李察·吉爾及著名女星莎朗·史東共同主持的為西藏籌募晚宴（每人須捐 750 美元），有 300 多位各界名流參加，其中

---

[100] 達賴官方網站「十四世達賴喇嘛評傳」，曹長青：達賴喇嘛的魅力
http://www.dalailamaworld.com/topic.php?t=295&sid=f241089ad73584efda4ed13f362ff204

有電影「昆敦」(Kundun，也譯為「達賴喇嘛的一生」)
的導演馬丁·史柯西斯、好萊塢紅星哈里遜·福特、
名歌星柏頓、搖滾樂歌星史密斯、波普藝術家麥克
斯、紐約的聯邦參議員舒默等。隨後三天達賴喇嘛在
曼哈頓「燈塔劇院」舉行的收費弘法，門票 100 美元，
9000 張入場券全部售光。[101]

　　然而藉此入侵西方社會的，並不僅只達賴喇嘛個人。達
賴以其在流亡政府中政教合一領袖的雙重身分，藉著和平獎
的光環和政治性、商業性的包裝，不但將自己行銷到西方先
進國家，更把原本侷促於荒原僻地落後而野蠻的喇嘛教，夾
帶闖進文明進步的現代社會；而後者在逐物途窮、性靈空虛
之餘，恰又由於無明而不知分辨的接納了它。遂使藏傳佛教
「跨越了現存世界的文化限制，進行新的信仰領域的聯
結，將一種地方性的宗教進行全球範圍性的傳播」[102]。藏
傳佛教那些在流亡生涯備歷顛沛流離、失依失怙之苦，飽受
欠缺資源、少人聞問之窘的喇嘛們，一時都像搜尋腐肉的禿
鷹，群體撲向世界各個角落；一個個都藉著達賴喇嘛的行
銷，搶佔全球宗教文化食物鏈的最上層。那些原本是「天涯
淪落人」的各派喇嘛，紛紛沾光抹油開始吃香喝辣，自然依
附達賴成為「生命共同體」，也自然要凝聚向心力而「鞏固
領導中心」，當然就更墊高了達賴在其流亡政府和喇嘛教中

---

[101] 同上註。
[102] 鄭志明 論文／藏傳佛教在台發展的現況與省思《普門學報》第 30 期／
2005 年 11 月，頁 11。
http://enlight.lib.ntu.edu.tw/FULLTEXT/JR-MAG/mag134107.pdf

的絕對地位。

　　這個現象看在已過世，並曾在生前和達賴舉行過所謂的「世紀大會談」的聖嚴法師眼中，都曾在書中描述：「七○年代之後，西藏佛教漸漸成為世界舞臺上，極受矚目的一派，到處都可以看到西藏中心。達賴喇嘛的旅遊世界各地，處處造成轟動。有一位曾在英國留學後到美國的喇嘛叫 Trungpa，他在科羅拉多州的丹佛市創立了一個西藏中心叫做 Naropa Institute，四、五年之間，已在美國成立了一百三十幾個分支中心。雖然他於前一年（1988）過世之後，這些中心漸漸地一個一個的萎縮，但他的著作，還有相當大的影響力。」[103] 隨舉一位喇嘛便見有如此的擴展，就更遑論後續的三、四十年中，藏傳佛教各大派系的傾巢而出了。

　　中國藏學研究中心研究員及芝加哥僑報特約撰稿人杜永彬先生，解釋了這種現象：

　　作為東方文明的一朵奇葩，西藏文明不但令西方人魂牽夢縈，也讓他們難測高深，幾個世紀來，西藏壯美雄奇的自然景觀，和神祕神奇的人文景觀和西藏文明，對西方人一直具有魔幻般的魅力，強烈地吸引著西方人。由於地理、文化和語言的阻隔，西方人眼中的西藏和西藏文明如霧中花，水中月，難見本質和真諦。這反而成了西藏對西方人的吸引力和誘惑力，由

---

[103] 聖嚴法師《學佛的基礎》
　　http://www.angelfire.com/mb/mbuddhist/Article01C09.html

此而使西方形成了一個解不開的「西藏情結」和「香格里拉情結」。西方人了解西藏和認識的主要途徑是：以英文為主的西文文獻；流亡藏人的作品和「現身說法」（編案：當然尤其是作為代表人物達賴喇嘛）；有關西藏的展覽、音像、影視，各種有關西藏和藏學的會議，其中，西方傳媒在塑造西藏形象和西方人的「西藏觀」中起了十分獨特的作用。[104]

另一位美國洛杉磯僑界的湯本先生，則以「達賴喇嘛的『隱身』和『再生』的超級功力」為題，指出達賴一方面以其善於公關、善於交際，改變人的看法方面，並向西方人輸入自己想要他們知道，也是他們想知道的東西；另一方面達賴懂得汲取西藏文化中的善良、仁愛、寬容的優秀素質，在民主自由的西方舞台套上自身，在表面上轉變成「達賴精神」、「達賴文化」。於是東方的文化，剔除了糟粕，注入了西方精神的新鮮生命，回返過來流動，卻成了西方人精神空虛時的「靈丹妙藥」。然而讓達賴喇嘛的「隱身」和「再生」的超級寶器發揮出來的超級功力，「資金」是關鍵。湯本先生說：「他是 1959 年前西藏資金的擁有者和財政管理專家，他應該有『備』出走西藏的，他也無疑是四十年來在西方社會的最為卓越的募款專家。」據澳大利亞媒體巨子梅鐸所說：「達賴是一個拖著 Gucci 名牌鞋的和尚」[105]。

---

[104] 〈西方社會對西藏存在五大誤讀〉作者：僑報特約撰稿人杜永彬
來源：美國《僑報》http://xz.people.com.cn/BIG5/139893/8940259.html
[105] 湯本論壇：達賴喇嘛的「隱身」和「再生」的超級功力
http://www.tangben.com/JINDUPING/dalai.htm

「西藏獨立」？一路走來搖來擺去

　　儘管達賴喇嘛在西方社會乃至全球竄訪時，不斷的標榜著「智慧與慈悲」、「人權與和平」、「民主與自由」等等開明的口號，表現出極其親和與幽默的一面；然而另一面，達賴卻一直藉著「西藏獨立」到處惹是生非，製造國際社會對中國的對立、衝突，並翻雲覆雨的企求在其中牟取政治上的利益。事實上所謂「西藏獨立」純粹是個假議題，不但在歷史事實及歷史發展上都沒有正當性的依據，「甚至其術語也會引起困惑」[106]。達賴喇嘛一貫聲稱他所說的西藏是指「大西藏」，根據其自傳《流亡中的自在》裡的地圖，這「大西藏」囊括了整個西藏自治區和青海省，以及四川省西部、甘肅省南部和雲南省北部。而根據「西藏流亡政府」的地圖，還包括新疆維吾爾自治區的南部和甘肅省的河西走廊。這更像是在虛空裡畫著想像中的大餅來充飢，完全無意義。在國際政治現實中，更沒有任何一個國家承認所謂「西藏獨立」。在國際舞台上議題雖不成立，卻可以作為縱橫捭闔的利用。

　　宗教方面西藏獨立本是政治訴求，與佛教沒有任何關係，佛經裡也從來沒有「西藏獨立」的內容。然而達賴喇嘛利用自己是「觀音菩薩化身」的神話與中世紀西藏政教合一的傳統，借宗教的力量在西藏本地煽動藏獨。西藏喇嘛、尼姑們雖然不知獨立為何物，但出於對達賴喇嘛的絕對崇拜，自然是奉行不諱。何況他們也朝思暮想回到「到處都有寺

---

[106] 徐明旭著，《陰謀與虔誠：西藏騷亂的來龍去脈》導論四、信息的困惑，明鏡出版社，1999.2 第 1 版，頁 46。

廟，人人都可以做喇嘛」，信徒如蟻、供奉如山、宗教可
以干預政治、三大寺可以決定西藏前途的達賴喇嘛舊時
代。西藏獨立議題與喇嘛教的僧尼私利，就這樣緊密地結
合在一起了。[107]

　　達賴喇嘛的一貫策略是，一方面利用其宗教領袖（神、
觀音菩薩化身）的號召力與西藏政教合一的傳統，以及中國
對西藏宗教勢力即藏獨勢力姑息忍讓的空隙，不遺餘力地、
不擇手段地借宗教之名煽動部分藏胞鬧獨立；另一方面千方
百計乞求西方的支持，向中國政府施加壓力。西方則根據其
全球政治戰略需要，決定其對達賴喇嘛的支持程度與支持方
式。達賴喇嘛乞求西方支持的主要方式是以西藏宗教領袖的
身分訪問西方國家。反過來，西方支持達賴喇嘛的主要方式
也是邀請達賴喇嘛訪問、由政界要人接見他、爲他提供講
台、慫恿新聞媒體大肆宣傳達賴喇嘛的主張與謊言，以及由
各國議會和國際組織通過決議，支持達賴喇嘛的主張與譴責
中國政府等等。這是名符其實的冷戰，或者說是全球冷戰的
一翼。達賴喇嘛不過是西方反對中國崛起的冷戰中的一名過
河小卒而已。[108]

　　至於如何搖來擺去利用「西藏獨立」這個假議題，可從
達賴每年爲「紀念」1959 年 3 月 10 日發動武裝叛亂所發表

[107] 參見 徐明旭著，《陰謀與虔誠：西藏騷亂的來龍去脈》第三部、第
　　 十章〈九、喇嘛尼姑——藏獨主力〉，明鏡出版社，1999.2 第 1 版，
　　 頁 305-306。
[108] 同上註，第四部、第十二章〈二、從後冷戰到新冷戰〉，頁 363。

的講話具見端倪。從 1960 年到 1977 年，達賴在發表的十二篇「三·一○」講話中，都堅持「西藏在歷史上和文化上都是一個獨立的國家」，並多次誓言「始終堅持這個立場」。1978 年以後，達賴看到國際形勢於其不利，在此後幾年的「三·一○」講話中，有意迴避了「獨立」的字眼。這是其第一個階段的來回擺盪。

從 1984 年開始，達賴又將「獨立」的內容納入「三·一○」講話中。為避免直接使用「獨立」二字，達賴集團提出所謂的 1987 年「五點計畫」和 1988 年「七點新建議」，提出所謂「中間道路」，其實質是從公開鼓吹「西藏獨立」改為「變相獨立」，從一步到位「獨立」改為分步驟實現「獨立」。此一階段殆為其迂迴摸哨匍匐前進之策略運用。

1989 年國際上發生了蘇聯解體、東歐劇變重大事變，中國大陸內部也發生了嚴重政治風波。在某些國際政治勢力運作下，把「諾貝爾和平獎」授給達賴，支持他的分裂中國主義立場。達賴集團錯誤地判斷形勢，以為實現「西藏獨立」的時機已經到來，在 1990 年的「三·一○講話」中，達賴稱「東歐正在發生著巨變，這些在社會形態及政治上樹立了榜樣的變化也同樣在改變著全世界」，宣稱「所有的藏民」，「渴望」「完全獨立」。此為達賴得意忘形，露出尾巴的階段。

從 1994 年到 2007 年，達賴集團看到靠赤裸裸的手法搞「西藏獨立」難以奏效，於是又再次變換方式，提出希望與中國中央政府進行對話，「願意在中國憲法框架內解決問題」，具體說就是要求「大藏區」、「高度自治」或「名符其

實的自治」，以便「更好地保持西藏獨特的語言、宗教和文化傳統」。達賴錯估形勢而囂張過頭，踢到鐵板後只好再度搖擺修正，縮頭改口醜態畢露。[109] 從過去的這些歷史變化中看出，達賴在他認爲國際形勢對其有利時，「獨立」的調門就喊得高；在他認爲形勢對其不利時，就變換手法、低調進行。但萬變不離其宗，始終貫穿其中的，是他企圖製造分裂的本質始終沒有改變，企圖製造動亂的活動始終沒有停止。

達賴集團在高聲喊話要求與中共「談判」的同時，加緊對中國境內的滲透，傳遞具有蠱惑性的資訊，誘導藏胞產生對抗情緒。甚至爲了杯葛 2008 年北京奧運，製造拉薩「三·一四」[110] 事件暴力活動。達賴一方面標榜「非暴力」、「中間道路」、「和談」，另一方面對頑固堅持「西藏獨立」的「藏青會」等極端組織採取縱容、支援的態度。至今達賴身邊的骨幹力量都是「藏青會」前前後後、大大小小的頭目。

利用民族主義與文化議題也是一樣，所謂保持西藏「獨特的文化傳統」只是在騙取國際輿論。事實上，達賴集團關

[109] 中央日報網路報轉載環球時報專文〈達賴眞的放棄「西藏獨立」了嗎？〉http://www.cdnews.com.tw/cdnews_site/docDetail.jsp?coluid=109&docid=100337080

[110] 維基百科：「三·一四事件」是 2008 年 3 月發生於中華人民共和國的多起藏人示威演變成暴力衝突的事件，地點以西藏自治區的首府拉薩爲主，……聲稱，此次騷亂是由分離主義分子挑撥並由達賴喇嘛策劃的。之後，達賴喇嘛對此予以否認，並說此次騷亂是由藏人廣泛不滿引起的。http://zh.wikipedia.org/zh-hant/314%E4%BA%8B%E4%BB%B6

心的根本不是什麼「傳統文化」，而是如何以此為名恢復舊日的封建農奴主、僧侶上層對西藏的統治。達賴是否放棄「西藏獨立」主張，不在於他說了多少漂亮話，而在於他是否對過去分裂主義立場、主張，作徹底的改正。事實證明，四十年來，搞西藏獨立的只是上層舊社會中的一小部分人。他們都因「反華」、「反共」而得到了豐厚的物質報酬，變成一些西藏流亡人士所嚮往的一種高級職業，外國勢力所操縱的也正是他們這一夥人。新聞報導中說他們代表西藏的大多數，那真是一個美麗的謊言，因為在新西藏生活大幅改善的藏胞們大多不會認同；但這謊言也能騙得過大多數西方新聞讀者們，因為他們對東方事務知道得太少。[111]

標舉「假議題」 從事「真作亂」

然而儘管「西藏獨立」是個「假議題」，達賴統治集團還是在西藏境內、境外組織「真武裝」，製造「真動亂」。回顧所謂「康巴游擊隊的歷史」，早在 1959 年大暴風雨來臨、達賴流亡之前，舊西藏權貴和那些西方野心家洋大人們，早已在進行他們醞釀了很久的游擊武裝，在藏東和藏南地區游擊武力已經發展起來他們的組織。這些武裝力量是想一旦戰事爆發，用來驅逐漢人的。1951 年以後已經有零星的游擊活動。1955 年夏天，達賴喇嘛從北京返回西藏不久，這地區就發生了相當規模的武裝暴動；這次行動，由於他們事前

111 參見 張在賢（澳洲墨爾本大學教授）著，《在西藏問題的背後（一）》，夏朝聯合會網站 http://www.xiachao.org.tw/?act=page&repno=912

的估計錯誤和外援沒有及時到達,事情沒有鬧起來。達賴流亡之後,仍有零星的游擊活動,在美國的空中和陸上支援下,又進行到七十年代初才告煙消雲散。這地區以及後來藏南地區的游擊武力,如果是以「爭取獨立」為目的、為號召,還是可以爭取到一部分人的同情,可惜他們的行動從一開始就走了樣。游擊隊所到之處竟然大肆進行燒殺搶掠,甚至強姦婦女;對不願入夥的,或認為曾經協助過中共軍隊的,動輒施以砍頭、挖眼、剝皮等酷刑,使當地善良的老百姓受到嚴重的損害。搞「獨立」戰竟搞成了流寇行徑,就已注定了他們後來的失敗命運。[112]

前文中曾經提到的 1951 年以後,達賴喇嘛和北京相處較為融洽的那幾年中,他的兩個哥哥,嘉樂頓珠和後來去了美國的另一個哥哥桑頓·諾布,和美國取得了協議,在美國本土籌組、訓練西藏游擊武力。1958 年 8 月,幾個受訓完畢的西藏人登上一架由美國人駕駛的四引擎飛機飛到西藏,把他們分批空投到拉薩以南和貢嘎地區;每人都配備了一支手鎗、一支自動步鎗、發報機、相當於 55 英鎊的藏幣,此外還有毒藥片,必要時作為自殺使用的。在拉薩附近空降的兩名藏人,潛入羅布林卡夏宮,會見了達賴的總管帕拉·土登,會談後帕拉交給他們一封信,叫他們用無線電台拍發給美國;信中說,他覺得武裝暴動是沒有前途的,最好的辦法是「**在西藏扔一顆原子彈**」。這兩個空降藏人後來和美國

---

[112] 參見 張在賢(墨爾本大學教授)著,《在西藏問題的背後(二)》,夏朝聯合會網站 http://www.xiachao.org.tw/?act=page&repno=913

工作人員取得了無線電聯繫，然後轉往藏南活動。1959 年 3 月，西藏武裝叛變，達賴逃往印度時，持有無線電台的空降分子發揮了作用，在達賴逃亡的路上，他一直用無線電和美國取得聯繫，這是事後達賴親自告訴英國記者穆林的。[113]

　　流亡印度之後，達賴集團變本加厲，在印度內政部調查分析局和美國中央情報局的幫助下，把游擊武力組織起來並加以正規訓練，正式組建了「印藏特種邊境部隊」。達賴流亡政府負責兵員來源，美國負責提供武器裝備和部分經費並協助訓練，印度負責組編、供應和直接指揮。其第一任司令官是印度一名思維獨特的退休准將，副司令也是一名准將（藏族）。由於這名退休准將曾在二戰期間擔任過印度第二十二山地團的指揮官，故印藏特種邊境部隊就以印軍「第二十二建制」聞名於世。[114]

　　1975 年 9 月 5 日出版的香港「遠東經濟評論」週刊，登載了英國記者穆林（Chris Mullin）的一篇報導，談述印度和美國中央情報局關於西藏的種種活動；是一篇公正而有權威性的報導，說明納入印度武裝部隊的西藏叛軍，為數有幾千人；如果把歷年來陸續解役的和陸續補充的都計算在內，總數可能超過這數字的幾倍。訓練基地是在離德里不遠的德拉頓（Dehra Dun）。跳傘部隊則由美國人在阿格拉（Agrn）負責訓練。訓練項目應有盡有，包括：武器使用、學習逃生技

---

[113] 同上註。
[114] 參見 民進黨知識團網站，《達賴印藏特種部隊揭秘》
　　　http://tw.group.knowledge.yahoo.com/dpp-org/article/view?aid=58

術、無線電台收發操作、翻譯密碼、傳送情報、組織地下工作網、埋伏作戰和爆破等。1956 年，在印度北部成立特種邊境部隊，全部由西藏人組成，部隊代號是「第二十二號營地」。負責訓練的主管向新補充進來的士兵說：這支部隊將來用於「解放西藏」。[115]

　　這支部隊還多次舉行以中國邊防軍，和西藏縱深地區交通線等重要設施爲襲擾破壞目標的演練，有時還參加印軍舉行的各種實兵演習。此外，達賴集團還經常向印藏特種邊境部隊，宣傳組建部隊的目的是爲了「西藏人民的利益」，爲了實現「西藏獨立」，煽動官兵仇華反漢的民族情緒，竭力培養他們的「藏獨」意識。[116] 這正是獲頒諾貝爾和平獎的達賴的暴力真面目，但實際上後來在印度所有軍事行動中，這支隊伍都被用來作犧牲品。在 1971 年印度和巴基斯坦之戰中，西藏軍也被使用在戰場上，有大約四十名西藏人死於戰役中；換句話說，這些爲響應達賴號召而埋骨異鄉的西藏子弟，到死都沒弄清楚他們是爲何而戰、爲誰而戰就犧牲了。

利用游擊隊又棄若敝屣

　　穆林的報告中又說，1959 年到 1962 年，美國中央情報局自西藏游擊武裝中挑選了一百七十人，送往美國科羅拉多

---

[115] 參見 張在賢（墨爾本大學教授）著，《在西藏問題的背後（二）》，夏朝聯合會網站 http://www.xiachao.org.tw/?act=page&repno=913

[116] 參見 民進黨知識團網站，《達賴印藏特種部隊揭秘》
http://tw.group.knowledge.yahoo.com/dpp-org/article/view?aid=58

州的高山基地黑爾營（Camp Hale）接受軍事訓練。此事於 1972
年被美國作家威斯（David Wise）在他的《說謊的政治》（*The
Politics Of Lying*）一書中揭露出來，並報導了訓練的詳細經
過。從中我們知道，1958 年黑爾營已開始有西藏人軍事「畢
業生」；主持訓練的是理查‧畢賽爾（Richard Bissell），此人就
是 1961 年籌劃古巴祕密登陸失敗的主持者。策劃西藏武裝
叛亂既是美國對外的要政，又是高度祕密。美國總統艾森豪
威爾曾經和當時的中央情報局長艾倫‧杜勒斯（Allen Dullas）
舉行過詳細的商討。在訓練進行期間，科羅拉多州的一份地
方報紙，曾於無意中透露了這件祕密。《紐約時報》駐華盛
頓的記者立刻向官方探詢此事。當時的國防部長麥克納瑪
拉（McNamara）在電話中告訴《紐約時報》的負責人不要再
進一步追問此事，因爲他認爲，消息傳出去會「有損於美國
的國家安全」。

　　在科羅拉多州黑爾營接受游擊訓練的一百七十名西藏
人，於 1959 年至 1962 年期間，大部分被分批空投於西藏境
內，每批六、七個人；但空降後，十分之九便一去毫無下落，
變成一樁「軍事災害」。空降地點大多在藏東的昌都地區，
最後的一次是在昌都東南地區，六個空降藏人一去就毫無蹤
跡。在黑爾營受了訓練的另一批二十六人，被送到尼泊爾西
部的野馬谷（Mustang Valley），在那裡協助中央情報局的另一
行動。空降人員一去便石沈大海，這些空降游擊人員，大部
分不是被殺，就是被俘。游擊活動後來變成一種毫無希望的
軍事冒險，自然也浪費了美國的一大批財力和人力。

　　除了空降游擊武力以外，中央情報局又拼湊了一支地面部隊。訓練總基地也在黑爾營，前進基地則設在尼泊爾境內。軍中骨幹分子分別在沖繩、泰國、關島和美國本土接受訓練，曾在沿尼泊爾和西藏邊境上約二十幾處進行突擊和騷擾活動。這支武裝力量為數有幾千人，都是西藏流亡者，自稱是「四水六岡（嶺）衛教志願軍」（見本文第四章「揚帆前的絕情翻臉」一節），最早時是在西藏境內組成的一支武裝暴動力量。1959 年暴動失敗後，殘餘力量進入印度，經過補充後又轉移到尼泊爾；由美國接管後，經費全部由美方負責，但財政分配均操在達賴的哥哥嘉樂頓珠手裡。後來軍中因為錢財分配不均起了內鬨，許多人抱怨軍中上級有人從中漁利，把美國給的錢納入私囊，領導階層竟因此而火拼起來。基層士兵得到的待遇寥寥無幾，軍心散渙，戰鬥意志毫無。1972 年尼克森到北京談判，和中國修好，中央情報局即不再支持這一支武裝力量，他們就只好仰賴印度情報機構接濟。但印度他們自己也窮困不堪，只能出錢維持他們的溫飽，這支武裝隊伍不久就成了流動的乞食難民。1974 年，尼泊爾軍隊開進了野馬谷，把這支西藏軍給解決了，剩下的士兵有的投降，有的逃入印度境內。在尼泊爾境內投降的，尼泊爾政府准他們以難民身分居留下來。這場自五十年代初開始的「康巴游擊戰」，就於 1974 年這樣收場了。那些戰死和歸降而流落異國的游擊隊，又是一批見證被達賴利用又出賣的同胞。達賴在他的自傳中是強調反對使用暴力的，但又不止一次地讚揚游擊隊的「戰果」，顯然是一種無法解釋的

自相矛盾。

掌「時輪金剛」舵 泛「密灌」淫慾海

隨著達賴四出竄訪「弘法」，在和平獎光環的籠罩下，藏傳佛教敲開西方世界大門，並像水銀瀉地般的滲入好奇驚新又幾乎對之不設防的西方社會。藏傳佛教各派見有財利可圖，更有他們政教合一終極意義上的目標可成就，幾乎就毫不保留的舉辦各種法會；包括達賴喇嘛本人，也傾其所能的不斷在世界各地舉辦喇嘛教中最為高級、最神祕的「時輪金剛灌頂大法會」。西方人往往認為這就是佛教，喇嘛也大喇喇地毫不掩飾；換句話說，他們看到的藏傳佛教，就是喇嘛們傳給他們時的本來面貌。返回來說，藏傳佛教是以接近「素顏」的容貌與西方人相見的，西方人所看到的密宗真面目，比之東方人多更多。透過西方研究者的眼睛回看藏傳佛教，是比東方人所看到的更接近藏傳佛教的原始面貌的。[117]

依據藏傳喇嘛教義，達賴喇嘛是《時輪續》的最高法師，他就是時間之神 Kalachakra 與時間女神 Vishvamata 陽陰合一的化身。《時輪續》修練的最終目的就是要產生一個最高「佛」（Adi Buddha 本初佛），在全世界建立喇嘛教的絕對統治，以世界末日之戰毀滅敵人。在此意義上來考查十四世達賴的《時輪續》活動，我們知道《時輪續》高層的八級灌頂是喇嘛教中極深的祕密，它們的舉行是從來不對外界透露的。另

---

[117] 參見網路部落格
　　http://cat13333.blogspot.com/2011/02/blog-post_26.html

一方面，低層的七級灌頂則像一齣大戲一般，由西藏喇嘛在世界各地大鳴大放地演出。據流亡藏人（以及西方喇嘛教信徒）的官方說法，《時輪續》灌頂儀式有「產生世界和平」的能力，所以要「盡可能多地舉行」。不管作為一個現代人對此種儀式的看法如何，喇嘛教內部對此法術的威力是深信不疑的。[118]

　　2005 年瑞士籍歷史學者 Michael Palomino，引用 Bruno Waldvogel-Frei《達賴喇嘛微笑了... 藏傳佛教的陰暗面》(*Und der Dalai Lama lächelte... Die dunklen Seiten des tibetischen Buddhismus.*) 一書介紹的喇嘛教「時輪續」，[119]並在〈罪惡達賴 罪惡時輪三〉為標題的文章中，詳細說明喇嘛教的中心議題是「譚崔」；其譚崔以《時輪續》為基礎，以達賴喇嘛為最高代表。譚崔的目標是即身成佛——盡此一生鍛鍊掌握能量的能力，到達解脫境界。因此喇嘛教／譚崔行者，試著在這一生勤練男女雙修的密法，祈求達成解脫，圓滿成就，不再輪迴。而鍛鍊男性的能量，不能缺少女性，進而直言喇嘛教的真相

---

[118] 參見 耶律大石編譯，《西藏文化談》（十七）：十四世達賴的《時輪經》修練，正覺教育基金會（台北），2003.8 初版，頁 88。
（編案：《西藏文化談》主要內容節譯自：特利蒙地（Trimondi），《達賴喇嘛的陰暗面：藏傳佛教的雙修、巫術與政治》（Der Schatten des Dalai Lama: Sexualität, Magie und Politik im tibetischen Buddhismus），Patmos 出版社，德國 Düsseldorf，1999，第一版）

[119] 《達賴喇嘛微笑了... 藏傳佛教的陰暗面》有關《時輪續》的內容係引用自：特利蒙地（Trimondi），《達賴喇嘛的陰暗面：藏傳佛教的雙修、巫術與政治》（Der Schatten des Dalai Lama: Sexualität, Magie und Politik im tibetischen Buddhismus），Patmos 出版社，德國 Düsseldorf，1999，第一版。

就是「消耗女性成就男性解脫」。「時輪灌頂」其實就是作為男性鍛鍊性能量的「**性侵儀軌**」。（譯註： Sexuelle Vergewaltigungsrituale 直譯為「性侵儀軌」）[120]

Michael Palomino 介紹時輪密法的內容：

時輪密法前七灌：供養上師

— 弟子必須「奉獻自己的一切」，供養上師。

— 上師取走弟子所有的一切。

— 將身體交給本尊：吞食法。

— 上師活在弟子體內。

— 毀滅弟子的自我之後，由上師的本尊性取而代之：

— 弟子成為上師的一部分，上師是所有時輪修練者的「集合（Fülle）」。

— 前七灌可以公開舉行。

金剛杵的遞交，是第七灌的高潮。金剛杵是男性生殖器、「方便」（Upaja）的象徵；金剛杵統治金剛鈴所代表的女性「智慧」（Prajna）。受灌弟子取得金剛杵、金剛鈴之後，就可以開始傳授藏傳佛教獨有的「佛陀的法」。

時輪密法後八灌：性侵

— 後八灌（第八—十五灌）只在入室弟子前，祕密舉行。

— 後八灌內容：與 10、12、16 或 20 歲的智慧女合修雙身法；依據《時輪續》，不修雙身法，絕對無法到達解

---

[120] 參見網路部落格
http://cat13333.blogspot.com/2011/02/blog-post_26.html

脫境界[121]。

— 受灌弟子必須與年輕裸女相交而不射精。

— 上師與智慧女交合，取女性性器中已經混合自己精液後的淫液，令弟子以舌嚐之。

— 受灌弟子達到陰陽合體境界，成為「佛陀之子」。

Michael Palomino 節略大部分繁瑣的內容，提供了一些具畫面性、代表性的內容細節描述：

密灌之景一：弟子舌嚐上師精液

弟子貢獻智慧女給上師，上師射精與智慧女的蓮花中，再將已經與智慧女的「紅菩提」淫液混合之後的精液，取給弟子以舌嚐之，體會極樂。弟子將自己觀空，接受祕密的成年儀式。在性交儀式中，當他發出「Phat」的音，可以閉止精液的射出……。

密灌之景二：弟子練習吸精

進行「高級密灌」時，「受灌者」可以在強制性交儀式中，自由射精。這時，「受灌者」必須練習用他的「陰莖」將自然射出去的精液，混同女性淫液（有時也混同經血）再「吸回來」。依據《時輪續》，這時「受灌者」是用自己的力量吸取女性淫液。

經過這樣層層演練，直到完成第十五灌，就可以成為「Adi Buddha 本初佛」——宇宙的主宰者:「宇宙與上師（達

---

[121] 此處所說解脫，其實只是解脫於射精樂觸的欲望，與佛教說的解脫三界生死無關。

賴喇嘛）的軀體是合而爲一的。在一個最後儀式中，本
初佛毀滅整個宇宙，然後內化爲自己。」因此，依照其教
義內容意義，第十四世達賴喇嘛完成十五級灌頂後，已成爲
掌控時間、空間的最高主宰。達賴喇嘛集世界國王、教主、
國家、神祇於一身，所以他自稱只是「普通、平常的僧人」，
並非眞實語。[122]

　　1953 年，十四世達賴第一次接受《時輪續》灌頂，主
持的大喇嘛是林仁波切（Ling Rinpoche），他受到第幾級的灌
頂？這是個祕密。耶律大石先生引用特利蒙地（Trimondi）的
研究指出：「此儀式使十四世達賴受到很大衝擊（生理上
和心理上）」。這是可想而知的，回想達賴少小被遴選認證，
離開父母家人，幽居深宮，一向乏與外界接觸；少年十幾、
二十時，涉世也還算單純，一朝驟然間被喚去閉關，單獨面
對從小害怕的林仁波切（達賴曾說過：「我還是個孩子的時候，只
要一看到他的侍者我就害怕──不管什麼時候，只要一聽到他慣有
的腳步聲，我的心就會停一下。」[123]），實修時輪金剛重重祕密
灌頂，親身面對原本夢想不及的種種邪觸淫受，內心的撼駭
實難爲外人所想像。其被層層摧毀、剝除的人性，再加上刻
意被煽惑而起的貪淫獸性，一定使達賴歷經迷炫、瘋狂，使
原本的人格崩解；再被上師以教義灌輸而重塑的過程和結

---

[122] 參見網路部落格
　　http://cat13333.blogspot.com/2011/02/blog-post_26.html
[123] 達賴官方網站傳記《流亡中的自在》第十二章：神通與神秘
　　http://www.dalailamaworld.com/topic.php?t=351&sid=19396dc3cf1f33
　　ddaa93dbd67b8277d9

果，這也就是心理學上所說的「斯德哥爾摩症候群」中，受
害者因長期的受壓制並且依賴共生，日久反轉而認同施暴
者，甚至將暴力內化，自己也轉爲施暴者；隱密封閉而又不
斷層疊反覆的時輪金剛灌頂，正是近似同樣的心理歷程。

達賴實修成癮 廣傳時輪

因此，實修時輪法之後，他立即坐關一個月，他從此認
爲《時輪續》是極樂境界[124]。達賴也從此一反兒時對傳法上
師林仁波切的畏懼態度，反而成了：「我把他看成是我最重
要、最密切的朋友。[125]」當林仁波切在 1983 年底去世的時
候，達賴更表示：「不久前他圓寂了，當時我覺得沒有他
在身邊，日子會非常難過。他已經變成了我所依靠的柱
石了。[126]」甚至把林仁波切的病情拖遲了好幾個月的情況
也解釋爲：「當我回想他示寂的方式，我非常確定林仁波
切生病時間拖得這麼長，完全是有意示現的，這是爲了

---

[124] 參見 耶律大石編譯，《西藏文化談》（十七）：十四世達賴的《時輪
經》修練，正覺教育基金會（台北），2003.8 初版，頁 89。
（編案：《西藏文化談》主要內容節譯自：特利蒙地（Trimondi），
《達賴喇嘛的陰暗面：藏傳佛教的雙修、巫術與政治》（Der Schatten
des Dalai Lama: Sexualität, Magie und Politik im tibetischen
Buddhismus），Patmos 出版社，德國 Düsseldorf，1999，第一版）
[125] 達賴官方網站傳記《流亡中的自在》第十二章：神通與神秘
http://www.dalailamaworld.com/topic.php?t=351&sid=19396dc3cf1f33
ddaa93dbd67b8277d9
[126] 同上註。

幫我習慣沒有他的日子該怎麼過。」[127] 達賴學法前後態度的轉變，和師徒兩人間至少在心理上的共生依賴已溢於言表，這就證明時輪金剛法的確大有蹊蹺。

1954 年，十四世達賴第一次主持《時輪續》灌頂，根據他自己透露：是應「一群俗家女性的要求」[128] 而舉行此種儀式的。可是如果大家瞭解那個年代西藏的社會狀況，眞不知道會有什麼樣的「俗家女性」能夠接近年輕的達賴「活佛」，並且可以向他提出西藏宗教上如此意義重大的要求？事實上這正是達賴自我扭轉的示現，宣告自己成了最高上師，從受制者轉變成宰制者的角色，他可以統御世界，他可以主宰陰陽合一。達賴喇嘛對外示現爲大乘菩薩，是可以博愛眾女、悲憫一切有情的。可是達賴喇嘛絕口不提：

—《時輪續》的侵略
—《時輪續》的病態
—《時輪續》的荒淫無度
—《時輪續》的犧牲女性
—《時輪續》的掠奪女性能量
—《時輪續》的宇宙全能權力慾望

---

[127] 同上註。

[128] 參見 耶律大石編譯，《西藏文化談》（十七）：十四世達賴的《時輪經》修練，正覺教育基金會（台北），2003.8 初版，頁 89。
（編案：《西藏文化談》主要內容節譯自：特利蒙地（Trimondi），《達賴喇嘛的陰暗面：藏傳佛教的雙修、巫術與政治》（Der Schatten des Dalai Lama: Sexualität, Magie und Politik im tibetischen Buddhismus），Patmos 出版社，德國 Düsseldorf，1999，第一版。）

—《時輪續》的毀滅宇宙狂癖：掌控一切泉源力
量、陰性能量[129]

從此以後，達賴對於主持《時輪續》灌頂樂此不疲，縱
使在西藏局勢緊張的 1956 年和 1957 年，十四世達賴也兩度
在拉薩主持《時輪續》灌頂；1970 年他主持了離開西藏以
後的第一次《時輪續》灌頂。據他自稱在此前他有一個夢：
「當我醒來時，我知道，我將在未來盡可能地多舉行此種
儀式。在我的前生，我和《時輪續》有緊密的關係，這
是緣分。」1981 年夏天，就是藏曆鐵鳥（Geruda）年，十四
世達賴第一次在亞洲之外公開舉行《時輪續》灌頂儀式。此
次行動的時間、地點（Wisconsin USA），是根據喇嘛教的始祖
蓮花生（Padmasambhava）當年的預測而定的。蓮花生在八世
紀的預測：「當鐵鳥飛起，馬兒在輪子上滾動，『佛教』將
進入紅人之國。」據說在儀式當中有一隻鷹抓著蛇在天空
中飛過，參加儀式的人們認出它就是神鳥 Geruda，陽性戰
勝陰性（蛇）的象徵。這樣的景象，被喇嘛教人士看作是喇
嘛教將佔領西方的吉兆。這次在美國威斯康辛州舉行的灌頂
儀式大約有一千二百人參加。[130]

---

[129] 網路部落格 http://cat13333.blogspot.com/2011/02/blog-post_26.html

[130] 參見 耶律大石編譯，《西藏文化談》（十七）：十四世達賴的《時輪
經》修練，正覺教育基金會（台北），2003.8 初版，頁 89-90。
（編案：《西藏文化談》主要內容節譯自：特利蒙地（Trimondi），
《達賴喇嘛的陰暗面：藏傳佛教的雙修、巫術與政治》（Der Schatten
des Dalai Lama: Sexualität, Magie und Politik im tibetischen
Buddhismus），Patmos 出版社，德國 Düsseldorf，1999，第一版）

1985年《時輪續》灌頂儀式第一次在歐洲舉行（瑞士），此次參加的人數達到六千。而在同一年於印度 Bodhgaya（菩提伽耶）舉行的《時輪續》灌頂儀式共有三十萬人參加。如此一場大戲被流亡藏人稱為「本世紀最大的佛教盛會」（Tibetan Review, Januar1986）。許多藏人越過中印邊界來參加，至少有五十人死在此儀式上。達賴頗為自得的說：「我在 Bodhgaya（菩提伽耶）、Ladakh、Lahoul-Spiti、Arunachal Pradesh 主持舉行了《時輪續》灌頂儀式，在這些聚會裡我感覺到西藏「眾神」群體的存在，我感覺到他們來參加了儀式。」（來源《十四世達賴自述》 Sehnsucht nach dem Wesentlichen,ISBN 3-7701-2734-X, Freiburg）[131]

到目前為止，達賴喇嘛已經在世界多地公開主持過三十一次《時輪續》灌頂儀式；依「達賴官方網站」宣布：「達賴喇嘛尊者第三十二次時輪金剛灌頂大法將從2011年12月31日至2012年1月10日在印度佛教聖地普提伽耶舉行。」[132] 達賴一再自詡：「第十四世達賴喇嘛，是歷輩達賴喇嘛中傳授時輪灌頂大法會次數最多的達賴喇嘛，因為當今世界更需要和平，所以達賴喇嘛在世界各地傳授時輪灌頂大法會。」[133] 知道喇嘛教義內容的人都知道，《時輪續》灌頂儀式的舉辦可不是為了什麼「世界和平」的需要，反而是喇嘛教為了達到殲滅敵人、統治世界，以建立所謂「香

---

[131] 同上註，頁 88-90。
[132] 達賴官網之「金剛時輪法會」英文網站 www.kalachakra2012.org
[133] 藏人行政中央官方網站〈達賴喇嘛第三十二次時輪金剛灌頂大法新聞發佈會〉

巴拉」世界帝國而設；《時輪續》灌頂儀式不僅是十四世達
賴宗教修練的最高核心，而且是他實施政治戰略最重要的法
術。更何況一而再的如此密集舉辦，似乎反映了喇嘛教上下
普遍瀰漫一種在「自我滅絕」的預估前，企圖力求生殖繁衍
的「生物性集體焦慮」。

學者為「時輪金剛」解密

　　根據 2003 年 9 月 11 日一位 James C. Stephens 先生對德
國特利蒙地夫婦（Victor Trimondi 和 Victoria Trimondi）的採訪，
Trimondi 對達賴的「時輪大法」有這樣警覺與理解：

> 我們對於在華盛頓特區的國家大教堂舉行的跨宗教
> 儀式的最大憂慮，是西方天真的程度。在過去的二十
> 五年，達賴喇嘛不事聲張地對西方成千上萬的宗教新
> 人舉行著時輪大法（Kalachakra Tantra）這一古代密宗所
> 有灌頂（initiation）方式中的最高形式，把密宗信仰，
> 祕密的性交行為，和魔法儀式整合進他的宗教──政
> 治世界觀中。他繼續祕密地傳播著時輪的預言，預言
> 一個無所不在的佛教統治──香巴拉(Shambhala)。在
> 這個佛教統治之下，所有精神的和世俗的力量都集於
> 一人──世界皇帝（Chakravartin），而其他的宗教都不
> 再存在。[134]

---

[134] 參見　西藏問題縱橫談（2）：一對德國夫婦對達賴的尖銳批判
　　　http://wuhong.blshe.com/post/734/180744
　　　英文版連接：http://www.whale.to/b/trimondi.html

　　Trimondi 對於達賴喇嘛在時輪大法中所宣揚的意識形態有著深層的擔心，他說：

在時輪大法中，預言了一個佛教帝國的建立和佛教的軍事力量對非佛教的宗教所發動的戰爭。這就是一種文明的衝突。《時輪大法典籍》(Shri Kalachakra I. 128-142) 充滿激情地詳細描述了一種爲佛教的香巴拉大軍所擁有的超級殺傷性武器，這種武器將被用來對付「佛祖教誨（Dharma）的敵人」。當達賴喇嘛在澳大利亞舉行時輪灌頂的時候，國際著名的報紙 *Der Standard* 發佈了一篇名爲『達賴喇嘛的武士儀式：時輪大法』(A Warrior Ritual with the Dalai Lama: The Kalachakra) 的文章。德國的基督教知識分子週報 *Der Rheinische Merkur* 也發表了一篇文章：「在時輪大法中掩藏著什麼？超級狂戰士！」[135]

　　Trimondi 提出警告：「時輪的祕密典籍明確地把猶太教、基督教和伊斯蘭教的領導人提出來作爲佛教的敵人：並把他們描述爲『邪惡的蛇的家族』(Shri Kalachakra I. 154)。那最終的，如審判日一般的戰爭（香巴拉戰爭）將以『佛教徒的最後勝利』而告終。到現在爲止，在某些佛教中心（例如已故的 Chogyum Trungpa 喇嘛的香巴拉訓練中心）出現的軍事場景還只有象徵意義，但這些場景已被解讀爲對預言中偉大的香巴拉戰爭的一種精神準備。在某些

---

[135] 同上註。

喇嘛的想像中，所有時輪灌頂的參加者都有重生爲香巴拉武士的可能性。他們將參加即將到來的末日大戰。依據階級，他們將成爲普通士兵或者軍官。某些血統的高級喇嘛已經被賦予未來的指揮職務。」[136]

總之，歸結各家的見解，達賴喇嘛就像野犬沿路尿溺般，臆想著圈劃起自己的勢力範圍，到處舉行「時輪灌頂法會」；這類灌頂法會完全無助於世人的「愛與和平」，反而是在暗中散播、挑起「性與戰爭」；它無益於人類性靈終極的「救贖與解脫」，反而會導致身心世界的「毀滅與沈淪」。說它是順世墮落的逸樂饗宴和潛藏的恐怖主義倒是差可近似，則達賴的「掌舵」將把其信眾和世界拖曳到不可想像的風暴中。

三度掠境台灣 黑手伸向寶島

一般討論藏傳佛教在台的弘法，大都將國民政府遷台以後迄今的發展劃分爲前弘期與後弘期。至於此二階段的劃分，若以台灣社會的政治因素來考量，則 1980 年代初期確實是台灣宗教發展的一個重要轉捩點，由於國內外政治情勢的改變，迫使國民黨政權面臨「政治革新」的壓力，連帶對宗教的管制也逐漸解禁。這樣的環境對於達賴喇嘛所領導的喇嘛教，其發展自然是比初期有利得多。

原來國民政府遷台後，只有內蒙古佛教領袖章嘉與甘珠

---

[136] 同上註。

爾瓦兩大活佛，隨同政府遷台。1959 年十四世達賴流亡印
度後，禁止藏人與國民政府來往，故初期來台之蒙藏喇嘛人
數稀少，傳法活動也不積極，因此初期弘傳密法者幾乎全以
漢人為主，而這些人大都是民初曾在大陸隨蒙藏喇嘛學法的
在家居士[137]。1980 年代以後，隨著達賴流亡政府全球化發
展的風潮，開始有喇嘛先來台「探水溫」；在進展順利大有
斬獲的情況之下，遂造成喇嘛來台絡繹於途，而「藏傳佛教
中心」如雨後春筍般紛紛成立，令人感受到藏傳佛教在台灣
的「蓬勃發展」。

　　達賴喇嘛有鑑於此，也就伸出觸角與台灣的宗教界、政
界各類人士開始接觸；達賴不但親自派其官方代表來台，也
接受台灣佛教的出家僧眾到達蘭薩拉的喇嘛教學院去研修
密法。譬如新竹鳳山寺日常法師在 1986 年到 1987 年之間，
跑到印度達蘭薩拉辯經學院學藏傳佛教六識論的常見外道
邪法；隨後更於單獨晉見達賴時，被賦予「**回去要弘傳《廣
論》**」的任務；日常法師 1988 年回台灣後，就開始募款，
重新標點校正並發行《菩提道次第廣論》，正式開講《廣論》
[138]。1997 年 3 月，達賴首次來台弘法，還特別到日常所住

---

[137] 參見　姚麗香著，《藏傳佛教在台灣發展的初步研究》，佛學研究中心
學報　第 5 期（2000.07），頁 324。
http://ccbs.ntu.edu.tw/FULLTEXT/JR-BJ011/93566.htm
[138] 日常法師公開的弘法中，對《廣論》後半部隱說雙身法樂空雙運的
「止、觀」並不傳授，只是不斷地重複講解《廣論》前半部認同意
識為常住法的六識論教義；私底下有沒有對鳳山寺的出家眾傳授後
半部的雙身法止、觀，目前仍不得而知。

持的鳳山寺去「加持」，並將該僧團賜名為「正法林佛學院」
[139]。由於他們操持華文語言的方便，和大眾對於正統佛教表
相僧寶形象的崇拜，使得藏傳佛教《廣論》的常見外道邪曲
法義在台灣的弘傳快速無礙，甚至比藏籍入台喇嘛更有效
率。

在這樣的基礎之下，適逢以達賴的老師海因利希・哈勒
（Heinrich Harrer）故事為原型的「火線大逃亡」電影全球上
演，讓民眾開始對達賴集團產生了關注。正是在這一年，台
灣政治的首次政黨輪替後，當時的執政者為對抗中國，開始
與達賴首次訪台達成祕密交涉。終於在 1997 年 3 月 22 日，
達賴開始了第一次的訪台「弘法」。訪問結束後，達賴就在
臺灣成立了「達賴喇嘛西藏宗教基金會」，是為其第一個在
台據點。從此，這個機構成為達賴集團在臺灣的吸金機構和
辦事處，而它的第一批資金來自當時出面邀訪的台灣「中國
佛教會」所捐贈的三千萬元新臺幣。2001 年 3 月 31 日，達
賴第二次訪問臺灣。2003 年 5 月，達賴集團更和台灣第一
次政黨輪替後的執政黨建立更實質的雙邊關係，雙方暗中成
立了「臺灣西藏交流基金會」[140]，其後接受台灣政府一年又

---

[139] 維基百科〈釋日常〉
http://zh.wikipedia.org/zh-tw/%E6%97%A5%E5%B8%B8%E6%B3%95%E5%B8%AB
日常法師 http://guanglungongxiu.net/glossary/richangfashi.htm
[140] 參見 痞客幫網站〈達賴在台據點十二年〉
http://fk2009.pixnet.net/blog/post/27814121-%e9%81%94%e8%b3%b4%e5%9c%a8%e5%8f%b0%e6%93%9a%e9%bb%9e-12%e5%b9%b4

一年的鉅資捐助達八年之久。在達賴的全盤計劃中,臺灣是進入中土的跳板[141]。也就是說,除了宗教事務,達賴也將其黑手伸進台灣的政治範疇。

達賴及其隨行集團,還每每以宗教文化交流和關懷台灣、爲民眾祈福的理由出入台灣;但是回顧自 1997 年達賴第一次來台爲台灣祈福之後,台灣的榮景就開始走下坡了;隨即接連發生金融風暴、廠商出走、經濟蕭條、薪資倒退、禽流感、豬隻口蹄疫、SARS 以及 921 大地震等重大災難,顯然他的祈福是無效的,甚至是帶來反效果的。在此之前達賴沒來台灣,台灣反而創造了全球聞名的經濟奇蹟。網友表示:若認爲台灣這個遭遇與達賴根本無關,則台灣會不會有福,與達賴來不來台灣祈福一樣是無關的;找達賴來台灣祈福,只不過是浪費大家的錢財及消費災民而已[142]。

因此 2009 年達賴第三次藉口爲八八風災災民祈福來台,就不若前兩次受到歡迎了。當時不但引發了台灣內部藍綠陣營嚴重的對立和互批,也造成海峽兩岸關係一度的緊張和退止。達賴出現的場合,不斷有各界人士的抗議,佛教界也普遍提出了「不是遠來的和尚才會唸經」的質疑聲浪,尤

---

[141] 參見 耶律大石編譯,《西藏文化談》(四):從 Kailash 的說法談開去,正覺教育基金會(台北),2003.8 初版,頁 21。
(編案:《西藏文化談》主要內容節譯自:特利蒙地(Trimondi),《達賴喇嘛的陰暗面:藏傳佛教的雙修、巫術與政治》(Der Schatten des Dalai Lama: Sexualität, Magie und Politik im tibetischen Buddhismus),Patmos 出版社,德國 Düsseldorf,1999,第一版)
[142] 參見 奇摩知識網站:請問達賴喇嘛眞能爲台灣災民祈福嗎?
http://tw.knowledge.yahoo.com/question/question?qid=1009082712273

其台北市佛教正覺同修會更直接對喇嘛教的法義提出辨
證,並抗議他們頂冒佛教的名義誤導眾生,在證據確鑿的情
況下,使得達賴與其率領下的台灣喇嘛教爲之氣結而噤聲。
在這樣的情況之下,達賴只有儘快結束行程,並從其大筆聚
斂的錢財中撥出少少的五萬美元「賑災」而匆匆離台。媒體
報導達賴對此行成果「很滿意,唯一的遺憾是未能與兩度
邀請他來台的淨心長老再相見。」言下之意還在納悶和妄
想:那個兩度盛大邀請他,並致贈三千萬元新臺幣的榮寵
和厚利哪裡去了?[143]

喇嘛儘吃儘拿　騙財騙色

　　而這段期間其他西藏喇嘛們來台,除了因爲台灣信眾的
信心虔誠外,最主要也是因爲台灣的「經濟奇蹟」不但聞名
世界,而且台灣的佛教信眾樂於布施,更是促使藏人喇嘛相
繼來台的最大動力。對於流亡的藏僧而言,台灣信眾的大量
供養金,是支助他們重建寺院、養活流亡政府的僧團甚至家
族的最大來源。也因此,不少喇嘛認爲:「如果要傳法,要
到歐美去;如果要募款,要到台灣來。」台灣的「經濟奇
蹟」不但聞名世界,姚麗香所著《藏傳佛教在台灣》一書中
也提到,據保守估計,台灣官方與民間最近十幾年來捐獻給
藏傳佛教流亡政府的供養金,總金額已達新台幣數億元以

---

[143] NOWnews 今日新聞網:達賴滿意訪台成果,唯一遺憾是未見
到淨心長老
http://www.nownews.com/2009/09/03/327-2501299.htm#ixzz1h3MGa
NMq

上，居全世界之冠[144]。如果沒有台灣這一群由於虔誠而被騙的佛弟子，印度、尼泊爾、西藏的大部分藏傳佛教寺院不是蓋不起來，就是規模將小得多[145]。

從西藏的佛教發展史我們已可看到，藏傳佛教每個寺院都是一個獨立的經濟實體；在西藏，僧團擁有免稅權、有財產可放貸、有土地可租給農民耕種、有侍奉僧人的農奴，還有政府以及信徒們對各個教派的捐獻和布施，甚至還有買賣交易的收入來源。在這樣穩定的物質基礎上，僧侶可以專注於性交雙身法的宗教生活；然而流亡的藏僧，喪失了這一切經濟上的保障，他們必須重新尋求經濟的資源。在初期，國際的援助只夠維持最基本的生活，不足以支撐寺院機構的活動。因此每個寺院各自的領袖，責任是相當重大的；廟裡動輒數百乃至二、三千個喇嘛吃穿住都要擔負，而且目前人數還在持續增加中。此外，各個教派很多轉世活佛都需要僧團的特別教育，不僅要建寺、教育僧眾，也要負責培養轉世活佛。近來年，各教派不但在流亡地區重建寺院、佛學院、閉關中心，也開始回藏區重修祖寺。而這筆龐大的經費來源，主要是來自於台灣地區的信徒供養金[146]。

台灣藏傳佛教的信眾還有一大特色，就是對「灌頂」特別熱衷，對於佛法三乘菩提的內涵與修學卻漠不關心。台灣

[144] 參見 姚麗香《藏傳佛教在台灣發展的初步研究》佛學研究中心學報第 5 期（2000.07），頁 334-335。
http://ccbs.ntu.edu.tw/FULLTEXT/JR-BJ011/93566.htm
[145] 同上註，頁 335。
[146] 同上註。

藏傳佛教聯合會發言人白啓光說，以灌頂法會的頻率而言，台灣應可居世界之冠，「哪兒有灌頂法會，就往哪兒跑」。法會灌頂之後隨著就是大包、大包的紅包供養，喇嘛們無不賺得飽飽的。而達賴得了便宜還賣乖，曾經得意洋洋地驕其信眾說：「不要把我們西藏人寵壞了，紅包越多、魔鬼越多、魔力就越強。[147]」連網路留言上都不禁揶揄道：「這句話說得眞是貼切啊！」台灣大批的藏傳佛教愚昧信眾，眞的就是如此花錢養魔傷害自己，看是冤枉不冤枉？

更不堪的是，這些在經濟誘因下大量來台的西藏喇嘛，素質本就良莠不齊，加上無人監督、無法可管；更加上他們所傳非正統佛法，因此，不少喇嘛除了廣收供養之外，還以重建寺院及佛學院，或修建閉關中心等名目斂財，乃至爲人占卜療病等怪異現象，騙財之外，甚至更有騙色乃至強制性侵婦女信眾的事件層出不窮，譬如：

2006 年 7 月 14 日《蘋果日報》報導：來自中國西康的「佐欽林喇仁波切」以弘法名義，八年來藉修建寺廟或放生名義斂財上億元，還強行性侵害數十名婦女，並藉「雙修」之名強迫女信眾吞食其精液，說是有助修行的「白菩提」。還在佛像面前公然猥褻女尼，甚至想更進一步動作。事後林喇與助手聯手恐嚇：「上師法力無邊，可以致妳於死。」

---

[147] 藍色情懷網站 轉載《中國時報》2009-09-04 何醒邦報導〈在台藏傳信眾數十萬 最愛灌頂〉
http://jackiexie.blogspot.com/2009/09/blog-post_04.html

威脅她不准說出[148]。此類行徑，與卡盧仁波切恐嚇自己的佛母—《空行母》一書的作者坎貝爾女士—的手段如出一轍。

又如 2007 年 4 月中旬《壹週刊》踢爆，自稱是達賴認證的活佛，在台灣傳法的敦都仁波切，以「雙修」為名不只對女信徒性侵未遂，甚至還亂搞男女關係，有多名女子受害[149]。隨後，在 2008 年 3 月 12 日《蘋果日報》又踢爆，被譽為「美聲弘法典範」的活佛貝瑪千貝仁波切，竟在精舍與一名還有婚姻關係的比丘尼通姦，當場被女方丈夫捉姦在床，送警究辦；過程聲色俱皆精彩，場面卻極難堪[150]。

緊接著 2011 年 3 月 2 日，警方日前執行「清樓專案」時，意外查獲外籍人士買春，而且買春的竟是尼泊爾籍的耐邁仁波切，紅教六大寺之一的「佐欽寺」首席大堪布，以及台灣佐欽佛學會導師[151]。同年 11 月 14 日，從正統佛教改宗喇嘛教的貢噶仁千多杰仁波切（即台中聖德禪寺住持聖輪喇嘛）被舉報宗教性侵女信徒一案，由於檢調搜證愈益明

[148] 蘋果日報：喇嘛遭控逼女徒吞精
http://www.appledaily.com.tw/appledaily/article/headline/20060715/2750338
[149] 藍色情懷：敦都仁波切雙修變性侵
http://jackiexie.blogspot.com/2009/02/blog-post_03.html
[150] 無名小站：活佛搞女尼捉姦在床
http://www.wretch.cc/blog/ross168/11396601
[151] 華視新聞：仁波切變裝買春
http://news.cts.com.tw/cts/society/201103/201103020682205.html
http://www.discuss.com.hk/viewthread.php?tid=9865984&extra=page%3D1&page=8 （耐邁仁波切）

確，進入司法偵訊程序[152]後，於 2012 年 11 月 9 日判刑 15 年[153]。

以上所舉的現成事實，都是媒體所披露的眞實案例，只是眞相的冰山一角，而隱晦不爲人知的，還不知多少。好好的台灣社會尤其佛教界，被達賴集團和他們的喇嘛、教義，弄得烏煙瘴氣、污穢不堪。他們伸進黑手攫取財利，還要染黃宗教界原本清淨的修行風氣，同時破壞此地社會的道德規範和正統佛教的清淨本質；當學密的女信徒被喇嘛以無上瑜伽的美名誘姦而敗露之後，家庭破碎又導致家中的兒童、少年失怙；這些失去家庭溫暖的少年、兒童長大後，行爲乖戾，也破壞了社會安定。達賴在世界到處招搖撞騙躊躇滿志，還把黑手伸向台灣，到這兒儘吃儘拿，還要儘其所能的作踐糟蹋台灣的婦女；不但把台灣的正統佛教染黃，甚至幫忙撕裂社會，製造台灣社會內部和對外的對立。這樣的達賴法王，台灣還要歡迎他來嗎？這樣邪僻荒淫的喇嘛教，台灣的信徒還要接受他們的誤導，繼續沈淪下墮嗎？台灣社會應該思考該如何清理家園，讓喇嘛教遠離台灣才對。台灣既不是喇嘛教登陸中國的灘頭堡或跳板，也不是迷航的達賴集團海盜船可以避風躲浪的泊岸；達賴淫樂黑船的航向一直都是由其惡業因緣的黑風吹動，只能繼續漂泊，直到黑風掃尾將其「船舫」送到最終的沈淪。

---

[152] 自由時報電子報：聖輪疑搞雙修 再爆比丘尼涉媒合
http://www.libertytimes.com.tw/2011/new/nov/14/today-so2.htm
[153] 自由時報電子報：性侵信徒逾 10 年 淫僧聖輪判 15 年
http://www.libertytimes.com.tw/2012/new/nov/10/today-so1.htm

七、沈淪中的「鐵泥犁」號 (2012-?)

整整一個世紀之前，曾經發生了一件震驚世界的船難，1912 年 4 月 10 日，一艘新打造完成的奧林匹克級郵輪「鐵達尼號（英語：RMS Titanic）」，從英國南部的南安普敦港出發，目的地是美國紐約，這是它的處女航。由於鐵達尼號被認為是航海技術史上的一個里程碑，《造船專家》(The Shipbuilder) 雜誌認為它「根本不可能沉沒」(「The ship is unsinkable.」)，又是當時全球最豪華的郵輪，因此吸引不少有錢有閒階級來搭乘，更是當時全球媒體關注的焦點。一個船員在航行中更曾經傲氣活現的，對一位二等艙女乘客西爾維亞・考德威爾說：「就是上帝親自來，祂也弄不沉這艘船。」殊不知人類的狂妄正是災禍的開端，鐵達尼號是在 4 月 14 日近午夜時撞上冰山，兩小時四十分鐘後，即 4 月 15 日凌晨兩點二十分，船裂成兩半，伴隨著 1,522 人沉入大西洋。鐵達尼號海難成為和平時期死傷人數最慘重的海難之一，同時也是最為人所知的海上事故之一[154]。

一百年後的今天，竟同樣有一艘華而不實、囂張狂妄的船舫，冒出在這個世界上進行它一路搖搖撞撞由黑風吹動的航程，那就是由達賴喇嘛掌舵領航的西藏流亡政府喇嘛教團海盜幽靈船；我們無以號之，權且仿襲故事稱它為「鐵泥犁

---

[154] 參見 維基百科「鐵達尼號」
http://zh.wikipedia.org/zh-tw/%E6%B3%B0%E5%9D%A6%E5%B0%BC%E5%85%8B%E5%8F%B7

號」。因爲喇嘛教一向喜歡襲用佛法名相、篡改教義並僞冒佛教，公然竊盜佛教的著作權之後又「入主出奴」，造下了乞丐趕廟公的惡行；而他們的所弘所傳、所作所爲，又多是佛法中所指爲染污性的黑業、惡法；就佛法中因果的正理來說，他們若不幡然悔改，將來必定因其所傳之邪見惡法、所造之邪行惡業而下墮。「泥犁」正是佛教經典中「地獄」的別譯，稱他們爲「鐵泥犁號」不僅發音近似，而且名實相符，正可以喚起人們百年前沈痛海難事件而深刻的集體記憶，鑑照今昔給世人一記及時的警惕，確也是大有功德的。所不同的是，這「鐵泥犁號」將撞上的，不會是極地的冰山，而是喇嘛教千年來在人類文明中埋下的暗礁，和達賴一路走來自身言行所虛誇拼貼，終至龐大臃腫而無法迴旋的魅影。

流亡藏胞在印度沒出路

1959 年，約有一萬三千藏胞和達賴喇嘛一起流亡到印度，其後一、兩年間，約六萬多藏胞陸陸續續翻越喜馬拉雅山，到達印度、尼泊爾、錫金、不丹等地，成爲「流亡藏胞」。1960 年，印度總理尼赫魯將達蘭薩拉「租借」給達賴喇嘛，建立了所謂的「西藏流亡政府」，作爲制衡中國的一張牌。到二十一世紀初，海外「流亡藏胞」人數共有約十三萬，其中約十萬居住在印度。據瞭解，很多在印度的「流亡藏胞」生活並不如意。1959 年隨達賴喇嘛流亡到印度的西藏同胞，因不適應當地氣候等原因，很多人不久便得病身亡。而一些得以倖存下來的，則被印度政府徵發到偏遠的山區修

路。營養不良和傳染病奪走了很多修路藏胞的生命。而他們在印度出生的子女，到幾十年後的現在，身分依然是難民[155]。其他流亡印度的藏胞則並不都居住在達蘭薩拉，因為這個偏僻的高原小鎮容量有限，所以多數藏胞只好整體分散、相對集中的散居在印度各地，其中以南部居多。在印的藏胞幾乎很少與當地人來往，通婚的更少。

寄居印度其他地方的藏胞，以經商、務農，或開小商店為生。據報導，在印之藏胞雖然有不少人是在印度出生，但不管是第幾代生活在印度，都不能加入當地國籍，永遠只能是難民身分，客居他鄉，寄人籬下；因為是被人收容的「客人」，所以不能擁有土地和不動產，也不能永久性地購買和擁有土地及房產，一切都只能靠「借與租」。他們大多數都做小本生意，慘澹經營，勉強糊口。雖然經過達賴喇嘛多年的「洗腦」，但還是對這種漂泊不定的生活不滿意，漂泊感始終在心頭縈繞不散。流亡藏胞與當地印度人爭土地、爭資源的現象時有發生，矛盾和衝突日益突顯。

相對而言，生活在達蘭薩拉的藏胞，生活還有一定保證，得益於達蘭薩拉是國際旅遊區的聲譽，這個小鎮的居民，每年都能獲得可觀的收入。而生活在印度其他難民區的藏胞，生活水準則比較落後。相形於印度人，藏胞普遍比較勤勞，難民身分更是讓他們不敢懈怠。但這也給藏胞帶來了麻煩，一些當地印度人因此嫉恨藏胞，族群衝突時有發生。

---

[155] 參見 中國新聞網：〈探達賴經營五十二年「老巢」揭逃亡秘史〉2011年 7 月 21 日 http://news.qq.com/a/20110721/000620_4.htm

衝突一旦發生，印度員警多半會站在印度人一邊，「流亡藏
胞」也只能默默流淚了。當地的流亡藏胞不禁感嘆說：「寄
人籬下的日子真的不好過。」[156] 在街上擺攤的很多藏胞，
都希望早日結束這種寄人籬下的流亡生活。一位藏族青年
說：「我們都是那些把我們騙來的『藏獨』分子手裡的『肉
彈』，他們根本不讓我們回去，我們是他們的政治犧牲品。」
他舉例說，這些人時或不時的組織藏胞進行反對中國的抗議
示威活動，那個時候，所有人都得停下手裡的生意，否則就
要受到懲罰。「我們是懷著無限希望來的，現在卻過得十分
艱難。」他一邊唉聲嘆氣地說著，一邊把一雙鞋脫掉。採訪
記者看到他的腳，嚇了一大跳，竟然沒有腳趾！他說，腳趾
頭在偷渡邊境過雪山時被凍掉了。[157]

　　2007 年《環球雜誌》記者在新德里認識一個叫平措的
中年藏胞。他對記者說，他是前幾年在別人的鼓動下，從西
藏經尼泊爾跑到印度來的，卻發現流亡的生活令他絕望。他
說：「我現在不知道幹什麼好。看到我的其他同胞，在印度
也都過著無根無落的難民生活，我才知道我的出逃是一個絕
對的錯誤。現在我只想回家，回到我的故鄉。你告訴我，我
能回去嗎？」[158] 流亡藏胞的心聲真是「聲聲無奈」。因此之

[156] 同上註。

[157] 參見《環球時報》「西藏流亡政府」所在地：達蘭薩拉(ZT) 2008-03-31
「多維新聞」本文網址：http://blog.dwnews.com/?p=35226

[158] 參見《環球雜誌》：〈流亡藏人在印度的生活與擔憂〉，駐新德里記者
／江亞平 2006 年報導
http://big5.xinhuanet.com/gate/big5/news.xinhuanet.com/world/2006-09

故，儘管當年達賴出逃至印度時，當時前往「探望」的印度
總理尼赫魯並沒給達賴好臉色，還當面叱責達賴說：「即使
你已經成立政府，印度政府也不會承認它。」（詳見本文第四
節〈打造幽靈海盜船（1959──1976）〉中「板蕩中的跳梁」一節）
達賴為了鞏固其求生浮臺，好繼續羈縻、掌控流亡藏胞，還
是得忍氣吞聲並極力討好印度，甚至是割地獻土、喪權辱祖
到了諂媚的地步。

達賴極盡諂媚也無效

　　2007 年 1 月 23 日，達賴對印度媒體聲稱：「1914 年西
藏政府和英屬印度都承認了麥克馬洪線，根據當時的條約，
阿魯納恰爾邦成為印度的一部分。」2009 年 8 月 10 日，達
賴又對英國媒體說：「麥克馬洪地區確實有點複雜。儘管歷
史上有不同的歸屬，1914 年後，這些地區就屬於印度了。」
所謂「流亡政府」要員也同聲響應。達賴所說的「阿魯納恰
爾邦」和「麥克馬洪地區」，歷史上歸西藏地方政府管轄，
面積達九萬多平方公里，有五世達賴喇嘛修建的寺廟，是六
世達賴喇嘛的出生地，然而歷代中國政府從未承認過非法的
「麥克馬洪線」[159]。達賴一方面圖謀在中國版圖上，建立歷
史上從未存在，包括西藏和四川省藏區在內的「大藏區」，
另一方面卻把祖宗之地拱手讓給外國，只為了在印度流亡中

　　/18/content_5103478.htm

[159] 參見 中國新聞網：達賴挾洋自重必然失敗
　　http://www.china.com.cn/aboutchina/zhuanti/xwbd/2010-03/16/content
　　_19617230.htm

仰求外人收留苟安，實在是巴結到數典忘祖的地步；這樣一個人，還有什麼資格「代表西藏同胞」，有什麼資格談「西藏的宗教、文化、語言、人權」？

更有甚者，當一些外國勢力聲稱，他們支持達賴是為了「保護西藏獨特的宗教、文化和語言特性」時，達賴本人究竟是不是藏胞卻成為一個問題。2009 年 3 月 31 日，達賴在新德里對媒體聲稱：「我把自己稱作『印度之子』。」11 月 22 日在新德里一次國際會議上再次聲稱：「我在過去五十年來，都是吃印度飯生活，因此我也就成了印度之子（I am a son of India）」。2010 年 1 月 16 日，達賴在古吉拉突邦「國際佛教會議」開幕式上說得更直白：「*我是印度之子，這是無可質疑的。在過去五十年來，我一直靠著印度的食物生存著，而印度的自治給了我巨大的機會。由於這些原因，我將自己視為印度之子，也為此感到無比自豪。但我的父母是純藏人，因此外形上，我是一名藏人，而從精神上，我是一名印度人。我……已經做好為上師印度提供一切服務的準備。*」[160] 言語十分肉麻，標標準準的一套「有奶便是娘」，多面逢迎的政客說詞，由此可見達賴數典忘祖之一斑。

可是達賴熱臉貼人冷臀的效果，並沒有想像中好，達賴也就因此而時有見風轉舵的說詞。達賴喇嘛 1997 年 4 月在華盛頓會見中國民運人士時說過：「西藏無論在政治上還是

---

[160] 同上註。

在經濟上都無法自立。」因爲他認爲永遠只能依靠中印兩
大鄰國中的一個，比較起來，靠中國更好些（據與會者透露）。
他沒有解釋爲什麼，在台的「達賴喇嘛西藏宗教基金會董事
長」達瓦才仁倒是透露了一點信息，他說：「西藏夾在中國
與印度兩個大國之間總是左右爲難，兩面壓，兩面擠。因爲
西藏的地理位置，總要靠一邊，我認爲靠中國比靠印度要
好，因爲中國人的宗教意識比較淡薄，容易跟西藏人相處。
而印度人的宗教意識非常濃，宗教之間的衝突引發起來不得
了。……我們在印度就感覺到，有些西藏人在印度待了三、
四十年，卻很難看到有印度人朋友。」[161]

印度人另有不同觀點

「亞洲時報線上」2008 年 3 月 17 日有一篇題爲〈印度
意識到西藏問題令人頭痛〉的文章，作者是印度外交部職業
外交官巴德拉庫馬爾。巴德拉庫馬爾說，在達蘭薩拉，印度
人和藏胞各自生活在自己的圈子裡，儘管他們在一起生活了
四十九年，但依然很難融合。很多西方人蜂擁到達蘭薩拉，
想瞭解藏藥和佛教，但達蘭薩拉人對這些並不感興趣，「在
當地的寺廟裡，幾乎看不到印度人」，而且總會聽到當地的
印度人抱怨說，達蘭薩拉的流亡藏民過得更富裕，還「非常
傲慢」。從中可以看出，普通的印度百姓很難去支持達賴集

---

[161] 參見 徐明旭著，《陰謀與虔誠：西藏騷亂的來龍去脈》第四部：新
的冷戰 第十三章〈達賴喇嘛向何去？〉，明鏡出版社，1999.2 第 1
版，頁 430。

團所主張的「西藏獨立」[162]。

　　當地一位原印度商人對記者說：「自從藏人來到這裡，我們平靜的生活就被打破了，這裡日漸成為藏人策劃與中國作對的一個政治中心。」他說，這裡的藏胞經常舉行遊行，很多人高喊著要「武力收復西藏」、「把中國人統統殺掉」等口號。他說：「藏人都是佛教徒，應該以慈悲為懷，但從他們的言行來看，反而是一腦子的暴力思想。」流亡藏胞的這種行為越來越讓篤信宗教的當地印度人反感，他們普遍認為這些人危險可怕，因此當地印度人不願意把房屋租給藏胞，他們希望印度政府早日把這些人趕走。據不完全統計，在上達蘭薩拉及其附近山頭，共有十萬左右藏胞居住。當地很多印度人都抱怨，藏胞搶走了他們的「飯碗」，使他們的生活受到嚴重影響。另外，很多藏胞無事可做，不時襲擾當地人，對社會治安也構成威脅。當地一名員警對記者說：「流亡藏人在這裡給我們帶來太多的麻煩。」[163]

　　固然出於政治和戰略目的，印度政府對流亡藏民還是相當照顧的，不僅允許他們在達蘭薩拉建立「國中之國」，還允許藏族人在印度境內自由旅行，並且給予一定的優惠和補貼，藏族人在印度可以在花費極少的情況下，四處旅行或進入達賴喇嘛建立的寺廟修喇嘛教。不過印度政府的做法，在部分印度人當中引起反感，因為他們認為自己還挺窮，不應

[162] 參見〈環球時報〉「西藏流亡政府」所在地：達蘭薩拉（ZT）2008-03-31「多維新聞」 本文網址：http://blog.dwnews.com/?p=35226
[163] 同上註。

當先照顧藏族人，對藏族人的「國中之國」更加不滿。在一
些有長遠眼光的印度官員和學者看來，「西藏牌」越來越不
好打，裡面夾雜了複雜的國際因素；像達蘭薩拉這樣的地
方，也正在成為印度的燙手山芋。印度媒體還打比喻說，達
賴在印度政府眼裡已是「一朵凋謝的花兒，不過它現在還有
些扎手」，但印度政府不會讓「這朵花」束縛住向中國伸出
的合作之手。同樣，在德國等西方國家，也有持這種觀點的
人，有很多人意識到，達賴不僅會不定期地惹來麻煩，而且
很多麻煩不可控制。[164]

印度開始與達賴保持距離

　　如果說達蘭薩拉的印度人，是在與「藏獨大本營」的藏
胞保持一定距離，不少印度的官員和學者，這兩年也是如
此。2007 年，達賴頻頻在國際舞臺上亮相，與多國政要周
旋，不談人類和平，專門討論如何對付中國，甚至不惜訴諸
暴力。這讓印度政府很多官員對他的看法發生了改變，開始
有意與其保持距離。去年底，達賴邀請多名印度部長赴宴，
共商遏制中國的「大計」，結果沒有一位部長赴宴，這很讓
達賴傷感，他還抱怨說：「印度人對我越來越不歡迎了，這
到底是怎麼了？」一位受邀部長私下表示，中國政府說得很
對，達賴已經不是一個宗教領袖，而是一個十足的政治人
物，這是我們與其劃清界線的主要原因。印度政府正在考
慮，如果達賴等人繼續進行反華活動，印度準備將其驅逐出

---

[164] 同上註。

去。「不過，印度也有一些對華不友好的人主張善待達賴，因爲他還是印度有效制約中國的一張『王牌』。」[165]

2008 年 3 月 21 日，印度「和平與衝突研究所」一位不願透露姓名的研究西藏問題多年的學者，在接受採訪時說：「達賴現在開始對印度的打壓政策進行埋怨，指責印度太在意中國的反應，在西藏問題上表現軟弱。這是達賴在有意離間印中關係，在給這兩個友好鄰國製造矛盾。」他提到，過去印度政府「給多大的活動空間，達賴就在多大的活動空間裡活動」，但現在達賴似乎腰桿挺直了，對印度政府也開始說三道四了，這是因爲達賴有美國的暗中支援，「在這種情況下，印度政府對達賴還一時半會兒想不出很好的法子處理，很多官員說，達賴成了印度政府的燙手山芋。」[166]

近年來，印度輿論也顯示越來越多的印度人對達賴集團表示不滿。印度主流大報《印度教徒報》總編羅摩曾撰文指出：「印度未來一個較明智的態度應是制約達賴集團，把在達蘭薩拉的『流亡政府』驅逐出去。」[167] 印度總理辛格 2002 年 1 月在中國社會科學院發表講話時說：「我們的發展所面臨的最大威脅可能是來自於各種形式的極端主義，包括那些『披著宗教外衣的或藉口清算歷史的』。最近在我們周邊發生的事情再次說明我們有必要一起行動，打擊一切形式的

[165] 同上註。
[166] 同上註。
[167] 參見 騰訊新聞網轉載〈探達賴經營五十二年「老巢」揭逃亡秘史〉 http://news.qq.com/a/20110721/000620_3.htm

『恐怖主義』和『極端主義』。我們兩國的社會大而多元，我們恰好有條件能夠向人們展示溫和、不極端以及和平共處的好處。『非國家實體』的出現通常是建立在不寬容和對身分的狹隘認識基礎之上的，這對所有的文明國家來說都是一個威脅。」[168]

達賴在漢人、藏胞中都沒市場

然而就在流亡藏胞為自身的天涯淪落，猶如喪家之犬而惶惶不可終日的時候，唯獨達賴喇嘛猶兀自沈迷在喇嘛教義「香巴拉王國」統治世界的迷夢中，首先當然是霸領中國。達賴喇嘛曾經告訴留美中國學生、學者：「最近幾十年裡，在社會主義市場經濟的改革中出現了極端的功利主義傾向，不管是社會主義還是資本主義，都在極大的程度上破壞了中國的精神世界和道德價值觀。一個精神和道德價值觀荒漠正在中國社會迅速蔓延，在這種情況下，西藏的佛教和佛教哲學能夠幫助於千百萬中國兄弟姐妹找到精神上的歸宿。」[169] 事實上達賴集團弘揚的藏傳佛教教義，才是真正在破壞中國的精神世界和道德價值觀，他的時輪金剛雙身法是全面違背中國原有良善的道德與倫理等價值觀，竟然自身作惡而批評現代中國人的價值觀，真是信口雌黃；而且正覺同修會依教、據理論證達賴的教義全非佛教

---

[168] 同上註。

[169] 達賴官方網站「言論」—公開談話〈理解與對話〉—達賴喇嘛在波士頓給中國學生的講話 http://www.dalailamaworld.com/topic.php?t=89

中的佛法，又有洋人從世間法層面舉證破斥達賴的口是心
非、心態不善以後，達賴及其喇嘛教早已路蹇途窮。何況漢
人的民族文化心理結構是倫理、道德、實用、理性，天生就
拒斥亂倫、非理性、不道德的喇嘛教雙身法；元、清兩朝皇
帝雖然如此禮遇喇嘛教主，廣大漢人卻始終不爲喇嘛教的雜
交教義所動就是明證。達賴喇嘛卻在二十世紀即將告終的時
候，顛倒是非來向漢人推銷喇嘛教，企圖重溫「大元帝師」
的舊夢，想當十二億漢人的教主，可謂「不知天高地厚」[170]。

　　非但漢人如此，在新西藏地區的藏胞也是一樣，和達賴
喇嘛越來越疏離，達賴喇嘛在新西藏的影響力也越來越侷
限。1959 年的舊西藏，是西藏領導當局的搖擺無能和權貴
階層的貪腐、冷漠，坐令西藏的糧缺嚴重、經濟崩潰，才導
致社會動盪，局面一發不可收拾，達賴是因此只好捨土棄民
逃亡的。然而撇開手段的強烈和過程的不免動盪，若單就結
果而論，中共當年在西藏的「平叛民改」至少做了兩件好事：
一是給農奴與奴隸以人身自由，這是回復舊西藏藏胞最基本
的人權；二是在西藏做到了耕（牧）者有其地（牧場與畜生），
從而不僅實現了西藏基本的社會公正，還解放了生產力。[171]
這二件事建立了新西藏後來的基本人權與經濟榮景。舊西藏

[170] 參見 徐明旭著，《陰謀與虔誠：西藏騷亂的來龍去脈》第四部：新
　　的冷戰 第十三章〈達賴喇嘛向何去？〉，明鏡出版社，1999.2 第 1
　　版，頁 430。
[171] 同上註， 第二部：西藏問題的由來　第八章：從平叛民改到文化大
　　革命，頁 187。

的農奴制使農奴沒有任何生產積極性，他們在主人的自營地
上怠工偷懶，甚至故意破壞而抵制剝削他們的農奴主或喇
嘛，或者由於被剝削到難以維生而大量逃亡，致使部分莊園
土地荒蕪、無人耕種。而老實耕種的農奴則不堪重負，未老
先死。就連當年代表達賴簽訂「十七條」，後來當上人代會
副主席的阿沛・阿旺晉美也說：「記得在四十年代，我同一
些知心朋友曾多次交談過西藏舊社會的危機。大家均認為照
老樣子下去，用不了多久，農奴死光了，貴族也活不成，整
個社會就將毀滅。因此，民主改革不僅解放了農奴，解放了
生產力，同時也拯救了整個西藏。」[172] 連外國學者也不得
不承認：「動亂後的最初幾年，農業生產大幅度提高。」達
賴喇嘛和「西藏流亡政府」天天都在攻擊中共，但他們卻從
來不敢談廢除農奴、解放農奴與土地改革。

　　1959 年達賴喇嘛逃往印度後，北京當局不再有任何顧
慮，開始在西藏進行大刀闊斧的政治、社會和經濟改革。他
們沒有食言，平民原有的宗教信仰得到了更明確的保障；但
喇嘛階級和貴族階級享受了一千年的特權都被廢除了，這自
然又促成了特權階級的不滿，一直在暗中和流亡的達賴集團
有所勾結。從 1959 年到 1966 年，改革措施都進行得很順利，
但後來不幸發生了文化大革命那樣的浩劫。西藏的文革派猶
如漢地的文革派一樣，犯了種種反宗教罪行，搗毀寺院、驅
逐僧侶、強迫僧尼還俗等滔天大罪；這不是專門針對藏地的

---

[172] 同上註。

宗教,而是普遍在全中國都如此破壞宗教,但是卻把十幾年來辛辛苦苦培養起來的漢藏種族感情一下子都摧毀了。[173] 罪行所造成的惡果是無法估計的,但也給流亡的達賴喇嘛在海外增加了他的影響力,給他平添了一筆意外的政治資本。

1980 年以後,中國派出大量工程技術人員、經濟管理人員、科學家、教師、醫護人員、文化工作者及其輔助人員進藏,大興土木,建造醫院、學校、商店、文化館、發電廠、輸電網、電視發射轉播網、自來水廠、上下水道、公寓樓房等等,目的是讓藏胞享受現代物質文明。大量施工人員進藏,吸引了許多小商小販(中國政府稱之爲流動人口)進藏開店設攤,提供飲食、娛樂、商業、修理等服務,這都是市場經濟發展必不可免的現象,藏胞也開始脫離貧窮[174]。進入九〇年代以來,中國成功地控制了西藏局勢,所以並不急於和達賴喇嘛談判,寧可靜待他自動消失。如果不是西方的壓力,中國可能連願意談判的姿態都懶得做。[175] 而西藏民間除了少數失落的舊日上層權貴,和猶在作著達賴復辟美夢的廟裡喇嘛之外,沒有人想要回到從前達賴在位的日子,當然也就代表著達賴在藏胞中已經漸漸失去其市場價值了。

---

[173] 參見 張在賢著,《西藏問題的背後(六)》,夏朝聯合會網站
http://www.xiachao.org.tw/?act=page&repno=919

[174] 參見 徐明旭著,《陰謀與虔誠:西藏騷亂的來龍去脈》第三部:鄧小平的懷柔政策,第九章「撥亂返正」,明鏡出版社,1999.2 第 1 版,頁 229。

[175] 同上註,第四部:新的冷戰 第十三章〈達賴喇嘛向何去?〉,頁 441。

流亡政府的腐化以及「窩裡反」

反過來說，目前無論是「流亡政府」的「官員」，還是「流亡政府」卵翼下的「臣民」，基本上全在印度出生長大，絕大多數人這輩子還沒去過西藏。1959 年以後西藏翻天覆地的變化，他們是一無所知的。但他們為了贏得國際反華勢力的資助，尤其是西方某些敵對勢力的支持，在長期反華宣傳和教育的雙重洗腦下，不斷地鸚鵡學舌，用西方反華勢力的陳腔濫調，在這裡掀起反華波瀾。半個世紀過去了，在印流亡藏胞的生活上仍十分困窘，精神上還要忍受達賴集團「官員」的腐敗和內耗。真正富有的是那些所謂「流亡政府」的「官員」們，他們靠「稅收」和西方反華勢力，以及所謂非政府組織的資助而發財致富，白天穿著紅色的袈裟辦公或接待客人，天黑以後就到酒吧和俱樂部鬼混，甚至吸毒。流亡藏胞對這幫毫無道德、良知的「官員」腐敗，早已司空見慣；人們氣憤地說，「國際資助」有一半以上被這些蛀蟲用於吃喝嫖賭了，而普通流亡藏胞卻得不到什麼好處。達賴是「西藏流亡政府」爭取西方同情和援助的一個招牌。儘管達賴不遺餘力，但他領導的「流亡政府」迄今沒有得到世界上任何一個國家的承認。而所謂「西藏流亡政府」，本來就是一個勾心鬥角、爭權奪利的腐敗機構。[176]

尤其是在流亡藏胞中那些所謂的「少壯派」，顯然越來越不把達賴喇嘛放在眼裡。曾任達賴喇嘛駐英國代表的平措

---

[176] 參見 騰訊新聞網轉載〈探達賴經營五十二年「老巢」揭逃亡秘史〉http://news.qq.com/a/20110721/000620_3.htm

旺杰說：「他們相信達賴喇嘛什麼都知道，過去的，現在的，未來的；他是神，所以他不會犯錯。我可不信這一套。我是佛教徒，沒錯。然而就我而言，他也只是個普普通通的人。因此，他有他的優點，也有他的缺點。我常常對我的同胞說，達賴喇嘛變老了，我們必須要問這個問題：他到底是不是菩薩的化身？不過他現在身體狀況不是很好，沒有人去想這個問題。同樣的，當他做錯事的時候，我們也應該問這些問題。當他犯錯的時候，我們有義務提醒他。」[177] 他所謂的達賴喇嘛的錯事，就是指達賴口頭上放棄獨立。

這些「少壯派」，以及主張「藏獨」最激烈的所謂「藏青會」，多是流亡初期的孤兒或是出生在印度的第二代，是當年達賴喇嘛安排集中在「育幼院」撫育，並刻意先後交給他的至親姊妹弟兄主持的「西藏兒童村」統一管教，便於從事「仇華」和「藏獨」的思想洗腦和精神控管〔見本文第四節〈打造幽靈海盜船（1959──1976）〉「向人伸手自肥的『新丐幫』」一節〕。這本來是達賴喇嘛的一手得意傑作，誰知時移勢易到了二十一世紀，達賴流亡政府、中國以及西方世界整個主、客觀形勢不利於達賴集團，達賴求變脫困，藏獨方針與其對外發言出現鬆動和搖擺時，這些被他洗腦過的少壯派，反而成了一股囂張盲動的力量來反噬達賴搖擺的政策，

---

[177] 參見 徐明旭著，《陰謀與虔誠：西藏騷亂的來龍去脈》第四部：新的冷戰 第十三章〈達賴喇嘛向何去？〉，明鏡出版社，1999.2 第 1 版，頁 424。

開始刨鬆原本爲「達賴造神」的根柢；這是達賴等人始料未及，且使他當前處境困難及尷尬的一面。除非這也有可能是達賴的「一人兼帶二角」，自導自演出來「各唱黑、白臉」，繼續欺騙各界，好謀求內部的支持和外援。

年歲漸老的達賴，連自己的身心也不堪自持。2006 年 7 月，從歐洲回來的達賴喇嘛，剛一抵達駐地達蘭薩拉，就接到醫生的勸告，說他的身體已出現不適狀況，建議他閉門謝客，靜養一段時間。許多年來的四處遊說，早已使達賴喇嘛身心俱憊。可他不得不如此這般地硬撐著，因爲他心裡很清楚，他必須要向追隨者作個交待。[178] 但是又因爲在種種利害得失的考量之間顧此失彼，因此總是瞻前顧後、進退失據；直到 2011 年 3 月 10 日，才終於下定決心宣布，將從西藏流亡組織領袖的政治角色退休下來。

退休鬧劇：從「狼來了」到「狼假裝走了」

達賴拋出退休的話題，早已不是什麼新鮮事。早在 1991 年，達賴集團內部因貪腐醜聞頻發，矛盾重重，並引發一系列暴力行爲，流亡政府「內閣」被迫集體辭職，其議會宣布解散。爲緩和矛盾，達賴宣布「半退休」，「流亡政府日常運作由首席噶倫決定」；但事實上達賴集團一切重大事項仍照例由達賴決策，達賴私人祕書處仍是權力中心。2008 年，達賴在搞亂西藏、破壞北京奧運會的圖謀遭到慘敗後，集團

---

[178] 參見「湯本論壇」網站：考什克著，〈中國西藏人生活比流亡印度的西藏人要好〉http://www.tangben.com/07/120107/08.htm

內鬥加劇，人心渙散，於是再一次宣布他早已「半退休」，並準備「徹底退休」，把權力交給「由人民選舉產生的政府」，為此還在印度專門開了一個「特別大會」。不出所料，大會通過決議：「一致認為達賴喇嘛是境內外西藏人民的最高政教領袖」，「全體藏人一致尊重和支持達賴喇嘛在任何時候作出的任何決定」，「強烈呼籲達賴喇嘛不要退休或半退休」。達賴就勢宣布「我不會退休」，「將在有生之年為藏人工作」，達賴的「以退為進」戰略再次大獲成功。可見，在形勢對自己不利的時候炒作「退休」問題，已是達賴的一貫的伎倆。[179]

正因為達賴喊了太多次的「狼來了！」他的「臣民」一時間實在弄不清真假虛實，不知 2011 年 3 月這一次應該如何配合演出，導致「達賴退休」的新聞一經報導，立刻演成鬧劇。《印度快報》報導稱：「西藏流亡政府 3 月 15 日舉行討論會，內閣成員一致同意達賴辭去政治領袖的申請，而情緒激昂的議員們則強烈呼籲達賴重新考慮退休的決定；流亡的西藏人民議會 3 月 18 號進行了討論，並且於當日傍晚以三十三票贊成，一票反對的結果做出決議並獲得通過，請求達賴喇嘛繼續擔任流亡政府的政教領袖。」印度《德幹先驅報》16 日報導引述「西藏流亡政府」一名「議員」的話稱：「如果接受達賴退休，流亡藏人運動就會顏面盡失，西藏在國際社會的地位是跟達賴緊密相關的。沒有他，就沒有方

---

[179] 參見 中國新聞網：達賴「退休」只是鬧劇 再亮明分裂主義政治身分 http://big5.chinanews.com:89/gn/2011/04-02/2948379.shtml

向」。美國之音 2011 年 3 月 19 日雖然報導了「達賴喇嘛再表去意」，但也留下伏筆：「不過有輿論說，不排除達賴喇嘛順從民意留任。」[180]

各方荒腔走板爭相表態和推測之際，還是由達賴喇嘛拍板定案：「退定了」。隨後反對和挽留的聲浪也消失了，議會還因此配合修改了他們的「憲法」。達賴喇嘛在致函流亡議會全體議員詳細解釋了決定引退的原因。他說《印度快報》報導稱：「西藏流亡政府 3 月 15 日舉行討論會，『內閣』成員一致同意達賴辭去政治領袖的申請。」他還引述了數日前才發生的日本遭逢世紀強震，及引發的三一一海嘯而指出「天然災害很難事先預防」。並表示：「如果一直拖延下去，等到有一天我突然不能行使領導職責的時候，很可能會陷入束手無策而難於應付的窘境。」當然達賴從政治舞台「退休」，也有其私人的考慮，達賴喇嘛指出：「由精神領袖領導藏人的方式已經過時……我不想做穆巴拉克。[181]」埃及總統穆巴拉克不久前才從遍騰中東的「茉莉花革命」中，被人民的力量推翻下台。

其實「達賴退休」這件事的實質意義恰如 2011 年 4 月 2 日「中國西藏新聞網」的分析報導：「**正因為達賴數十年**

---

[180] 大紀元網站：美國之音報導，〈達賴喇嘛再表去意〉
http://www.epochtimes.com/b5/11/3/19/n3203027.htm
[181] BBC 新聞網：「流亡藏人投票 選舉新行政首長」
http://www.bbc.co.uk/zhongwen/trad/china/2011/03/110320_exiled_tibetans_election.shtml

來在這個小集團中，行使從舊西藏封建農奴制沿襲下來的至高無上絕對權力，正因為西方一些政要，對達賴這種政治影響力的美化、推崇和支持，使得達賴成為這個集團的精神領袖、實際操控者和國際『品牌』。換句話說，沒有達賴的政治領導，這個政教合一的小集團一天也混不下去。達賴提出『退休』後，首席噶倫桑東迅速表態，『我們不覺得有能力離開達賴喇嘛而接管政府』。達賴駐美特使直言，達賴『退休』後的領導作用不會改變，沒有必要用『白紙黑字』寫明。西方媒體和學者普遍認為達賴將『退而不休』，『不排除達賴喇嘛今後還會繼續以『垂簾聽政』方式影響海外藏人的政治走向』，『只要達賴還活著，他仍擁有絕對的領導權』。」[182]

至於中國或是藏胞對於達賴退休的看法，則中國西藏自治區人大常委會主任向巴平措，訪問美國時談及關於達賴退休的言論，為最有代表性的經典發言：「達賴及其所謂的流亡政府對西藏的發展成事不足，敗事有餘；他們為西藏人民沒有做任何好事，如果沒有達賴及其追隨者的存在，西藏發展可能會更好一些。」

西方社會各界漸清醒

1998 年 1 月 5 日瑞士公共電視台（Swiss Public TV）播放了一部名為「一段達賴對黃教內部的宗教清洗的記錄」

---

[182] 中國新聞網：達賴「退休」只是鬧劇 再亮明分裂主義政治身分
http://big5.chinanews.com:89/gn/2011/04-02/2948379.shtml

（*Dalai Lama and Dorje Shugden*）的影片，片中詳細的介紹達賴專制獨裁，運用宗教的力量，強力壓制和殺害信仰非藏密的Dorje Shugden（雄天金剛神）的藏民之種種作為，把他們的房子和所有物品統統燒毀，到處張貼其信仰者的照片和這些信仰者會出現的場所，試圖加以殺害；這些信仰雄天的藏民們害怕的逃難到印度，因為如果被達賴喇嘛信徒找到，一定會被殺死。片中還有對達賴的訪問片段，以及在達賴集團的專制統治下，藏民被奴役的珍貴影片資料。[183]

2002 年 10 月，奧地利施蒂利亞洲首府格拉茨市市長施丁格爾（社會黨，2003 年退休）邀請達賴到格拉茨市主持弘法大會——時輪灌頂儀式。但就在這期間稍前，針對即將在格拉茨舉辦的弘法大會和對達賴本人的疑惑、質疑、批判、斥責的聲浪，也開始傳了出來。

2002 年 8 月，瑞士刊物《倫理》（*Ethos*）刊登了題為〈達賴喇嘛微笑著——但格拉茨人知道嗎，他們在幹什麼？〉的文章。

2002 年 9 月 3 日，奧地利《標準報》（*Der Standard*）刊登了文章〈時輪灌頂：達賴喇嘛的一個戰爭禮拜儀式〉。

2002 年 9 月 5 日，德國《萊茵商神》報（*Rheinischer Merkur*）刊登文章〈極度野蠻的武士——隱藏在時輪灌頂背後的是什麼？〉。

---

[183] Youtube 一段達賴對黃教內部的宗教清洗的記錄[By Swiss Public TV] part 1 of 3:
http://www.youtube.com/watch?v=0-vI5fs8EUI&feature=channel_page

2002 年 9 月 9 日，奧地利《標準報》再次刊登文章，題為〈智慧、愛情、坦然或者：事情究竟是怎麼回事？〉。

與此同時，奧地利天主教協會告誡教徒，要與格拉茨的弘法大會保持距離。

在這些質問、批判、揭露、斥責的聲浪中，最響亮的是來自德國的特利蒙地（Trimondi）夫婦。如果說，上述針對格拉茨弘法大會的批判文章，主要集中火力於達賴主持的藏傳佛教時輪金剛灌頂禮拜儀式的實質，那麼，特利蒙地夫婦同時也毫不留情地把標槍指向了達賴本人。

特利蒙地先生 1940 年生於德國，1964 年畢業於德國科隆大學法律專業，後來又在法國和德國慕尼黑大學繼續深造。他迄今為止的生活和事業可以概括為三個階段[184]。「特利蒙地」的含意正是概括了他至今生活、事業上的三個階段，特利蒙地夫婦的筆名維克多（Victor）和維克多利亞（Victoria）是表示「戰勝了仇恨、忌妒、無知」的意思。

特利蒙地夫婦經過多年潛心研究，從一個達賴的崇拜者、追隨者，於知道達賴不為人知的真相以後轉變成為揭露、批判達賴的勇士。他們透過著作、答記者問、演講和在互聯網上發表自己的意見；他們綜合國際上批判達賴的見解，透過各種媒介向達賴宣戰；他們要揭開達賴的面具。早在 2002 年 5 月，達賴應德國社民黨巴伐利亞州黨部和德國聯邦內政部長奧特·謝利邀請訪問慕尼黑之前，特利蒙地夫

---

[184] 倫琴先生自稱其為：「革命階段」「心靈階段」與「文化批判階段」

婦就對新聞界發表聲明，要求就下列問題與達賴公開辯論：

１、流亡藏人中不民主的組織架構和專橫的統治模式；

２、壓迫宗教少數派（如 Shugden 雄天事件）；

３、侵吞募捐款；

４、流亡藏人政府中和藏傳佛教裡的迷信；

５、透過藏傳佛教的理念和實踐強烈影響新右翼和新納粹；

６、為了樹立絕對的積極形象而故意偽造西藏歷史；

７、公開宣揚以一個全世界獨尊的藏傳佛教取代西方的頹廢；

８、在藏傳佛教的禮俗中對婦女的性剝削和侵害；

９、始終力圖透過片面的訊息使西藏和中國的矛盾激化；

１０、始終詆毀和壓制對他們的批評者等等。

　　從以上的議題便可窺知，達蘭薩拉的喇嘛教內部問題重重，以及達賴與其光環下的慈悲、正義、和平等形象大相逕庭。2002 年 10 月，奧地利格拉茨為達賴舉辦弘法大會之前，特利蒙地夫婦透過各種媒體，就時輪灌頂法會這一專題向達賴提出 20 個問題，從達賴鼓吹的藏傳佛教教義本質，揭露達賴的偽善、專斷、兇殘的醜惡面目。與此同時，他們透過出版兩部專著、多處發表文章、隨時回答記者提問等，對達賴進行多方面的揭露和批判。

　　另一位德國科學記者、教派專家科林·戈登納（Colin Goldner）根據在西藏、尼泊爾、印度等地多年生活和工作的經驗，以及對達賴喇嘛及其流亡政府所在地達蘭薩拉，為期三年之久的考察研究，撰寫出版了《達賴喇嘛—神王的墜落》

（*Dalai Lama-Fall eines Gottkönigs*），書中披露的內容不僅跌破西方人眼鏡，也讓世人對達賴喇嘛的過去和現在有了全面性的改觀，摘下達賴喇嘛頭頂上的神聖光環。科林·戈登納發現，達賴喇嘛嘴中的西藏純屬虛構和宣傳，與真實相距甚遠。譬如到上世紀中葉止，西藏遠非人們想像中的香格里拉，而是「一個落後的、封建的、神權政治的，沒有自由、沒有人權、婦女沒有地位的，受喇嘛統治的」農奴社會。可惜的是科林·戈登納的著作並不被歐洲主流社會欣賞，他在歐洲不僅被禁止舉辦達賴論壇，而且他和他的出版社還遭到達賴集團和其追隨者的野蠻攻擊。[185]

　　2008 年 10 月 25 日奧地利《上奧地利新聞報》以「打破達賴喇嘛神話的人」為題，對科林·戈登納（Colin Goldner）作採訪報導。戈登納指出：在藏傳佛教裡婦女毫無地位，這和其他宗教一樣。但是對女孩和婦女的性虐待被《時輪續》包裝為宗教儀式，這在達賴喇嘛統管的密宗佛教（Vajrayana-Buddhismus）裡是核心。戈登納還指出：「舊西藏」根本不是達賴喇嘛及其西方追隨者信誓旦旦的「安寧祥和的社會」。當時佔統治地位的喇嘛階級，聯合遍及各處的寺院堡壘，殘酷地剝削著這片土地及人民。赤貧與飢餓主宰著日常生活。絕大多數人都生活在無法想像的惡劣條件下，他們的居所和飲食是極端艱苦的。稅收、徭役和其他支出

---

[185] 打破達賴喇嘛神話的人！──德國科學記者、教派專家科林·戈登納（Colin Goldner）揭露達賴喇嘛　來源：「無名小站」部落格
http://www.wretch.cc/blog/kc4580455/13439377

的負擔使他們生活在人類生存的必須條件之下。欠債賣身
和奴隸是司空見慣的。當時除了寺院之外的其他地方沒有
一所學校，也沒有任何醫療設施。[186]

戈登納提醒了人們認知的偏差和荒謬，他指出：儘管長
時間來批評不斷，但是達賴在世界上所享有的跨政治和跨世
界觀的聲望絲毫未被打破。他還是一如既往地被看作是和
平、寬容和沉浸在無邊智慧中而泰然自若的象徵。無論他的
言論是多麼的陳詞濫調，都會被當作是看透紅塵的表現。這
種對達賴喇嘛的完美化完全是一種虛幻的印象，是基於對事
實利害的一無所知。人們堅定地掩蓋著所有可能會使這種理
想幻滅的事實真相。這位「聖人」的話越是平淡不經，他想
要扮演和平使者和無畏的人權和民主鬥士的小伎倆越是容
易被識破，這種喝彩就會越來越瘋狂。就連最荒誕不經的話
從達賴喇嘛嘴裡說出來也會變成真理。[187]

戈登納斷言，新西藏將會像整個中國一樣繼續向一個多
元化社會發展，達賴及其喇嘛教的影響將會日漸削弱。如今
達賴喇嘛已經只是極小一部分人的精神支柱了。對西藏自治
區內外的絕大部分藏胞來說，達賴喇嘛及其在印度北部達蘭
薩拉的「流亡政府」毫無存在的意義。除了他們自己之外沒
有人會對他們的回歸西藏感興趣；因為考慮到對當時被廢除
的封建和寺院統治者及其流亡後代的補償，這將會導致土地

---

[186] 同上註。
[187] 同上註。

改革的倒退。[188]

法國媒體、學界也跟進

除了瑞士、德、奧等國之外，法國也出現理性檢視達賴的聲音：2008 年 8 月 8 日法國電視 24 台（France 24）也播放一部影片，叫作《達賴的惡魔行徑》（*The Dalai Lama's demons*），影片中直指在有些喇嘛心中，達賴已不再是他們的信奉依止了，因為倡導和平民主的達賴，也是迫害他們需要遠離家鄉到處逃難的人，達賴是雙面人。喇嘛們和西藏民眾，在達賴的禁令下，商店不賣東西給他們，連醫院也不能讓他們進去，每天生活在極大的恐懼中，怕被殺害。影片中有被達賴所害喇嘛的照片，最後還有婦女泣訴：如果達賴是真的佛，怎麼會做這麼多恐怖的事傷害任何一個人類！[189]

兩個月後的 2008 年 10 月 9 日，同樣是法國的電視二台（France 2）「特派記者」專欄節目，播放了一部名為「達賴的軌跡」（*Sur les traces du Dalaï Lama*）的影片，片中質疑得諾貝爾和平獎的達賴的正當性，並展示了達賴許多矛盾面目，如：達賴每年接受（美國）中央情報局補助 165 萬美元，可

---

[188] 同上註。

[189] France 24 官方網站，有影片＋介紹（英文）
http://www.france24.com/en/20080808-dalai-lama-demons-india-buddhism-dorje-shugden，Youtube The Dalai Lama's demons Part1:
http://www.youtube.com/watch?v=ZpvkCryGfws&translated=1
The DalaiLama's demons Part2:
http://www.youtube.com/watch?v=QsUqLRXtaJE&feature=related

是達賴在 1959 年的時候說：「這些款項，是我哥哥接受的，我一點都不知道。」但法國電視台揭發達賴到 1973 年，還繼續接受這些款項，很明顯的在說謊。在介紹西藏歷史時，該節目提到十四世紀以來西藏落後的封建統治，並指達賴流亡前對西藏實施專制統治。還介紹了達賴對其他教派的壓制和排斥[190]（編案：該影音檔因遭第三方通知侵犯版權，已被刪除）。這部影片罕見地播放了法國以及西方民眾對達賴所不瞭解的另一面。一向被西方視為「智者」、「得道高僧」、甚至「聖人」的達賴，其「完美」形象被電視畫面衝擊得支離破碎。

為追尋達賴的真相，法國電視二台的記者還曾深入「西藏流亡政府」所在地印度達蘭薩拉，發現這裡表面平靜的生活下暗潮洶湧。達賴面對記者，侃侃而談「容忍」、「和平」；但在錄影片中，達賴完全沒有了在西方民眾面前的謙遜形象，臉上的招牌微笑也消失了，轉而號召信徒暴力對待「雄天派」信徒。然而，在記者的鏡頭面前，達賴又詭稱自己從未下令驅逐雄天派信徒。反差之大令人驚訝，就連法國電視二台也忍不住評論說：達賴暴露出了「獨裁者」的面目。[191]

---

[190] France 2 官方網站，有影片+介紹（法文）：
http://envoye-special.france2.fr/index-fr.php?page=reportage-bonus&id_article=953
http://www.wretch.cc/blog/kc4580455/13164873
[191] 參見 新華網（北京）網〈達賴真面目海外現原形 法電視台稱其「獨裁者」〉頁 1。
http://big5.xinhuanet.com/gate/big5/news.xinhuanet.com/world/2008-10

　　「特派記者」專欄節目一直有著相當高的收視率。《達賴的軌跡》播出後，隨即在法國民眾中引起了不小的迴響。在「特派記者」欄目的網絡論壇上，網友紛紛挺身仗義執言，達賴在法國所一直保持著「完美」的形象，開始崩解。法國一位叫梅朗松的社會黨參議員，對達賴極為不屑，經常揭露達賴的虛偽面，他的部落格卻成了輿論陣地，吸引了相當多支持他的法國網民。法國巴黎第八大學中國問題研究者皮埃爾‧皮卡爾在接受《國際先驅導報》採訪時表示：「達賴一方面夸夸其談『和平主義』，另一方面卻不斷攻擊中國政府，媒體應該反思達賴的雙重言論。」皮卡爾並認為：在具有全國影響力的法國電視二台看到包含批評達賴內容的節目，意義非同尋常；這不僅「罕見」，而且可以說是某種「改變的開始」。這表明媒體不再像以往那樣僅關注達賴的宗教身分，也開始審視他作為政客的形象。當有人邁出了一步，那就可能引起跟風效應。相信其他媒體以後還會有類似的報導，至少，「達賴以後再來法國，崇拜者應該會少一些。」[192]

　　2010 年，法國作家馬克辛·維瓦（曾獲得過 1997 年法國羅歇瓦‧楊文學獎）與法國《費加羅報》和《世界報》等記者同行赴西藏採訪，看到的是法國乃至西方媒體上從來沒有報導過的景象：報刊、商店的標牌、電台和電視廣播等都無一例外地使用藏語；大學裡教授西藏文化；當地環境得到良好的保護；酒吧裡的服務員每天工作七小時，並領取著相應

/17/content_10208063.htm
[192] 同上註，頁 1-2。

的工資……完全不同於達賴一向的扭曲與醜化。這一切驅使
維瓦斯對西藏問題進行深入調查，並發現了達賴的兩副不同
的面孔：一副是呈現在西方公眾面前的「永恆的微笑，標誌
著所謂的寬容、和平主義和面對迫害的無限忍耐」；而另一
副則是緊皺著眉頭，一副被趕下王位的君主的面孔，一心
想著如何才能恢復他心中的王國，並回到拉薩重建神權政
權。[193]

　　在對中國西藏進行長達一年的調查採訪後，維瓦斯撰寫
了《並非如此「禪」：達賴隱匿的另一面》一書，並於 2011
年 8 月 18 日出版，該書將向西方讀者展示達賴口中的西藏
與真實西藏間的巨大差異。多年來，達賴在西方社會歷來以
「智慧、和平、佛教精神領袖、諾貝爾和平獎獲得者」的形
象出現。而西藏則被達賴描述成「苦難深重」、並遭到「殖
民統治和文化滅絕」。而維瓦斯撰寫的這一本書，卻是法國
第一本由該國作家通過對西藏實地調查，以及對達賴喇嘛自
1959 年叛逃印度以後的言行進行客觀介紹、分析和對照後
寫就的書。據介紹，維瓦斯在書中所引用的，幾乎全部來自
達賴本人在不同時期、不同地點所發表的演講、接受的採訪
和他本人撰寫的書籍。作家通過調查對照後發現，僅此就足
以一窺達賴「投機、遺忘、詭詐、謊言以及拒絕對其本人和
他統治的『王國』進行全盤清查」的事實。在此之前西方還

---

[193] 參見 中國日報：2011 年 8 月 12 日〈法國作家撰書揭示達賴的兩面性〉
　　　http://dailynews.sina.com/bg/chn/chnoverseamedia/chinesedaily/20110
　　　812/04572680199.html

幾乎沒有一本以「西方特有的批判精神」來分析和剖析達賴喇嘛的書出版。[194]

　　一直以來，達賴都在「宗教領袖」和「政治和尚」兩副面孔間遊刃有餘，以宗教爲幌子騙取西方民眾的同情和信任，實行他的現實利益和政治野心。以上歷次的媒體報導和學者專著，都先後從不同的面向戳破達賴的假面；再加上達賴藏獨的主張和動亂的煽惑，招式用久了，師老兵疲，連帶的使他在國際政治的影響力和重要性也日漸降低。譬如2011 年 6 月達賴前往澳洲訪問，結果澳洲總理吉拉德避不見面；不僅是吉拉德，澳洲外長陸克文也不準備見達賴，澳洲政府的表態顯然是希望達賴在澳大利亞期間能「閉嘴」[195]。德國前總理施密特更曾理性而直率的指出：「我們完全被這位想通過祈禱和微笑改變世界的老人所征服，在他面前放棄批評性思考。如果我們仔細去看歷史，在達賴喇嘛統治西藏的時候，西藏仍是農奴制。這一制度在五○年代中期才被廢除……如果我們在西藏問題上只看到達賴喇嘛的微笑，那麼這就說明我們看重的是西藏問題給我們帶來的象徵意義，而不是西藏本身。」[196] 多行不義必自斃，達賴的巧言令色，終究不能長久掩飾其邪願惡行；數十年來爲他開了許多方便之門的西方社會，終於漸漸開始認識眞正的達

---

[194] 同上註。

[195] 參見 香港文匯網〈澳大利亞女總理拒與達賴見面〉
http://news.wenweipo.com/2011/06/15/IN1106150020_p1.htm

[196] 參見 中國新聞網轉載 2011 年 7 月 18 日人民日報〈不講道義有損大國地位〉http://big5.chinanews.com:89/gn/2011/07-18/3188157.shtml

賴，也因此正悄悄地一扇一扇的掩起窗扉，「達賴熱」正
在退潮中。

轉世不轉世 達賴千萬難

　　達賴喇嘛當然可以繼續玩弄兩面手法，或在國際上信口
雌黃、欺騙輿論、乞求援助。然而正如美國西藏學家戈茨坦
指出的：「時間不在他（達賴）那一邊。」他已七十七高齡若
一旦去世，藏獨運動就失去了舉世聞名的領袖，立刻就會被
國際社會冷落。他很怕這一點，1997 年 7 月 29 日他在達蘭
薩拉對流亡藏胞說：「如果十四世達賴喇嘛（指他自己）有
生之年未能返回西藏，而西藏人民又覺得有必要尋找，則十
五世達賴喇嘛必將會在自由世界轉世，而絕對不會轉世在現
今中國政府控制的地區。」他還表示十五世將會繼續十四世
的未竟事業[197]。達賴喇嘛忘記了他自己在九十年代初，爲了
標榜「民主」而作的聲明：「達賴喇嘛這種制度，隨著時代
的變遷，已不再成爲必要了。我可能就是最後一任達賴喇
嘛。」[198] 如今他又改口不要民主了，這對大肆吹捧他爲
「民主領袖」的西方人權衛士來說，不啻是又一次辛辣的
嘲弄與諷刺。

　　2001 年達賴第二次訪問台灣時，在立法院大放厥詞：

---

[197] 參見 徐明旭著，《陰謀與虔誠：西藏騷亂的來龍去脈》，第四部：新
的冷戰，第十三章〈達賴喇嘛向何去？〉，明鏡出版社，1999.2 第 1
版，頁 440。（作者標示 引自《西藏通訊》1997）

[198] 同上註。（作者標示 引自：《流亡政府實行民主化改革》，《西藏論壇》，
1991 年第 3 期。）

「如果達賴喇嘛這個轉世制度在第十四世的我身上就中止，應該也算好事，因爲我這世的達賴喇嘛既不是最好，也不是最壞，即使在台灣也很受歡迎；讓我終結達賴喇嘛，諸位覺得如何？哈哈！」達賴喇嘛用自己的生死問題和立法委員開了個玩笑，當時立法院聽講者還回報以熱烈的掌聲。[199] 2007 年 11 月 27 日達賴喇嘛卻又在印度表示，針對達賴喇嘛繼承人的選定辦法，他考慮在自己有生之年，對藏族人民進行一次公民投票，以決定是否繼續採用「轉世靈童」的歷史方式。據「美聯社」報導，達賴喇嘛此一提議，有可能打破藏族人民維持了幾個世紀的傳統。[200]

2010 年 2 月，正在美國訪問的達賴喇嘛在洛杉磯又再度表示，「如果西藏人民同意，達賴的轉世制度可以結束。」達賴接受美國公共廣播電台訪問時說，「如果人民覺得達賴喇嘛這個制度已經過時，那這個制度就該消失，我沒有問題。」[201] 然而到了 2011 年 9 月，當喇嘛教四派領袖於印度北部達蘭薩拉（Dharamshala）集會後，達賴發布四千二百字的文件聲明：「當我大約九○歲時，我將與藏傳佛教喇嘛高僧、西藏大眾以及修習藏傳佛教的其他人士諮商，

---

[199] 參見 大紀元 4/2/2001：〈達賴不堅持轉世制度〉
http://www.epochtimes.com/b5/1/4/2/n71702.htm

[200] 參見 《中時電子報》〈繼承人選定辦法 達賴想公投〉2007/11/28
http://mypaper.pchome.com.tw/ethello/post/1299353661

[201] 參見 BBC 中文網 2010/2/20 〈達賴喇嘛：可以結束轉世制度〉
http://www.bbc.co.uk/zhongwen/simp/china/2010/02/100222_dalai_end
ofinstitution.shtml

並重新評估達賴喇嘛轉世制度的賡續與否。」達賴指出，「我們將據此作出決定。」[202]到底是公投還是協商？多數決還是少數人密室分贓？到此讓人一頭霧水。

到了 2011 年 10 月，達賴喇嘛接受法國（費加羅報）採訪時說，對於挑選他的繼承人，他可以提出兩點建議：一是可以仿照選舉教宗模式，選出他的接班人；另外一個想法是，當達賴喇嘛在世時，挑選一個他認為可能是他轉世靈童的男孩，開始培養他，當男孩長到十五或二十歲時，宣布這個男子將成為他的繼承人。也就是說，十四世達賴還沒死，十五世達賴就先出生、先活過來了，這樣居然也說得通？在採訪中，達賴喇嘛也再次提到他 2008 年曾經提過的，他轉世後也可能成為女人。達賴說：「如果女人對宏揚佛教更有幫助，為何不可？」他還說「女人由於生理構造，比男人對痛苦更敏感。」[203]

對此，研究西藏的學者胡岩教授告訴《國際先驅導報》，「達賴在世轉世」、「達賴轉世女童」，這在喇嘛教裡面就從來沒有過，達賴的這些說法違背了喇嘛教的傳統。既然如

---

[202] 參見 妙法音陀羅新聞網 2011/09/24 〈達賴喇嘛：90 歲時再決定是否轉世〉
http://kearyhuang.wordpress.com/2011/09/24/2011-09-26%E5%9C%96%E5%8D%9A%E6%96%B0%E8%81%9E/

[203] 參見 中廣新聞網 2011/8/2 〈達賴喇嘛：繼承人可用選的〉
http://tw.news.yahoo.com/%E9%81%94%E8%B3%B4%E5%96%87%E5%98%9B-%E7%B9%BC%E6%89%BF%E4%BA%BA%E5%8F%AF%E7%94%A8%E9%81%B8%E7%9A%84-155114419.html

此，那達賴不怕他那些虔誠的信奉者反對嗎？胡岩表示：
「其實這都是達賴一個人自說自話，搞一言堂的結果。」
[204] 也正因為達賴的自說自話越來越荒腔走板，遂致亦有人
稱言已選定一位六歲西班牙小童「奧薩希塔」，說是已故的
第十三世達賴托夢投胎，並預定日後會成為「人中之聖」，
繼位中國西藏宗教領袖之──第十五代的達賴喇嘛。[205] 等
於是直接挑戰現任十四世達賴喇嘛身分的絕對性、和其地位
的合理性。達賴喇嘛的轉世鬧劇演到這個地步，豈止是令人
哭笑不得，連西藏自治區主席白瑪赤林也嘲弄說：「達賴一
會兒說再生轉世，一會兒說不轉世，一會兒說指定轉世，
一會兒說國內的也可以，國外的也可以，男的也行、女
的也行，不知道他說的是以哪個為準。」[206]然而更大的難
題是殘局將何以收拾？

　　本來所謂「活佛轉世」是在西藏歷史發展到一定階段以
後，出現的宗教和政治二者分贓而互相結合的產物。尤其是
達賴喇嘛的轉世神話，數百年來都是喇嘛教在落後、封閉的
西藏農奴社會，為了強化統治而神道設教、制訂出來的愚民
政策；更因為歷史的發展為了要夤緣歷代當權者，以致於自
設網羅，逐步制訂種種獨特的宗教儀軌和歷史定制，如「金

[204] 轉載 2008 年 11 月 26 日 北京新浪網〈達賴再次炒作接班人 聲稱可
能轉世為女童〉
http://news.sina.com/c/2008-11-27/100016736355.shtml
[205] 轉載：馬里奧博士驚人發現〈六歲小聖人，達賴投胎托世〉一文
http://www.ebusa.org.tw/?p=662
[206] 參見 今日新聞〈取消靈童轉世 西藏官員：等達賴死了再說唄〉
http://www.nownews.com/2010/03/08/11490-2577366.htm

瓶掣籤」等造神把式，等於把「穿鼻繩」交到政治統治者的
手中，始於自我貢高，終至自我矮化。進至 21 世紀的今日，
民智普開資訊發達，不僅轉世神話的可信度爲人所質疑，其
合理性更早已動搖。

終將沈淪生死輪迴

　　誠然，西藏流亡政府可以抛開「民主」的假面具，在達
賴喇嘛身後推出他的轉世靈童，並繼承達賴喇嘛的名號，但
不能繼承諾貝爾和平獎，在國際上毫無號召力。西方人權衛
士再怎麼支持藏獨，也無法把一個幾歲的小孩吹捧成「民族
英雄」、「民主領袖」與「人權鬥士」。中國政府則可以告訴
本土藏胞：「西藏流亡政府」違反了西藏尋找達賴靈童的傳
統辦法（諸如：在西藏任布縣與加查縣的神湖察看神意，在布達
拉宮占卜、坐床──這些都不是流亡在外的達賴追隨者所能成
辦），所以他們找到的靈童是假的，這就使他對本土藏胞也
毫無號召力。反倒是中國政府可以依據其 2007 年 9 月 1 日
起所制訂施行的〈藏傳佛教活佛轉世管理辦法〉，大喇喇的
宣稱辦法明確規定：「活佛轉世不受境外任何組織、個人的
干涉和支配」，自尋自認達賴靈童，命令本土藏胞接受。大
多數藏胞並不在乎眞假，只要在生活大幅度改善、藏地文化
被好好保存的前提下有個偶像供他們崇拜就行。失去了國際
社會的支持與本土藏胞的擁戴，藏獨運動的勢力就會減弱，
流亡藏胞則會被當地社會同化，西藏問題也就不了了之、煙

消雲散。[207]

　　這就難怪有人憂心的指出：如今西藏的命運，如同飛機鑽入深濃的雲霧中，知道越多，越會讓人忍不住憂心。達賴轉世與否的決定，並不只是單純影響「政治如何介入轉世」的後續。而是西藏這個奇特的「雪域勢力」，未來將如何開始進行時代的「質變與轉化」！毫無疑問，北京與達賴方面的溝通，多年來始終互信不足；如今看來，在達賴有生之年，也似乎很難有結構性的突破或相容了。十四世達賴今後一旦過世，所產生的問題不只是「誰來認證十五世達賴」；而是整個西藏境內與境外，所有「政教、族群與文化」，將因此真正的全面分裂。[208] 最終是境外與境內的藏胞互不關聯，則流亡藏胞繼續乘著「舵手」已經跳船的幽靈船舫，更將飄飄蕩蕩、搖搖撞撞，伊於胡底？而達賴自身一世顢頇，塗炭生靈誤導眾生，卻沽名釣譽坐享富貴榮華，其身後又將如何為人唾棄？黑風狂吹百年以後終將飄墮，富貴一生竟如浮雲，這就是達賴今天所以會像熱鍋上的螞蟻，在其轉世的議題上出言無狀的道理吧。

　　菩薩轉世本是指菩薩修行清淨，福慧具足，為慈愍眾生，能出三界而不出離，特意倒駕慈航入世度眾；但是達賴及其領導下的喇嘛教並不瞭解佛法本意，反而利用轉世神話

---

[207] 參見 徐明旭著，《陰謀與虔誠：西藏騷亂的來龍去脈》，第四部：新的冷戰，第十三章〈達賴喇嘛向何去？〉，明鏡出版社，1999.2 第 1 版，頁 440-441。

[208] 參見 〈轉世不敵政治，達賴如何抉擇？〉來源：「王尚智的雙城心事」部落格　http://blog.udn.com/powerecho/3835421

以盲引盲誤導眾生。達賴曾經洋洋自得的追述:「每回我離開布達拉宮,總有數以百計的人群列隊護送。隊伍的前頭是一名拿著『生死輪迴』象徵的男子(Ngagpa),他後面是一隊帶著旗子、帶著五彩斑斕古裝的騎士(Tatara)。[209]」這樣的排場豈非徵象著達賴和他所屬、所弘傳的喇嘛教,正是引領眾生走向世間享樂、權力的茫茫三界生死輪迴之路?儘管表面上吆喝喧天,五彩斑斕極盡聲色之富麗,實際上卻是陰風愁慘,無盡的頭出頭沒苦海輪迴。如此則達賴的轉不轉世,對他自己是千萬的困難,對被他誤領誤導的眾生而言,卻是無窮的苦難。

結論:轉世的歸途 達賴「鐵泥犁」

在喇嘛教的造神神話中,達賴喇嘛被拱成是「觀世音菩薩的化身」,然而《妙法蓮華經》〈觀世音菩薩普門品〉中有經文曰:「若有百千萬億眾生,為求金、銀、琉璃、車磲、馬瑙、珊瑚、虎珀、真珠等寶,入於大海,假使黑風吹其船舫,飄墮羅剎鬼國,其中若有,乃至一人,稱觀世音菩薩名者,是諸人等皆得解脫羅剎之難。以是因緣,名觀世音。」今見達賴自身即將難保,當然不會是救苦救難的觀世音;他所扮演的角色,既是裹挾諸寶和百千萬億眾生入於生死大海的船長,又是以共業因緣感招未來世黑風惡業的暴風眼。達賴所熏習和率領的喇嘛教,其錯謬荒誕的教

---

[209] 達賴官方網站傳記《流亡中的自在》第一章〈手持白蓮的觀音〉
http://www.dalailamaworld.com/topic.php?t=369

義教理，以腥羶血肉饢祭羅剎鬼神的儀軌，以樂空雙運的性交邪法而性侵害或誘姦女信徒作為修行方式的邪行，以及為求一世人間利益自利自保而不惜暴動作亂的惡作，就像一陣跨世紀的黑風，吹著達賴和其隨行者所乘的船舫，一路歪歪倒倒的橫衝直撞，不但現世漂泊成了風裡來、浪裡去，卻又永不得靠岸的凄楚人生，飄墮到依附達蘭薩拉那個陰鬱詭異的「羅剎鬼國」；依因果律而言，來世更不免苦海沈淪，依共業而隨達賴墮入「鐵泥犁」。這已經是達賴將來「轉世」的「殊途」，若不想與他「同歸」的被誤導藏胞，仍有機會棄捨達賴的喇嘛邪教，回頭是岸；甚至可以「過來人」「受害者」的親知親歷，站出來撥亂反正、摧破魔害，則不但能懺除過咎，反而有救護眾生出於黑風苦海的大功德。

第二章　沾滿血腥的和平獎章

　　達賴喇嘛是舊西藏地區政教合一及農奴制度的執行者；西藏的宗教於現代自己改稱爲藏傳佛教、西藏密宗，俗稱喇嘛教；如果說藏傳佛教的思想，普遍影響西藏百姓生活及精神信仰，甚至逐漸影響歐美國家人民的信仰，不如說達賴喇嘛個人直接決定了舊西藏（西元 1959 年以前）人民的信仰及其未來；因爲達賴喇嘛曾經是西藏的統治者，政治、宗教一把抓，所以舊西藏所發生的一切事情，達賴畢竟要對全西藏同胞負責。其中政教合一的制度，以及西藏農奴制度，是達賴喇嘛暴政下的必然產物，乃至使用具體的十三法典、十六法典，直接將西藏人民作貴賤尊卑的區別，導致許多不平等與悲慘的事情不斷地發生；雖然這些都已成歷史，但是歷史的教訓可以作爲後人的前車之鑑，也可以認清達賴十四世的眞面目。

　　善於見風轉舵的達賴喇嘛，一向避諱於談論西藏農奴的議題，以避開他在舊西藏時期對農奴施行的高壓統治和嚴重違反人權自由的事實，以免被世人—尤其是西方世界的人—揭露出他的僞善以及不爲人知的眞面目。

　　首先我們來談談西藏政教合一的來龍去脈。根據史料記載，藏傳佛教在西藏的發展，主要分爲兩個歷史階段，其中七世紀中葉到九世紀中葉的吐蕃王朝時期爲「前弘期」，即是紅教寧瑪巴的全盛時期，這一時期有學者認爲，貫穿於整個

吐蕃王朝信仰密宗的全民運動中，就曾經出現密宗僧人干預國政的現象。約從十世紀下半葉開始，藏傳佛教進入「後弘期」。這一時期，西藏地區政權更迭頻繁，同時藏傳佛教走向全面復興，出現了諸多教派。據史料記載，西元 1269 年，元世祖忽必烈冊封薩迦派（密宗花教）八思巴爲帝師，將西藏十三萬戶的政教大權賞賜給他。西藏政教合一制度開始萌生。

1354 年，由朗氏家族主持的帕木竹巴噶舉派（密宗白教的一個分支）開始掌管西藏地方政教的大權，得到明朝中央政府的冊封。帕木竹巴政權建立之後，頒布了《法典十五條》等一系列法規，使西藏「政教合一」制度，得以更加緊密結合。

1642 年，格魯派（密宗黃教）又奪取西藏政教大權，在哲蚌寺建立噶丹頗章政權。1653 年，五世達賴喇嘛受到清朝政府的冊封。此後清乾隆朝先後制訂了《酌定西藏善後章程十三條》及《欽定藏內善後章程二十九條》。實現了滿清政府對西藏治理的制度化，還由此正式確定了藏傳佛教格魯派達賴派系，和班禪系統的宗教領袖地位，使之與駐藏大臣列於平等地位，共同治理西藏國政。這一時期是西藏「政教合一」制度最完備的時期。

西元 1959 年西藏在中國解放軍進駐之改革開放前，通稱爲「舊西藏」；近九百多年來，西藏（吐藩國）由於政教合一制，農奴制度伴隨而生，由寺院上層的少數僧侶、貴族和地方官員三大領主所組成的農奴主階級，掌控了廣大農奴和奴隸；其中集政教大權於一身的達賴喇嘛，自是這封建農奴制

度的實踐與受惠者,亦是農奴主階級制度的最高主宰者。

　　一位素有「西藏通」之稱的英國人查爾斯・貝爾,在他的《十三世達賴喇嘛傳》中寫道:「你從歐洲和美洲來到西藏,就會被帶回到幾百年前,看到一個仍處在封建時代的國家。貴族和紳士對其佃戶權力很大。這些佃戶是在較肥沃的平原和河谷耕耘的農民。或是身穿羊皮襖遊牧在高山峻嶺的牧人。」從這位西方人的眼裡所看到的舊西藏,是極其落後不堪;也就是說,在諸多達賴喇嘛轉世所統治下的西藏,所佔西藏人口 2% 的貴族、高級喇嘛、領主,他們與 98% 農奴在生活貧富差距上,以及所享受的法律人權待遇上面,其實是天壤之別,猶如天堂與地獄之差異;絕大部分的百姓農奴,都活在飢餓與達賴威權的恐懼下。若問舊西藏為何如此?如果我們有機會,應該當面請教達賴喇嘛:當您在西方媒體的圍繞之下,大聲疾呼要為西藏人民爭取人權自由的時候,怎不見您談論當年您所統治的舊西藏,在自由、人權、農民福利方面,究竟有哪些可以令人稱讚的「豐功偉業」以及「政績」?

　　達賴出走流亡以前在西藏的高壓統治,違反自由人權的事實,我們就從西藏農奴制度開始談起。官員、貴族、寺院高階喇嘛,是西藏的三大領主。他們的人數占不到西藏人口的 2%,卻佔有西藏的全部耕地、牧場、森林、山川以及大部分牲畜。據十七世紀清朝初年統計,當時西藏實有耕地三百多萬克(十五克相當於一公頃),其中官家佔 30.9%,貴族佔 29.6%,寺廟和高階喇嘛僧侶佔 39.5%。而農奴超過舊西藏總

人口的 98%，卻沒有一個人可以擁有自己的耕地；與其說貧窮的農奴買不起土地，不如說達賴所制定的法律，存在著極不平等的自肥條款，將土地利益獨厚於少數的自家人。農奴的組成細分爲差巴、堆窮、朗生三種。藏語「差巴」，意爲支差者，是領種地方政府的差地，爲地方政府和所屬農奴主支差的人，地位高於堆窮。「堆窮」意爲小戶，主要指耕種農奴主及其代理人分給的少量土地，並爲其農主支差的農奴。在農奴的階級制度中，差巴可下降爲堆窮，堆窮也可上升爲差巴，差巴和堆窮破產後還會下降爲朗生；這朗生即是佔西藏人口 5%的奴隸，世代皆爲領主的家奴，在舊西藏的統治下，奴隸比鹹魚更難以翻身！一旦降爲奴隸，所生的子孫世世代代皆爲奴隸。

由於三大領主（農奴主）用差役和放高利貸，對農奴進行了殘酷限制與剝削，農奴成年累月地辛勤勞動，連民生基本的溫飽條件也難以保障，經常要靠借高利貸勉強糊口。這個現象符合了法國西藏學家——亞歷山大・達維・尼爾在她的《古老的西藏面對新生的中國》中所說：「舊西藏，所有農民都是終身負債的農奴，他們身上有著苛捐雜稅和沉重的徭役：『完全失去了一切人的自由，一年更比一年窮』。」沒錯，確實如此！西藏大多數百姓，除了文盲不識字外，百姓民風淳樸、任勞任怨！只是礙於農奴制度上的剝削，讓西藏九成八以上的人民，包括世代的子孫，一輩子都只能在差巴、堆窮、朗生三種底層的窮苦階級中了卻一生。而掌握政權的達賴，從來都不去檢討農奴制度及官員、貴族、寺院高

階喇嘛等三大領主的貪婪,不肯為改善農奴的困頓生活盡一點點力氣,更談不上改善農奴們的人權,反而還鼓吹農奴去信仰喇嘛教,將農奴洗腦,使農奴認為:「今世的貧窮,都是自己上輩子慳吝不施所造成,只有將所得全部奉獻給喇嘛、寺廟,才能改善來世貧窮的果報。」這樣的信仰結果,自然是肥了達賴喇嘛;因為達賴喇嘛所管轄的高利貸集團,將農奴的捐獻,以高額的利息再轉借貸給當年收成不佳的農奴,以償還農奴主的租稅;如果還不起,免不了遭到農奴主的恐嚇砍殺與殘害;所以幾年下來,收成不佳的農奴所累積的高利貸債務,需要其後代子孫共同來繼承,很難翻身。這就是達賴政權下,精心設計的一種控制農奴百姓的手段。(欲知詳情請參照《披著宗教外衣殘酷剝削人民的農奴主——揭露十四世達賴宗教上的虛偽性系列評論之一》一文。)

　　看到這樣的西藏,不禁讓我們感到困惑,達賴喇嘛披著佛教密宗袈裟外衣,號稱為觀世音菩薩化身,結合其他貴族、官員之勢力,對百姓進行殘酷刑罰與勞力剝削的行為;這在古印度佛教創始者釋迦牟尼佛出世以來至今,佛法流布於全印度,乃至中國、日本、韓國、斯里蘭卡、泰國……等地,從未曾聽聞有哪個國家的佛教僧侶發展出政教合一,掌握了國家實質大權,以及對百姓進行嚴刑峻罰及放高利貸的剝削;又有哪個佛教盛行的地區曾像達賴喇嘛一般,制定類似十三法典、十六法典,讓喇嘛等三大領主對農奴操有生殺大權,對於無法償還高利貸或不聽話的農奴施以砍手腳、剝皮、挖眼、割舌……等酷刑?或將婦女及屠夫歸屬於同一類「下

等下級人」，依法令規定出來的「命價」僅值「一根草繩」？
達賴治下這種令人恐懼的舊西藏法典，放眼天下古今佛教國
度掌權者治國之歷史，可謂是空前而且絕後！達賴在政教合
一統治下的農奴制度，完全不符佛教所提倡的慈悲爲懷、以
平等心對待一切眾生之宗旨，更不符合佛教「不殺生」的戒
律。這不免令我們開始懷疑達賴喇嘛「草菅人命、好殺成性」
的人格特質，與二戰德國獨裁統治者希特勒是否雷同？我們
希望這個懷疑是錯誤的，但是從諸多學者、新聞揭露的種種
事證，我們很難不把達賴與希特勒聯想在一起；兩者唯一的
差別，只在於達賴擅長僞裝自己猙獰的面目，以及擅用西方
媒體把自己包裝成一位嬉皮笑臉的老好人。

　　有文爲證，在《查查「達賴喇嘛的人權紀錄」》中如此記
載：「……爲達賴喇嘛念經祝壽，下密院全體人員需念忿怒
十五施食回遮法。爲切實完成此次佛事，需於當日拋食，
急需濕腸一副、頭顱兩顆、各種血、人皮一整張，望立即
送來。」此段文是有名的作家李敖先生引述自 1991 年 5 月
15 日的「人民日報」所發表，由卜問寫的「達賴喇嘛的人權
紀錄」。卜問從西藏現存檔案資料中舉證了許多達賴統治期間
的恐怖、血淋淋的西藏「人權」情況。卜問說達賴喇嘛在 1959
年之前統治西藏地區的時候，也沿用了所謂「十三法典」和
「十六法典」。在這兩部法典中，按人的血統貴賤、職位高低，
規定「人有上、中、下三等，每等人又分上、中、下三級」。
藏王、大小活佛及貴族屬「上等人」，商人、職員、牧主等屬
「中等人」，鐵匠、屠夫和婦女等屬「下等下級人」。各等人

的生命價值也是不同的，居然還能依等級來定出人命不同的價值：「上等上級人」的「命價」爲「無價」，或「遺體與金等量」，作爲「上等中級人」的「命價」爲「三百至四百兩」（黃金），而被列爲「下等下級人」的鐵匠、屠夫、婦女等，「命價」則爲「草繩一根」。十三法典第四條：「重罪肉刑律」規定有「挖眼、刖足、割舌、砍手、推崖、溺死、處死等」，現存資料中還藏有不少達賴喇嘛統治時期的五〇年代拍攝的照片，有挖去雙眼，有剁去右手的，有砍掉一隻腳的，以及各種刑具，至今仍保存著一口油鍋。報導還提到北京民族文化宮展出文物照片五十三張，有被剝皮的小孩，農奴主剝下的小孩人皮、以及砍斷的幾隻手；實物八十二套中，有個實物是一口油鍋，說明寫著：「農奴被砍掉手、腳之後，行刑者將其殘肢傷口放入燒沸的油鍋，用以止血。曾有三個農奴慘死在這口油鍋旁。」李敖說道：「這樣子的西藏人物的歷史與文化遺產，可未免太傷感情了吧？」

　　從上述關於達賴統治西藏期間的事蹟，歐美西方崇拜達賴的人們大都不知情；西藏人民普遍的認知，達賴喇嘛是「觀世音菩薩」的化身，不知如此「大慈大悲」的「觀音化身」的達賴喇嘛生日祝壽，爲什麼不以吃蛋糕或吃豬腳麵線來祝壽？卻要把農奴活人開膛剖肚、節節支解，以取其農奴身上的濕腸、頭顱、人血、人皮，以作爲達賴祝壽的儀式或賀禮？莫說是一位清淨的佛教出家人所不應爲，就連普通老百姓或黑道流氓惡人，都不可能壞到去奪取活人的器官來祝壽！可是頂著諾貝爾和平獎光環的「和平使者」達賴喇嘛，卻經常

在其統治舊西藏的期間,做出這等殺活人、剝人皮、喝人血的恐怖獻祭。

如果說,擅於在媒體前胭脂粉抹的達賴,只要憑著一張嘴,喊喊和平口號,就能得到諾貝爾和平獎,廣受歐美世人愛戴,那麼試問德國納粹希特勒、日本毒氣殺人的麻原彰晃,是否也應該追封其諾貝爾和平獎呢?因為達賴喇嘛與希特勒、麻原彰晃,同樣都是對世人沒有實質的貢獻,反而做出令世人感到恐怖與血腥屠殺事蹟的同等人。

達賴能獲得諾貝爾和平獎,只是西方政治運作下的產物;充其量只是西方帝國主義,一貫制衡中國的一個棋子。流亡中的達賴政府,只是懂得利用彼此的鷸蚌相爭,以坐收漁翁之利的政客。達賴頂著諾貝爾獎的耀眼光環,穿梭在西方政客之間,以獻哈達的方式吸引鎂光燈,成為媒體寵兒。但是,達賴每次遇到政教合一與西藏農奴的議題,他的臉上總是顯得灰頭土臉、黯淡無光;可見達賴至今,仍然無法坦然面對他過去在西藏所做過的醜事,更遑論對曾經被達賴所傷害過的西藏人民公開致歉了。

原來,一雙沾滿血腥的劊子手,也能捧著舉世耀眼的金色和平獎勳章!獲得鉅款的獎勵,我們期待達賴的虛偽面目,終有一天被世人所揭露,否則和平獎的光芒,將永遠消失在人們的心中,成為一枚沾滿血腥的獎牌。

本章參考資料:

1. 《西藏民主改革：舊西藏政教合一制度的由來與終結》——新華社拉薩 4 月 5 日電 記者涂洪長、邊巴次仁

2. 《西藏政教合一封建農奴制與中世紀西歐農奴制》——新華社北京 4 月 14 四日電 光明日報記者袁祥、邢宇皓

3. 《查查「達賴喇嘛的人權紀錄」》——《求是報》「李敖天地」版 1991 年 5 月 30 日 作者李敖

4. 《披著宗教外衣殘酷剝削人民的農奴主—揭露十四世達賴宗教上的虛偽性系列評論之一》——新華網轉載《西藏日報》2009 年 4 月 22 日

第三章 達賴喇嘛介入十七世噶瑪巴認證的企圖

十七世噶瑪巴鬧雙胞的事件[1]，在達賴喇嘛全力支持烏金赤列多傑的狀況下，似乎許多人都已經認為烏金赤列多傑才是真正的噶瑪巴轉世；但如果瞭解這整件事情的始末，便會知道噶瑪噶舉派在這件事上吃了大虧，讓達賴喇嘛將手伸進了噶瑪噶舉派的組織中，分化且培植了自己的力量；並且藉用他的影響力捧紅了烏金赤列多傑，讓世人只知道有烏金赤列多傑，不知有泰耶多傑，當大眾都認定烏金赤列多傑才是真正的十七世噶瑪巴，那噶瑪噶舉派便成為達賴喇嘛的囊中物了。

為什麼我們會認為達賴喇嘛對噶瑪噶舉派不懷好意呢？因為達賴喇嘛在這件事上的動作太過明顯。本來各教派的活佛認證，就是依照各教派的傳統進行，在五世達賴喇嘛與十世噶瑪巴的鬥爭中，噶瑪噶舉派雖然失去西藏的政權，大批噶瑪噶舉派的信徒被殺，寺院被強迫改宗為格魯派[2]；但即使是這樣，噶瑪噶舉派的兩個主要活佛系統——黑帽系的噶瑪巴與紅帽系的夏瑪巴[3] 仍然保留了下來，依照噶瑪噶舉派的

---

[1] 事實上，聲稱是十七世噶瑪巴的不止兩位，但以烏金赤列多傑與泰耶多傑最著名。

[2] 參見 盧爾思（H. H. Luehrs），〈國際噶瑪噶舉團體一封致達賴喇嘛聖下公開信〉，2001/3/17　http://www.karmapacontroversy.org/Sec0Doc4.htm

[3] 紅帽系活佛曾在清乾隆時被禁止轉世，但噶瑪噶舉派仍私自認證紅帽系活佛。

傳統繼續傳承至現在；令人驚奇的是，五世達賴都沒有對噶瑪噶舉派趕盡殺絕，爲什麼現在的十四世達賴急著要介入十七世噶瑪巴的認證糾紛中呢？

　　有人猜測這是因爲噶瑪噶舉派近年來的發展，引起達賴喇嘛的覬覦；噶瑪噶舉派自從將弘法的重心轉向歐美之後，成功吸收了許多信徒，弘法中心林立。根據 2001 年的印度《政治家》雜誌報導：「噶瑪噶舉派是所有藏傳佛教教派中最富有的，擁有遍及全世界三百個中心和二、三兆的儲備金[4]。」然而如果按照夏瑪巴方面的說法，事實上達賴喇嘛對噶瑪噶舉派的不滿，早在十六世噶瑪巴在世時便已經到達高峰了；這主要是因爲達賴喇嘛意圖完全控制四大派，這在西藏歷史上是頭一次有人企圖這麼做；往世的達賴喇嘛雖然控制西藏政權，但是並不干涉各教派內的事，因此十六世噶瑪巴帶頭反對這個政策，如夏瑪巴於〈大寶法王爭議事件的眞相〉這麼說：「但是，到 1962 年開始，傳統和歷史卻倒行逆施起來。就在那一年，現任達賴喇嘛試圖統合四教派於他股掌之下。故第十六世大寶法王覺察到達賴喇嘛的政治手腕，於是起而領導其他三派，與『精神統一』奮戰。就在兩個星期之前，西藏流亡政府發表宣言，重申它有權利去認證所有四教派的喇嘛轉世。此宣言並未受到媒體的置疑，因此更加深了格魯派『精神領袖』的錯誤主張。[5]」從這裡我

---

[4] 參見 政治家，〈過渡時期的噶瑪巴們〉，2001/12/10
　http://www.karmapacontroversy.org/Sec0Doc22.htm
[5] 參見 昆吉夏瑪仁波切，〈大寶法王爭議事件的眞相〉

們可以發現，達賴喇嘛認爲他有權力認證四大教派的喇嘛轉世，這便是赤裸裸的利用政治力介入宗教。達賴喇嘛一方面公開反對其他政治勢力介入藏傳佛教，但一方面又強硬的用政治手段介入其他教派的轉世活佛認證，由此便能看出他的心口不一與僞善。達賴連佛教最基本的妄語戒都持守不好，哪裡還有一個佛教修行人的樣子呢？純粹就是一個口蜜腹劍的政客罷了！

　　寧瑪派敦珠法王的轉世認證也曾經鬧過雙胞，但很快爭議便平息了；之所以會有不同的轉世認證，據說也跟達賴喇嘛的介入有關，在同一篇文章夏瑪巴提到：「*在 1992 年，寧瑪派曾面臨著轉世靈童的爭議，也就是西度指認烏金赤列的同年。當時，達賴喇嘛支持其中一位候選人爲敦珠（Dujom）仁波切的轉世者，也就是寧瑪派的最高位喇嘛。另一方面，寧瑪派的邱卓（Chadral）仁波切認證了另一位候選人，而所有寧瑪派的弟子們均遵從他們自己教派的選擇。這樣的結果對於他們的傳承毫髮無傷，原因是他們教派中並沒有叛離者。*[6]」看來達賴喇嘛確實是一直處心積慮想控制其他三個教派。

　　不僅如此，達賴喇嘛在介入噶瑪巴認證的手段是蠻橫而暴力的，絲毫沒有一個佛弟子應有的慈悲心態，譬如在〈國際噶瑪噶舉團體一封致達賴喇嘛聖下公開信〉中說：「於 2000

---

http://www.karmapacontroversy.org/Sec0Doc10.htm
[6] 同上註。

年 7 月，您在涉足此事件中更勝一籌，您書面通知夏瑪仁波切，說明即使找到一封正確無虞的第十六世噶瑪巴所留下的預言函，您也不會動搖堅持烏金赤列是噶瑪巴的決心。如此之作為，您聖下已然剝奪了第十六世噶瑪巴決定他自己轉世的明確權力，如此不合理的聲明，不但違背噶瑪噶舉傳承，同時也替未來聖下您所屬的教派及政府得以接收噶瑪噶舉派奠下基礎。[7]」達賴喇嘛為爭奪噶瑪噶舉派的控制權，可說是已經到了明目張膽的地步，完全不顧慮西藏各教派的傳統，無視十六世噶瑪巴的意願，而直接剝奪十六世噶瑪巴指定自己轉世靈童的權力，達賴的行為可說是十分粗暴而蠻橫。

　　更讓人意外的是，達賴喇嘛竟然縱容支持烏金赤列多傑一派的喇嘛，以暴力攻擊搶奪噶瑪噶舉派在西藏地區以外最重要的寺院——位於錫金的隆德寺，這與達賴所得到的和平獎對比起來，令人覺得非常諷刺。吉美仁波切在〈噶瑪巴爭議的起源〉中談到：「賄賂款項的第一部份金錢於 1993 年 8 月 2 日付給班達里。當日，班達里、西杜、嘉察，加上他們所僱來的兩百名武裝人員以及超過一千人的幫派份子，攻打隆德寺的僧侶們，以武力奪下隆德寺。……當夏瑪仁波切認證泰耶多傑為第十七世噶瑪巴，並於新德里為他坐床時，西杜派遣了兩百多名打手來攻打噶瑪巴國際佛學院。他們扔石塊、磚塊，將學院所有前排窗戶打爛，並打

---

7 參見 盧爾思（H. H. Luehrs），〈國際噶瑪噶舉團體一封致達賴喇嘛聖下公開信〉，2001/3/17 http://www.karmapacontroversy.org/Sec0Doc4.htm

傷許多人。許多攻擊者被指認出為西杜幫派的人，此舉使得許多噶舉仁波切相當震驚且失望。[8]」這與達賴五世假藉薩迦與達布二派攻擊佔領覺囊巴的寺院，銷燬覺囊巴他空見刻板的行徑如出一轍。西杜[9]仁波切即是認證烏金赤列多傑的人，不管達賴喇嘛是否授意西杜仁波切攻擊隆德寺，至少達賴喇嘛在這個暴力事件中，明顯偏袒與縱容西杜仁波切等人的暴力行動，不曾為遭受暴力攻擊的一方主持公道；這樣的心性連一個持五戒、修十善的普通佛教徒都不如，竟敢妄稱自己是觀世音菩薩的轉世？拋開他的宗教地位不談，即使是作為一個西藏流亡政府的領導人，也應該依理、依法處理這樁暴力事件，卻偏袒縱容使用暴力的一方。這樣的達賴喇嘛連一個政治人物的基本操守都沒有，只剩下毫無掩飾的政治野心。最後夏瑪巴一方提起訴訟，法院雖然判決泰耶多傑擁有隆德寺，但因隆德寺已被支持烏金赤列多傑一派的喇嘛所占據，所以導致兩個噶瑪巴都無法進入隆德寺。

或許有很多人會覺得懷疑：「這些是否只是夏瑪巴一方的片面之詞呢？」然而夏瑪巴一方所擺出的證據，達賴喇嘛卻不曾也無力反駁與澄清，這可以說是已經默認了；反正憑達賴喇嘛目前在國際間的聲望，以及他所領導的勢力，足以讓媒體一面倒，統一口徑為烏金赤列多傑宣傳，夏瑪巴一方的聲音則完全被忽略了。雖然藏傳佛教的活佛轉世並不符合佛

---

[8] 參見 吉美仁波切，〈噶瑪巴爭議的起源〉
http://www.karmapacontroversy.org/Sec0Doc3.htm
[9] 有譯為大司徒、司徒、泰錫度等。

法，而只能看作是教派領導人的一種傳承制度；但是用政治力量意圖控制其他教派，達賴喇嘛的作爲毋寧是讓人不齒的。

　　另外，支持烏金赤列多傑的噶瑪噶舉派喇嘛，有許多是對十六世噶瑪巴與十四世夏瑪巴不滿的；而達賴喇嘛支持這派喇嘛，更坐實了上文所說達賴喇嘛與十六世噶瑪巴的爭執，埋下如今的噶瑪巴認證爭議；創古仁波切更是毫無忌憚的表現出他對十六世噶瑪巴與十四世夏瑪巴的敵意，他說：「每次問題開始時總會出現兩批人，第一批人都沒有認證的能力和神通，也沒有智慧，所靠的是世間的辯才和技巧，於是懷疑到底哪一位是眞正的大寶法王。第二批人眞正在修行上有成就，他們的智慧非常清楚哪一位是眞正的大寶法王，一旦有這樣的兩批人之後就會有紛爭。[10]」這明顯的在暗示十四世夏瑪巴沒有認證的能力和神通，也沒有智慧，所以沒資格認證活佛；但創古仁波切似乎忘了在噶瑪噶舉派中，兩大活佛系統即是黑帽系的噶瑪巴與紅帽系的夏瑪巴，傳統上他們互相認證並互爲師徒，就如同達賴與班禪一樣；而十四世夏瑪巴即是十六世噶瑪巴所認證的，如果夏瑪巴不具認證的能力，是假活佛，那麼是否表示十六世噶瑪巴做了錯誤的認證？他也一樣沒有認證的能力和神通也沒有智慧？這已經是在批判十六世噶瑪巴了，他們自然會與達賴喇嘛一拍即合，因爲打倒十六世噶瑪巴與十四世夏瑪巴是他們共同的目標。

---

[10] 噶瑪迦珠香港佛學會網站，〈創古仁波切訪談錄：關於大寶法王之糾紛〉
　　http://www.karmakagyu.org.hk/home/teachings/teachings_03.html

這些事實讓達賴喇嘛介入十七世噶瑪巴認證的企圖昭然若揭，那就是逐步將四大派一一納入他的控制之中；從烏金赤列多傑目前住在印度達蘭薩拉格魯派的上密院，就可以知道烏金赤列多傑已經完全成為達賴喇嘛的禁臠了；這次十七世噶瑪巴認證糾紛，達賴喇嘛才是最大的獲益者，卻也將他偽善的面目徹底的撕開了。

第四章　準備鞠躬盡瘁的達賴喇嘛

近年來，關於達賴喇嘛轉世問題的報導，常常出現在各類媒體上，這其中以達賴喇嘛發表他本人對於轉世的新構想最受人注意，譬如 2009 年 2 月 2 日的《中國時報》有一篇報導，提到：「去年秋天，當藏族代表群聚印度達蘭薩拉，討論西藏未來時，轉世靈童將如何尋找的問題，也困擾著諸多與會者。對此，達賴喇嘛曾經公開表示，他正考慮打破舊制，在自己還在世時就指定轉世靈童，以免屆時被北京政府操控。但這項主張引起許多藏傳佛教者的疑慮，他們認為，沒有了各種神跡，下一世達賴喇嘛如何能有統治合法性？……事實上，根據先前的消息，達賴可能選定第十七世大寶法王噶瑪巴為攝政，而達賴的發言人對此傳言也表示：「**接班人選雖未最後決定，但任命攝政者的確是一項選擇**」。」[1]

又如 2007 年出版的《達賴喇嘛新傳——人、僧侶，和神祕主義者》，作者馬顏克‧西哈亞（Mayank Chhaya）也向達賴喇嘛詢問過這個問題，達賴喇嘛是這麼回答的：【達賴喇嘛說：「**這有辦法解決，我生前就可以指定下一任達賴喇嘛。**」這話極端重要，因為它就像教宗在生前就指定接班人一樣，這樣的作法暗示尋找轉世達賴喇嘛的神祕傳統中斷。達賴喇嘛說：「的確如此，但我們的目標比達賴喇嘛這個人重要。我

---

[1]　參見 苦勞網轉載：中國時報〈達賴轉世靈童 挑選問題難解〉
　　http://www.coolloud.org.tw/node/34701

相信這裡有許多很傑出的領導人物。」「若我現在要圓寂了，我會先告訴藏人，要不要轉世活佛全看他們。如果他們要，就會發生，如果他們認為沒有十五世達賴喇嘛的必要，就不會發生。轉世是繼續你前生未竟的工作，如果他們覺得我的工作很重要，有意義，我就會轉世。」】[2]

又根據中廣新聞網 2011 年 8 月 2 日新聞報導：「達賴喇嘛接受法國（費加羅報）採訪時說，有關他的繼承人問題，他已經提了好幾年，還沒做出任何決定。他認為，一是可以仿照選舉教宗模式，選出他的接班人；另外一個想法是，當達賴喇嘛在世時，挑選一個他認為可能是他轉世靈童的男孩，開始培養他，當男孩長到十五或二十歲時，宣布這個男子將成為他的繼承人。」[3]

這幾則報導中，達賴喇嘛重覆提到的一個構想是：在他還活著的時候，便指定新的轉世靈童。這當然可以保證依照達賴喇嘛的意願進行「轉世」，但如同上述中國時報中所說的，首先藏人接受程度便是一個很大的疑慮，畢竟他們相信現在的第十四達賴是從第一世達賴不間斷的轉世而來；如今十四世達賴仍然在世時便指定轉世靈童，很顯然的這轉世靈

[2] 馬顏克‧西哈亞（Mayank Chhaya）著，莊安祺譯，《達賴喇嘛新傳—人、僧侶，和神秘主義者》〈23.最後一位達賴喇嘛？〉，聯經出版社（台北），2007 初版，頁 202。http://www.gdma.org.cn/taiwan/book/dalaila7848.htm

[3] 中廣新聞網 2011/8/2 〈達賴喇嘛：繼承人可用選的〉
http://tw.news.yahoo.com/%E9%81%94%E8%B3%B4%E5%96%87%E5%98%9B-%E7%B9%BC%E6%89%BF%E4%BA%BA%E5%8F%AF%E7%94%A8%E9%81%B8%E7%9A%84-155114419.html

童不可能是十四世達賴的轉世；這就造成達賴喇嘛轉世系統
的中斷，達賴喇嘛將只是一個職位、一個名號，再也不具備
宗教上的神聖性。

　　進一步來說，此舉顯示達賴喇嘛從根本上否定了藏傳佛
教的轉世制度，因爲他認爲達賴喇嘛只是一個宗教與政治領
袖的職位，所謂的轉世只不過是用來籠罩藏傳佛教信徒的工
具，否則又怎麼會優先考慮政治權謀的問題，寧願讓達賴喇
嘛的轉世系統中斷也要維護自身的政治利益？藏傳佛教傳說
達賴喇嘛是觀世音菩薩的化身，觀世音菩薩與信仰大乘佛教
地區的人民因緣甚深，就算不是佛教徒，也知道觀世音菩薩
代表大慈大悲；既然如此，觀世音菩薩所在意的應當是如何
救度這娑婆世界的苦難眾生，怎麼可能會以政治考量來決定
去留呢？而且達賴生前指定第十五世達賴的作法，也直接否
定各世達賴是同一個人的轉世，那麼歷代達賴的神聖性也同
樣被否定了。雖然達賴喇嘛說得很大方：「**我會先告訴藏人，
要不要轉世活佛全看他們。如果他們要，就會發生，如果
他們認爲沒有十五世達賴喇嘛的必要，就不會發生。**」但
這是不是在暗示觀世音菩薩的智慧比不上一般人？需不需要
以及能不能繼續轉世，竟然要由凡夫位的流亡藏人來決定。
別忘了觀世音菩薩可是正法明如來倒駕慈航來示現的，佛的
十號中有一名號爲「世間解」，什麼叫作「世間解」？也就是
說佛對於一切世間完全瞭解，包括了眾生世間[4]；藏人需不需

---

[4] 《大智度論》卷2〈序品〉第1：【復名「路迦憊」：「路迦」秦言「世」，
「憊」名「知」是名知世間。問曰：云何知世間？答曰：知二種世

要觀世音菩薩的轉世，觀世音菩薩應該比藏人更清楚，現在
達賴喇嘛竟然要藏人自行決定需不需要第十五世達賴喇嘛，
顯然達賴對世間是不知不解的凡夫，這豈不是一件非常顛倒
的事？這純粹是達賴喇嘛為了掩飾自己的政治算計所說的推
托之詞，可見達賴喇嘛不相信自己具備觀世音菩薩的能力，
也不相信自己是觀世音菩薩的化身，證明達賴喇嘛的轉世與
化身不過是一個喇嘛教中編造的神話故事；這也顯示在達賴
喇嘛的心中，所謂的轉世只不過是取得政治與宗教權力的一
種工具而已。

　　另一個達賴喇嘛拋出的構想是「仿照選舉教宗模式選出
他的接班人」，這裡看不出所謂的接班人是否是第十五世達
賴；但既然是仿照選舉教宗模式，可見選出的一定是宗教領
袖，按照西藏政教合一的傳統，這個接班人也會是政治領袖。
達賴本身就是藏傳佛教與西藏流亡政府的領袖，所以身為他
的接班人必然也會具備這兩種身分；如果按此選出的接班人
是一個普通喇嘛，那麼一個不是觀世音菩薩化身的普通喇
嘛，在不具備神聖光環加持的情況下，做為宗教領袖必定無
法讓藏傳佛教的徒眾信服，因此比較可能的是選出第十五世
達賴。但如果選出的是第十五世達賴，那觀世音菩薩化身的
轉世竟然要透過人類選舉才能決定，就會鬧出大笑話了！
這樣的想法是對藏傳佛教引以為傲的活佛轉世制度最大的
諷刺。

間，一眾生，二非眾生。】（《大正藏》冊 25，頁 72，上 21-24）

從這裡我們可以看到，達賴喇嘛對於他轉世方式的構想，從來都與佛法無關，他考慮的重點也都在政治利益上，而不是考量如何以佛法救度眾生；這跟他在公共場合中，慈眉善目大談「佛法」的形象完全不同，可見其表面上披著宗教神聖的外衣，骨子裡卻充滿政治算計，他口中所謂的「佛法」也不過是實現政治手段的一環而已。

佛說眾生都在三界中輪迴，每一個眾生都是從過去世轉生過來的，轉世本身並沒有什麼特殊之處；必須是轉世後在自修自證以後的佛法證量上明確顯示出來，足供實證者檢驗與認同，如此轉世才會有特殊與神聖之處。然而歷代達賴轉世以後都顯示只是我見具足的凡夫，即使能夠確認歷代達賴是真正的同一人轉世，也沒有絲毫奇特與殊勝可言。佛的教導是要教人如何出離三界、不再受輪迴轉世之苦；佛法也從來不強調轉世的神祕，因為畜生道裡的阿狗、阿貓哪一個不是從上一世轉世來的？何來稀奇之有？當然，達賴喇嘛自認他的轉世與一般人不同，自稱是觀世音菩薩的化身，是為了救度眾生所以才轉世於人間的，因此宣稱他可以事先知道自己即將往生於何處，往生之後也能清楚的知道過去生的事；但是由觀世音菩薩化身來轉世的聖者，竟然只是一個未斷我見也無法明心的未證實相般若的雙重凡夫；這樣的聖者轉世的說法竟公然要求世人信受，也未免欺人太甚了。

話說回頭，由於藏傳佛教信徒以為達賴具備這樣的能力，所以當前一世的達賴死後，他的弟子與信眾就按照他生前的「預言」，去尋找下一世的轉世靈童。達賴自始至終都以

觀世音菩薩的化身自居，這就表示達賴喇嘛應該已經具備正知入胎、住胎、出胎的能力了，當然不該還有隔陰之迷；因爲要做到如傳說中的轉世無礙，必須具有三地滿心的證量而發起意生身了，才能免於隔陰之迷，才能一出世就銜接上一世的證量而貫穿三世，不必再從一無所知的狀態來重新學起。《瑜伽師地論》卷 59 中說：「於一切位不失正念結生相續，謂諸菩薩。」能夠於一切位不失正念結生相續的大菩薩，都是正知入胎、正知住胎、正知出胎的，都必須是已證得四禪八定、四無量心、五神通，並已經發起意生身的大菩薩，這樣的證量至少必須三地滿心才能達到；像這樣證量的大菩薩們，出世後是不必再從頭開始學習的，而是一出生以後就可以自行憶起往世的所學而直接延續上一世的智慧，不必從師受學。觀世音菩薩早已成佛，是正法明如來倒駕慈航示現爲菩薩身；達賴喇嘛既然自認是觀世音菩薩的化身，那應該早已經超過三地菩薩這樣的證量了，然而達賴喇嘛真的具備了這樣的證量嗎？

這裡我們就用一個最低的標準來檢驗一下達賴喇嘛的證量吧！在前文中提到說：一位已具備正知入、住、出胎能力的大菩薩，必定已經證得四禪八定、四無量心、五神通，也已經發起了意生身。那麼我們就先以最基本的初禪證量，來檢驗達賴是否符合這正知入、住、出胎的能力？是否真的能自在轉世？在《長阿含經》卷 17 中說：「有人於佛法中出家爲道，乃至滅五蓋覆蔽心者。除去欲惡不善法，有覺有觀，離生喜樂，入初禪。」經中說入初禪前需先滅五蓋，五蓋就

是貪欲、瞋恚、睡眠、掉悔、疑；接著又說必須除去貪欲等
不善法，這樣才能進入初禪。而貪欲中最粗重的就是男女欲，
試想初禪天已是離開欲界進入色界，沒有男女色身的差別而
同樣都是中性身，自然必須是要捨棄男女欲才有資格從欲界
進入色界，也才能證得初禪；但是令人驚訝的是，號稱觀世
音菩薩化身的達賴喇嘛卻完全不具備這些基本的佛法知見，
反而倡導男女雙修之無上瑜伽，廣傳男女性交雙修的時輪金
剛貪淫之法，顯示達賴仍無法遠離欲貪。

譬如達賴喇嘛在他所著的《藏傳佛教世界》一書中說：「在
第一部「事續」中，入道的欲念僅僅是對具有吸引力的異
性凝視而已，其他三部——行部、瑜伽部和無上瑜伽部——
的入道意念則分別是對此異性微笑，進而想牽手、觸摸，
乃至最後想望性的結合。」⁵ 這已說明了達賴喇嘛認為修學
佛法，就是要保有貪欲，要越修欲望越重，從開始的男女雙
方對視、微笑的渴望，然後發展為牽手、觸摸，最後是對性
交的渴望，顯然他心中對與異性交合是擁有很深渴望的；這
絕對不是已離欲界愛而證得初禪的人，二禪以上的證境就更
別提了。

然而達賴喇嘛所主張的無上瑜伽僅止於意念上的渴望
嗎？讓我們看看他的說法：【祕密集會檀陀羅裡，有關與明
妃和合的章節中，說若與實體明妃行樂空雙運，才會成就眞

⁵ 達賴喇嘛著，陳琴富譯，《藏傳佛教世界》，立緒文化事業有限公司，
2004.10 初版八刷，頁 100。

正的身曼荼羅修行，如果僅與觀想中的明妃行樂空雙運，則其成就不大。】[6] 這裡達賴喇嘛說，光是用觀想的性交還不夠，最好是與實體明妃實際性交雙修，才能夠得到大成就。從這裡可以比對一下達賴喇嘛所說的修行方法，與佛經中佛的開示完全是背道而馳；佛說修行的過程是要棄捨欲惡不善法，然後漸漸由欲界往色界提升，才能獲得初禪；而達賴喇嘛卻要人越修欲望越重，到最後還要常常與異性性交，說這是最至高無上之法，名爲無上瑜伽。可見達賴喇嘛不但不懂佛法，還倡導會讓眾生下墮的男女雙修淫欲之法；欲望這麼重的人是不可能離欲而證得初禪的，更別說具足四禪八定、四無量心、五神通；光從這一點就能證明達賴喇嘛是一個未離欲界貪的凡夫，貪執於欲界色身才會擁有的男女樂觸，完全不了知色身與樂受的虛妄性，既沒有斷我見，更談不上斷我執了；一個連二乘斷我見、否定意識心常住的初果證量也無的達賴喇嘛，擺明就是凡夫一個，是談不上有何證量的，絕不可能是已發起意生身，能夠正知入、住、出胎的大菩薩，當然不可能是已經成佛的觀世音菩薩的化身。

最近最熱門的相關話題，莫過於西藏流亡政府新任行政首長洛桑桑蓋（Lobsang Sangay）於 2011 年 8 月 8 日宣示就職，媒體皆以達賴喇嘛的接班人稱呼這位新任首長。但這樣的說法是對西藏政教合一制度的不瞭解，洛桑桑蓋就任的位置，是所謂的「噶倫赤巴」意即首席內閣大臣，「噶倫」有受

---

[6] 達賴喇嘛著，《喜樂與空無》，唵阿吽出版社，1998.3 初版，頁 137-138。

命大臣之意，表示直接接受達賴喇嘛命令的大臣，負責日常的行政事務。也就是說，所有的噶倫都需聽命於達賴喇嘛，而首席噶倫即是噶倫赤巴，也就是洛桑桑蓋就任的職位。西藏流亡政府的「噶廈」（內閣）這已經是第十四屆了，換言之，前面尚有十三屆的噶倫赤巴，因此洛桑桑蓋的職位並沒有特殊之處。唯一值得注意的是達賴喇嘛在洛桑桑蓋就職時的演說，他表示將把政治權責移交給洛桑桑蓋；這表面上似乎終結了西藏的政教合一制度，但細心的人會發現達賴喇嘛仍然保有他精神領袖的地位[7]；這讓達賴喇嘛一方面可以博得「自動交出政權，終結政教合一制度」的美譽，一方面又方便他躲在幕後下指導棋。試想洛桑桑蓋有辦法對抗西藏精神領袖達賴喇嘛的意志嗎？洛桑桑蓋必定會以達賴喇嘛的意見為依歸，到頭來也只不過是達賴喇嘛的一個傀儡而已。

況且達賴喇嘛尚具有宗教領袖的身分，洛桑桑蓋得到的只是政治上的一個職位，說他是達賴喇嘛的接班人是言過其實；事實上宗教領袖的地位對達賴喇嘛更為重要，達賴喇嘛就是以這個身分取得政治權力。洛桑桑蓋的就任，看來達賴喇嘛確實是按照前述中國時報所說的，在未確定十五世達賴的產生方式前，先選任攝政者，目前這個攝政者應該就是洛桑桑蓋。在西藏歷史上，達賴喇嘛尚未長大成人之前，也會有這樣的攝政者幫忙處理政事；譬如五世達賴死後，私立倉

---

[7] 參見 維基百科：西藏流亡政府—歷史
　　http://zh.wikipedia.org/wiki/%E8%A5%BF%E8%97%8F%E6%B5%81%E4%
　　BA%A1%E6%94%BF%E5%BA%9C

央嘉措爲六世達賴的桑結嘉措，便視倉央嘉措爲傀儡而總攬
西藏政教大權。所以達賴喇嘛是不是眞的就此終結政教合一
制度仍未可知，當十五世達賴被選出來並長大成人後，是不
是又要將政治權力歸還給被選定的達賴？反正只要藏人繼續
相信達賴喇嘛是觀世音菩薩的化身，那麼達賴喇嘛永遠不會
缺少民意基礎，雖然是被達賴愚弄的民意。

　　我們可以瞭解到，對達賴喇嘛而言，觀世音菩薩化身身
分的重要性，要遠大於政治領袖的身分；因爲只要保有宗教
上的神聖光環，達賴喇嘛就可以繼續在幕後對政治上下其
手；只要藏人相信他是觀世音菩薩的化身，就無法否定他具
有超越凡人的智慧，有誰能反對觀世音菩薩的決策呢？可惜
的是，達賴喇嘛自己都不相信自己是觀世音菩薩的化身，除
了前述達賴喇嘛對未來自己要轉世至何處都不能決定，還要
讓毫無修行的一般人來選舉後世達賴的荒謬說法外，達賴喇
嘛對於過去世的事情也都無法了知，如於《達賴喇嘛新傳
——人、僧侶，和神祕主義者》一書中，達賴喇嘛回答作者
的提問說：「我問他對前生有沒有任何記憶。他（達賴）説：
「並沒有特定的記憶，雖然有時我有很強烈的感覺，覺得自
己曾來過這裡。我對這些事並沒有多想。」」[8] 從這裡就知道
十四達賴並沒有延續十三世達賴的任何記憶，試想以觀世音
菩薩能夠正知入、住、出胎的證量，有可能如此嗎？這樣的

---

[8] 馬顏克・西哈亞（Mayank Chhaya）著，莊安祺譯，《達賴喇嘛新傳—人、
　　僧侶，和神秘主義者》〈23.最後一位達賴喇嘛？〉，聯經出版社（台北），
　　2007 初版，頁 204。http://www.gdma.org.cn/taiwan/book/dalaila7848.htm

達賴轉世有可能是眞實的嗎？因此，所謂的觀世音菩薩的化身與活佛轉世，都是用來籠罩西藏人民，獲取政治權力的手段而已。

　　達賴喇嘛表面上以一個非常開明的形象，與西方的哲學家、科學家交流，讓人以爲達賴喇嘛所倡導的藏傳佛教是理性的、科學的，但另一方面，卻從不曾否定他是觀世音菩薩的化身，繼續以這些他自己都不相信的神話，愚弄信仰虔誠的西藏人民，以保有西藏精神領袖的地位，這樣一來，他就可以繼續在國際社會上活躍；因此陸以正先生在 2011 年 8 月 22 日的中國時報，評論「達賴喇嘛是退而不休」，確實是道出了眞實的情況，卻引來台灣的達賴喇嘛西藏宗教基金會董事長達瓦才仁，隔日在同報刊登一篇回應，反駁陸先生說：【達賴喇嘛是世界精神領袖，他將爲西藏求自由、爲人類和平與宗教和諧貢獻力量視爲畢生使命。因此，達賴喇嘛只有鞠躬盡瘁，不是陸先生所想像的那種退休。】「爲西藏求自由、爲人類求和平」等使命，需要的話可以完美地與政治結合，這已經明白地暗示達賴喇嘛絕不會從此退出政治舞台；甚至準備鞠躬盡瘁，到死都不願放棄政治權力，這才是達賴喇嘛視爲畢生使命之處啊！

第五章 德國學者筆下的達賴喇嘛

一、從未實行民主的民主鬥士

正當全球媒體都沈浸在第十四世達賴喇嘛的克里斯瑪領袖魅力，風靡他的一舉一動、高推他的一言一行時，卻有來自學界的冷靜觀察、文化評論，不斷提醒當代心儀達賴喇嘛的追「星」族：這位來自神祕東方的閃亮巨星，有著另一面不易為人所知的陰暗魅影。首先是德國兩大巨擘特利蒙地（Trimondi）與科林‧戈登納（Colin Goldner）不約而同在 1999年出版德文巨著《達賴喇嘛的陰暗面：藏傳佛教的雙修、巫術與政治》（*Der Schatten des Dalai Lama: Sexualität, Magie und Politik im tibetischen Buddhismus*）以及《達賴喇嘛：神王的墜落》（*Dalai Lama-Fall eines Gottkönigs*）評論達賴喇嘛，這兩位都是德國當代的宗教評論家、文化觀察家，同時也是西藏密宗的研究者。經過 12 年之後，法國作家馬克辛‧維瓦（Maxime Vivas）也在 2011 年 8 月出版《並非如此「禪[1]」：達賴隱匿的另一面》（*Pas si Zen: La face cachée du Dalaï-lama*），在法國媒體、政界輿論投下震撼彈，撼動這位始終被人們捧得高高的、不可觸動的偶像巨星的形象。

如果我們從世俗面來剖析達賴喇嘛的種種作為，首先會

---

[1] 法語一般說法：說一個人很「禪」，表示他很冷靜、定力很好；這種說法在生活上是很普遍的。這裡，作者諷刺達賴的定力與修行沒有大家所認為的那麼好。

遇到的就是他對西藏流亡政府的領導統御，依西方政治史的標準而言，其實是驚人而駭俗的君主專制。儘管達賴喇嘛面對西方政要時，總是一副開明、開放、民主、自由的面孔，但關起門來面對自己的教派以及人民時，卻立刻換成「順我者生、逆我者死」的專制性格。

在達賴喇嘛出逃前的舊西藏社會，2%的喇嘛、貴族統治了 98%的民眾，這些民眾是農奴，是生活在人間煉獄的奴隸；他們是喇嘛、貴族們的走使，地位猶如畜生，任由生殺予奪、逆來順受：他們隨時要奉獻自己的心、肝、腸……等內臟，給喇嘛們當作法會供品；沒有醫療藥品、沒有公共衛生體系，病了就拿喇嘛的屎尿（他們稱為甘露丸）當藥吃；他們頭上沒有一片屋瓦擋風避雪，與牲畜共住在沒有窗戶的簡陋空間，腳下踩的是牛糞做的地板。

當時為了統治這些農奴，達賴喇嘛的每個寺廟都有行刑室。如果農奴因為飢餓而偷東西，就會被喇嘛地主砍掉手臂，作為懲罰。喇嘛地主為了統治，設有嚴苛的法典，可以隨時對農奴活生生的鞭笞、拔舌、斷手、砍腳、挖眼、剝皮。這些佔總人口 98%的舊西藏農奴，為 2%的喇嘛、貴族作牛作馬，他們生活貧瘠、環境惡劣，平均來說，新生兒的夭折率高達 50%，一般成人的壽命平均只有 35 歲。

達賴喇嘛面對西方人士時，從來避談達賴本身出走西藏前，在他統治下農奴的黑暗歷史。他總是表現出寬厚、包容、開放的樣子，贏得西方人對他的傾心及崇拜。但是只要仔細

對照達賴喇嘛實際上的各項作為，就很容易發現他對外是
一套作法、對內則是另一套，兩套截然不同的手段凸顯了
他的雙面性格及作為——這尤其顯現在 1997 年的雄天「人
祭」事件。

　　1997 年 2 月 4 日夜裡，達賴喇嘛的三名親信被人以殘忍
的手段加以殺害；他們身上的刀孔難以計數，人皮被乾淨俐
落地剝了下來，儼然是活生生的人祭。稍後，達賴喇嘛本人、
以及高層喇嘛都接獲類似的威脅。有一種說法傳出來，兇手
是流亡藏人；另一說是達賴喇嘛這半年來所禁止的雄天護法
神的信眾，另一說則是達賴喇嘛這邊的人。1996 年夏天，達
賴喇嘛明令流亡政府內部成員、受灌於他的喇嘛及居士，不
准再信奉護法神雄天。許多寺廟的住持、喇嘛都反對這個命
令，認為達賴喇嘛背叛他們，干預信仰自由。

　　儘管如此，達賴喇嘛仍然下令挨家挨戶搜索流亡藏人的
住家、寺廟，並燒毀所有的雄天神像。矛盾衝突像雪球愈滾
愈大，流亡政府的巡邏警察四處毆打雄天信眾，而不肯順從
的喇嘛就等著在共修時被舉發。但這個「內部信仰」的分歧
並不是出於宗教問題，而是由於權力、金錢的鬥爭：黃教的
高階喇嘛格桑嘉措（Kelsang Gyatso）在英國建立了新噶當派，
將雄天信仰推廣到全歐洲，他在各個藏密修行中心推展「贖
罪券買賣」：捐錢給新噶當派就可以直接獲得涅槃。此外，印
度的流亡藏人中，約有 20%信仰雄天，1996 年他們在印度德
里成立了多傑雄天協會（Dorje Shugden Society）。這都讓達賴喇
嘛如坐針氈。

　　爲了徹底剷除政敵，達賴喇嘛不計形象，務求將雄天信仰從藏人圈中斬草除根：焚燒雄天經典、禁止與雄天信眾往來、不讓雄天信仰留名於史。甚至不惜派出 2000 名親信喇嘛，突擊印度南部的雄天團體，痛毆雄天信徒；最後驚動印度警方出手制止，才結束這場全武行暴力演出。達賴喇嘛的作爲，再次使諾貝爾和平獎染上厚重的血腥。

　　從達賴喇嘛保護自己在流亡政府中政治地位的立場來看，他必須使用非常暴力來剷除任何可能的威脅。就如德國文化評論家、藏密研究者科林・戈登納（Colin Goldner）所說：「達賴喇嘛從來不想採取任何行動修補他所造成的教內裂痕。相反的，他頑固而執意地認爲自己贊同這一支、反對另一支愚蠢迷信的決定是對的。此外，他將教內衝突歸咎於『中國共產黨條理有素的分化計畫』：北京政府援助雄天信徒，欲假他人之手毀壞他的聲譽於一旦。」（Aufstand der Phallusbrüller, in: taz.de, 19.05.2008／2008 年 5 月 19 日 taz.de〈雄天起義〉）

　　換句話說，達賴喇嘛一手導演出「兄弟鬩牆」的事故，只是爲了鞏固自己在藏傳佛教、流亡政府中的領導地位。他對教內並不容納異己，雖然口中高唱「宗教自由」、「宗教對話」，實際卻是對內高調打壓，不怕引起國際社會側目。即便是他所領導的西藏流亡政府，三十多年來也從來不曾實施民主政治；他口中高唱「民主自由」，但實際做出來的卻是另一回事。按理說，跟他向來對中國要求的西藏自治公民投票比起來，在西藏流亡政府實施民主是更爲容易的，但他卻從來不曾嘗試過。2001 年西藏流亡政府執行了流亡藏人歷史上的

首次議會選舉，然而「西藏流亡議會」定期舉行的「選舉」，純然只是障眼法。因為這個「議會」不僅沒有監督制衡達賴的功能，連重要職位也一向是由達賴的親戚或親信擔任，因此議會最多只能為達賴的行政任務背書，沒有議會應有的功能，說穿了只是一個橡皮圖章。

流亡藏人以及全世界的親達賴團體總是驕傲的說，他們在達蘭薩拉的「議會」已經發展成一個有立法、司法、行政權能機構的民主制度，不論是海外或西藏內部的藏人都視之為唯一的合法政府。然而，這其實只是對外的宣傳口號而已，因為，事實的真相是：達賴喇嘛仍然是整個西藏民族的精神代表及流亡政府、議會的實際掌控者。

總的來說，作為「民主」鬥士，而與西方民主國家大談民主議題的達賴喇嘛，從出走前到出走後，從舊西藏到現在的達蘭薩拉，從來都沒有實行過民主，連實行的「意願」都沒有。在西藏老家，他是喇嘛貴族的代表，統治農奴、剝削人民不遺餘力；到了印度達蘭薩拉，他仍然是流亡政府的唯一代表，並且不允許任何可能威脅他統御地位的事情發生。

換句話說，達賴喇嘛的民主主張都是對外用來爭取他的政教地位，和各國在錢財、政治上的支持；一旦他的既得利益受到損害，不能夠繼續獨尊於萬人之上，他就對外大聲疾呼：「西藏自由！還我民主！」卻從來不說他自己不但沒有對追隨他流亡海外的藏胞實行過民主，在舊西藏還高壓剝削農奴，在達蘭薩拉還高調打壓、傷害同屬密宗的雄天信眾。

達賴喇嘛自詡爲佛弟子，所作所爲卻完全背離佛陀的教誡。佛所制戒中說：佛弟子不可軍陣打鬥、不可涉足政治、不可故瞋殺人，達賴喇嘛卻沒有一樣不犯。倘若只從世間規範來看，達賴喇嘛對舊西藏農奴的殘酷對待、對西方社會的雙面僞善，也已經背離身爲國家領導者、宗教代表人所應有的胸懷與性格。這不論是在世間或佛法等兩重層面來說，達賴喇嘛自始至終只是一個想要重回舊西藏農奴統治制度的專制人王，他從來沒有想過要實行眞正的民主，民主對他來說只是爭取既得利益的手段。

這位被西方譽爲「民主鬥士」的諾貝爾和平獎得主的達賴喇嘛，從來不是民主的思想家，也從來不是民主的實踐者，反而是道地的民主作賤者。空口說白話的「民主鬥士」達賴喇嘛，終究也只能在口頭上是個「民主鬥士」，也終將爲有識之士識破——達賴喇嘛只是個口頭上的「民主鬥士」。

本文參考資料：

1. 科林・戈登納著，《達賴喇嘛：神王的墜落》，Alibri 出版社（德國阿沙芬堡），1999 年初版、2008 年增訂版。
   (*Goldner, Colin, Dalai Lama - Fall eines Gottkönigs, Alibri, Aschaffenburg, 1. Aufl. 1999, Erw. Aufl. 2008*)
2. 科林・戈登納著，〈雄天起義——達賴喇嘛到底是怎樣一個人？背景報導〉，網址：
   http://www.taz.de/%2117370/，2011/08/31 擷取。
   (Goldner, Colin, Aufstand der Phallusbrüller, in: taz.de, 19.05.2008, URL: http://www.taz.de/%2117370/, Zugriffsdatum: August 31, 2011）
3. 科林・戈登納著，〈誆騙行爲〉，網址：
   http://www.kominform.at/article.php/20080702091217998，2011/06/06 擷取。
   (Goldner, Colin, Täuschungsmanöver, in: Red Aktion, 05.07.2008,
   URL:http://www.kominform.at/article.php/20080702091217998, Zugriffsdatum: Juni 06, 2011）
4. Fidelche，〈西藏、達賴喇嘛與人權〉，網址：
   http://de.paperblog.com/tibet-der-dalai-lama-und-die-menschenrechte-71587/，2010/12/29 擷取。
   (Fidelche,Tibet,der Dalai Lama und die Menschenrechte, URL:http://de.paperblog.com/tibet-der-dalai-lama-und-die-menschenrechte-71587/, Zugriffsdatum: Dezember 29, 2010)

二、以暴制暴的和平使者

頂著諾貝爾和平獎桂冠的十四世達賴喇嘛，在西方人眼中是一個為西藏自由、種族和平而奮鬥的宗教家，他的和平獎光譜彩色亮麗，照耀著世人，是舉世和平希望之所寄，是西藏民族從中國統治中解放出來的唯一希望。在西方媒體中，他最為人稱道的，也是他為西藏自由、和平解放奔走；人們看到的是達賴喇嘛遊走世界各國，不辭辛勞為西藏和平而奮鬥的假象。

在他奔走世界各國之際，暗藏在他的大紅袍下的算盤，卻只有目光如炬的有識之士才看得到。在 2008 年北京奧運前夕發生西藏暴動之前，達賴喇嘛早已一貫主張「以暴制暴」的理念；就如他在 2005 年 11 月美國史丹福大學（Stanford-Universtity）公開演說時，曾經這麼表示：「**暴力完全是可以允許的，特別是面對暴力行為時，有時候回應以相當而相等的暴力，正是正確的**。（Gewalt könne durchaus erlaubt sein, insbesondere sei die Beantwortung einer gewaltsamen Aktion durch eine entsprechend starke Gegenmaßnahme manchmal das genau Richtige.）」（Goldner, Colin, Täuschungsmanöver, in: Red Aktion, 05.07.2008／科林‧戈登納，2008 年 7 月 5 日網頁 Red Aktion〈誆騙行為〉）

這段話無須再多作任何註解，完全清楚表達出達賴喇嘛的思想及主張。從世間法來說，這個主張在正當防衛時，是可以為人們所接受。然而，我們必須特別放大來看達賴喇嘛這個主張是不是具有妥適性？因為達賴喇嘛自認為是佛弟

子，也以藏傳「佛教」的法王自居，那麼，他的一言一行就必須經得起佛法以及佛所制戒的檢驗。

翻開佛教史來看，歷史上的釋迦世尊在面對琉璃王殲滅釋迦族的時候，從來未曾教導弟子們、甚至族人們以暴制暴。世尊很不忍而悲痛的接受這個因果業報，世尊對弟子們說，這是業力使然，並且把往世的業因具體而完整地加以說明。而我們在佛戒中也清楚看到 世尊教誡學佛人：即便是國主、父母、親人為人所殺害，也不可以思索著想要報復兇手。佛的教誡在經典也還歷歷皆在，但達賴喇嘛身為藏傳佛教的最高代表人，卻公開主張「**以暴制暴是合理行為**」，完全悖離釋迦佛的教法。

也因此，當我們來看發生在北京奧林匹克運動會前夕的西藏暴動時，完全可以理解這場暴動是達賴喇嘛「**以暴制暴**」的具體實踐。2008 年 3 月 8 日晚上，數千人在達賴喇嘛的策動下，蜂擁群聚在達賴喇嘛的拉薩夏宮前。這些人並不是達賴喇嘛所宣稱的「憤怒的藏族『民眾』」，而是拉薩當地哲蚌寺（Drepung）、色拉寺（Sera）、甘丹寺（Ganden）的喇嘛們，結合武裝的地下抗爭分子、及其他舊勢力的信徒，身上武裝，手持攻擊武器，湧上拉薩街頭，掀翻街上的汽車、打破房屋的窗戶、朝許多商家縱火、活活燒死漢族商人，想要激起漢藏之間的種族仇恨。

也就是說，這場暴力演出的主角並不是藏族的普通民眾，而是當地「喇嘛」聯合達賴的地下組織、舊勢力，以武

裝暴力手法演出全武行。在這些抗議者中，絕大部分是當地喇嘛，為了向當局表達他們的不滿，因此在大街上燒、殺，如入無人之境。而他們所對付的，大多是當地開設商店的漢族商人，許多商家的店主、家人被喇嘛們縱火活活燒死。

如果說上街行暴的喇嘛是為了自身利益而逞兇，或許會顯得太過於主觀。但如果我們從喇嘛統治農奴的政教歷史來看，不妨暫時放下主觀，看看歷史怎麼呈現農奴的這段悲慘過往。

眾所周知，達賴喇嘛出走舊西藏之前，實施政教合一，喇嘛們不但是總人口中 2% 裡的菁英，也是掌握「國家」所有資源的金字塔頂端階級。相對的，舊西藏廣大的藏族同胞是農奴，世世代代都為統治階級—喇嘛地主—作牛作馬，有時甚至被逼活活供奉「心」與「肝」；他們的生活條件嚴苛、貧瘠，平均壽命只有 35 歲。不論農奴主怎麼對待他們，可憐的農民們只能逆來順受，以期下一世往生到較好的階級。在農奴主—也就是喇嘛貴族、喇嘛菁英—的教授下，農奴吃糞喝尿作為生病時的醫療藥品。

而在廣大的西藏土地上，能夠學習文字、讀書誦經的，只在喇嘛廟的廟牆之內；廟牆之外的廣大農民沒有受教權，終身不識字，是永遠的文盲。民智不開，使得只佔總人口 2% 的喇嘛菁英，能夠輕而易舉控制 98% 的農奴。加上《十三法典》、《十六法典》的各種刑罰，喇嘛警察（Zimzag）、喇嘛軍人（Dob-Dobs）的監察管控，在喇嘛高壓專制統治下的舊西

藏全體民眾，猶如生活在「地球上的煉獄」之中。(Fidelche, Tibet, der Dalai Lama und die Menschenrechte／Fidelche，〈西藏、達賴喇嘛與人權〉)

從這段歷史來看，可以說，之所以發生西藏暴動是有它的背景的；在達賴喇嘛出走西藏之前，喇嘛們是尊貴的土地主、農奴主，是掌握西藏政治、宗教、軍事、社會……等各項資源的既得利益者；他們對一般藏民而言，是統治者、也是剝削者，他們的統治理念以密續之王《時輪續》為基礎，將一般民眾當作「消耗品」——威逼他們提供免費人力、活體器官，作為政治、宗教的用途。失去這種特權，是他們無法接受的。

達賴喇嘛身為政教合一的最高領導人，對農奴的態度是能剝削則盡量剝削，其他喇嘛自不待言。然而，政教合一下的農奴制度，在中國解放軍進入西藏之後即予以廢除，土地改革將喇嘛們所擁有的拉薩谷以南的土地，全數重新分配給農民、農奴。土地改革是這些廣大農民、農奴所欣喜接受的，但卻是剝削階級—喇嘛們—所反對痛恨的。這些貴族喇嘛、專制喇嘛、菁英喇嘛們，不滿失去了身為統治者的絕對利益，把握北京奧運這個可以吸引全世界注意的機會，演出大型武裝暴動：表面是普通藏民抗議中國統治，實際是原本的統治者—以達賴喇嘛為首的喇嘛們—失去既有利益所產生的憤怒及不滿的行為。

當時，真相尚未明朗、需要更多來自拉薩的明確訊息之

前，全世界支持達賴的團體卻已向外揚聲：「這場暴動的發生，責任都在中國政府。」意味著西藏喇嘛發起暴動，是因為中國政府而引起的。事實上，中國政府在這場西藏喇嘛主場的暴動中所應負的責任，根據德國文化觀察家、藏密研究學者科林・戈登納（Colin Goldner）的觀察報導：「失去理性的喇嘛暴民瘋狂上街演出血腥街頭暴力，許多藏族青年加入他們；其中不少藏族人及華人都因此受到重傷。依 TPUM（譯註：Tibetan People's Uprising Movement 的縮寫，西藏人民起義運動）以及美國『自由亞洲』廣播電台的說法，這場暴動是『西藏人民』以絕對和平的方式，示威抗議中國的軍事專制。示威抗議受到殘酷的毆打、射擊，這是令人惋惜但卻可以理解的。」（Fidelche, Tibet, der Dalai Lama und die Menschenrechte／Fidelche，〈西藏、達賴喇嘛與人權〉）

美國、歐洲主流媒體跟著大肆報導之前，卻沒有仔細去觀察、分辨「以暴制暴」本來就是達賴喇嘛的基本政治主張。這些喇嘛「僧人」自稱為佛弟子卻信受暴力主張，並且身體力行。達賴喇嘛的政治作為並不從佛法精神出發，他關心的永遠是自己的利益，而不是眾生的利益。也因此他視暴力為合理的行為，以世間人的思考邏輯來作為自己的行為依據。

正常人都能夠分辨佛法與世間法的不同，並且根據自己所信奉的教法去具體實踐。以達賴喇嘛這樣「備受讚揚」的諾貝爾「和平」獎得主，照理說，應從佛法的慈悲憫佑、無瞋無恨來教導他的從學者，才是一個真正佛弟子的心行與作為；但從 2008 年北京奧運前夕三月的西藏暴動，到 2011 年

3 月以來的喇嘛自焚，都是達賴等「僞」佛弟子對外宣稱和平抗議，實際卻是以暴力行動想要回復原有舊西藏不當利益的具體表現。

就如德國慕尼黑藏學家福克‧考曼（Volker Caumann）所說：「佛教説應該要平和生活、遠離暴力；以佛教爲名的十字軍東征從來不曾出現在歷史上。令人驚異的是，藏傳佛教正好就是被視爲平和的，但西藏的歷史卻從來都不平和，充斥著許多因爲權力、勢力而起的暴力、對陣、互爭，人們往往把宗教擺在一旁──這根本跟其他國家沒有兩樣。」（Keine Religion des Friedens, in: Welt Online, 30.07.2007／2007 年 7 月 30 日世界網路版〈並非和平的宗教〉）這證明達賴率領下的流亡政府及其藏傳佛教，「並非和平的宗教」，只會帶給新西藏動亂及血腥。

達賴喇嘛以暴制暴的行爲，正是藏傳假佛教的本質。在中國進入西藏之前，達賴喇嘛致力於剝削農奴、暴力統治，在教內翻雲覆雨──爭權力、搞鬥爭；律法與軍隊都操在黃教手中，達賴喇嘛所屬的黃教總攬軍政大權，高於其他教派之上。達賴喇嘛出走西藏逃往印度之後，仍舊不改本色，暴力演出雄天「人祭」事件，令歐美社會一夜之間看清達賴喇嘛血腥統御的眞面目。達賴喇嘛自詡爲宗教的和平代表、族群融合的理想家，表現出來的卻是血腥、打壓、暴力、剝削等本性，完全不合於釋迦牟尼佛的教誡。這在教內、教外人士眼中，很是清楚的照見：達賴喇嘛只是假裝有著和平天使雪白翅膀的惡狼。也因此，他的以暴制暴言論、以暴制暴的

具體事蹟，只是他的暴力「理念」的實現結果而已，這很符合什麼樣的性格產生什麼樣的作為的前後關聯。

以暴制暴的和平使者——達賴喇嘛充其量只是一位好戰、好殺的平凡人，既沒有觀世音菩薩的「慈悲」心念，也沒有世間領袖的「民胞物與」胸懷，更沒有佛教賢聖實證菩提的實質。這是在看清達賴喇嘛的真面目之後，一定會有的認知。無怪乎德國知名評密大家特利蒙地（Trimondi）在深入瞭解西藏歷史、藏密教義之後，原本是達賴喇嘛親善之友的他，從此與達賴喇嘛漸行漸遠。

我們衷心希望透過這些真實資料、良知評論，能夠還原達賴喇嘛的真面目：一個樂於掌權、鬥爭、迫害善良子民的現代暴虐教王——既是教主又是人王的達賴喇嘛從來都不是一個真正的和平使者，而是一個善於欺瞞世人的「流亡誆騙之君」。像這樣的賴達，竟然可以獲得諾貝爾和平獎，顯然這個和平獎已經被達賴的黑暗本質給遮蓋而失去原有的光彩了。

本文參考資料：

1. 科林・戈登納，《達賴喇嘛：神王的墜落》，Alibri 出版社（德國阿沙芬堡），1999 年初版，2008 年增訂版。

(Goldner, Colin, Dalai Lama - Fall eines Gottkönigs, Alibri, Aschaffenburg, 1. Aufl. 1999, Erw. Aufl. 2008)

2. 科林・戈登納，〈跌下王位──西藏：五十年前達賴喇嘛踏上流亡之路〉，網址：
https://www.jungewelt.de/loginFailed.php?ref=/2009/03-11/007.php，2011/10/12 擷取。

(Goldner, Colin, Sturz vom Thron-Tibet: Vor 50 Jahren ging der Dalai Lama ins Exil, in: Junge Welt, 10.12.2011,
URL:https://www.jungewelt.de/loginFailed.php?ref=/2009/03-11/007.php, Zugriffsdatum: Oktober 12, 2011)

3. 科林・戈登納，〈詆騙行為〉，網址：
http://www.kominform.at/article.php/20080702091217998，2011/06/06 擷取。

(Goldner, Colin, Täuschungsmanöver, in: Red Aktion, 05.07.2008, URL:
http://www.kominform.at/article.php/20080702091217998, Zugriffsdatum: Juni 06, 2011)

4. Fidelche，〈西藏、達賴喇嘛與人權〉，網址：
http://de.paperblog.com/tibet-der-dalai-lama-und-die-menschenrechte-71587/，2010/12/29 擷取。

(Fidelche, Tibet, der Dalai Lama und die Menschenrechte,

URL:http://de.paperblog.com/tibet-der-dalai-lama-und-die -menschenrechte-71587/, Zugriffsdatum: Dezember 29, 2010)

5.〈並非和平的宗教〉，2007 年 7 月 30 日「世界網路版」，網址：
http://www.welt.de/debatte/kommentare/article6069620/Kei ne-Religion-des-Friedens.html，2010/08/25 擷取。

(Keine Religion des Friedens, in: Welt Online, 30.07.2007,

URL:http://www.welt.de/debatte/kommentare/article60696 20/Keine-Religion-des-Friedens.html, Zugriffsdatum: August 25, 2010)

三、坐擁金銀的清貧乞僧

達賴喇嘛一向在西方世界的身影是組合體，正、反所帶來的反差，對西方人士產生無以言喻的魅力，因而為他風靡不已、傾倒於心。

在西方人士的眼中，達賴喇嘛既是神祕的東方教主，又能夠談論科學、民主；他既擁有廣大的隨學信眾，又是個流亡海外的孤獨「法王」；他既是宗教領袖，又是個喜歡微笑、搔頭的老頑童……。種種的反差集於達賴喇嘛一身，實在令西方人難以抗拒他因為反差所帶來的吸引力。

然而隨著接觸的時日漸久，西方人開始認識真正的達賴喇嘛，也是從他的這類種種反差而來。他既是諾貝爾「和平」獎得主，卻在印度進行核彈試爆時，公開獻上他的祝禱；他既主張唾棄暴力，卻又自豪「槍法很好」，「有時候」會拿起空氣槍給窗前擾人清幽的鳥兒「一點顏色瞧瞧」！（Glunk, Fritz R., Enthüllung eines Denkmals, in: Die Gazette, Nr. 15, 07.1999／弗立茲·葛倫克，2008 年 7 月第 15 期 Die Gazette〈紀念碑揭幕禮〉）

這在正常人來看，都是一種雙面的表現：外顯的和平形象、民主主張，只是真正暴力本質的美麗外衣。

1997 年雄天「人祭」事件是西方人士認識達賴喇嘛本質的開始。然而，達賴喇嘛不為人知的另一面，不只是殘酷、暴力而已。他在舊西藏時，過著高級統治階級的生活。自稱是觀世音菩薩轉世的他，任由他的農奴子民被喇嘛地主剝

削，而他自己卻生活在富麗堂皇的寺廟及宮殿中，光是避寒的冬宮——布達拉宮就一共有超過一千個以上的華麗房間。

達賴喇嘛與拉薩 300 個貴族家庭過著「踏青、賽馬、放風箏、隨興無憂」的快樂生活，人們「不需要作牛作馬就可以活口」。是的，人們無需勞動就可以養活自己，因為他們是高級喇嘛、地主喇嘛，他們支配廣大的農奴為他們耕種、作牛作馬，過著坐享其成、知足悠閒的生活。

達賴喇嘛出走西藏之前，過著如此無憂無慮的愜意生活。直到 1959 年，達賴喇嘛眼見中國的土地改革即將結束他的政治統治權、以及土地擁有權，於是策劃了 1959 年 3 月的西藏暴動，趁亂出走逃往印度。

事實上，早在達賴喇嘛出走西藏之前的許多年，他就已經未雨綢繆、開始佈局：1950 年中旬，達賴喇嘛從布達拉宮的珠寶庫取出大部分的財富；這些裝滿金子、銀條的箱子大約有 60 箱，先是運往錫金邊境，然後抵達印度。

這 60 箱金銀財寶大約相當於當時那個年代的 800 萬美金，換算成現在的購買力，差不多等於 5500 萬美金。這筆金銀在當時那個年代，是令人難以想像的巨大財富。這些財富從哪裡來的？從作牛作馬、廣大貧苦的農奴身上來。

1959 年 3 月西藏發生暴動，達賴出走。而這個戲碼，也是早在 1950 年中旬就已經在美國 CIA 中央情報員的協助下，開始策劃。美國在尼克森／季辛吉年代與中國開啟貿易利益之時，也同時扶持西藏的地下組織：美國中情局出資，

金援達賴喇嘛的兩個兄弟成立反中的地下抗爭組織。

從此，達賴喇嘛每年接受美國中情局的財務資助，進行各種地下反中活動。一直到 1980 年代初期，中情局退出，改由另一個組織金援達賴喇嘛的反中活動——美國國家民主基金會（National Endowment for Democracy，簡稱 NED）每年資助達賴喇嘛 200 萬美金以上的金額。

從這裡可以看出，達賴喇嘛以及他遍布全球的支持組織，每年都從美國進帳 200 萬美金以上的金額。當然，如果再加上達賴喇嘛走訪世界各國，從各國祕密進入他口袋的援助金額，當更數倍於這個數字。

此外，達賴喇嘛在全球各地舉辦的灌頂法會、大大小小的演講，沒有一場不需要門票。以 2009 年夏天他在德國法蘭克福足球場舉行的「生活的藝術」（Kunst des Lebens）演說為例，入場門票就要價 180 到 330 歐元之間（約合新台幣 7200 到 13200 元）。無怪乎達賴喇嘛到各國拜訪之餘，總要把握時間舉辦演講、法會，利用人們對他的崇拜與好奇，賺進大把鈔票。

從這些事項看來，達賴喇嘛走訪各國的重大任務之一，就是到處「募款」——募集錢財，作為流亡政府及各地藏獨組織的活動費用。尤其在美國的支持下，達賴喇嘛一面利用仿冒的佛法募集錢財，一面遊走國際政治的刀鋒邊緣，向各國或明或暗汲取政治獻金；每年的大筆進帳，使得今天的達賴喇嘛仍然無異於當年那位在舊西藏時坐擁金山銀條的暴斂教主。

　　達賴喇嘛身穿喇嘛僧服，自認是學佛的佛教弟子，按理不應有透過國際管道、牟取錢財的意圖及行為。佛更告誡弟子：不可介入、從事政治活動。然而達賴喇嘛卻充分利用國際間的政治矛盾、國力競爭，甘願成為一顆受人教唆利用的棋子，藉此獲得政治及財務上的不當利益。

　　而回觀達賴喇嘛在舊西藏的統治，自稱是救苦救難大悲觀世音菩薩化身的他，對人民卻不脫「橫徵」與「暴斂」：橫徵農奴的心肝器官、暴斂農奴的身體氣力。他的子民過著如豬如狗的生活，卻未見達賴喇嘛如何大慈大悲、親手結束農奴制度，也不見達賴對他的子民們拔苦與樂，讓他們離苦得樂。相反的，他在中國進行土地改革、結束農奴制度時，不滿於自身的統治利益、剝削農民的權力即將失去，進而結合外國勢力，接受大筆資金的援助，從事地下反中活動。

　　也因此，無論達賴喇嘛怎麼對歐美宣稱自己是中國的受害者，當人們翻開他的歷史及現在，必然會讀出他本人以及他的喇嘛階級，其實是真正的加害者——在政教合一的制度下，自覺合理的剝削、迫害善良無辜的舊西藏農民。這些事實不容抹滅，也不是達賴喇嘛舌粲蓮花所能掩飾的。

　　從這些事實來看，達賴喇嘛的國際外交、政治手腕，無不是為了自己的統治利益，遠甚於為他的西藏子民。身為藏傳「佛教」的最高代表，他的所作所為全都悖離釋迦牟尼佛的教誡，看不到一絲身為佛弟子應有的慈悲胸懷及心行。倘若純粹從世間人的眼光來看，他更是一個突然從舊時代走出

來的專權君主，現代的民主、開放從來不曾在他身上真正體現，有的只是慈悲假面具、博愛空殼子。

在達賴喇嘛身上，我們不停看到各種反差——專制與民主，暴力與和平，斂財與乞僧。這些反差之所以顯現，是因為他從來不曾放棄恢復政教合一的企圖——達賴喇嘛一直是西藏政教合一的既得利益者，也自始至終捍衛舊制度不遺餘力。在他的反差面具之下，我們看到的是一個致力於自身利益的平凡人。對於這樣一個平凡人，以「世界和平大使」、「精神指導最高領袖」……這些抬頭來高推達賴喇嘛，不免言過其實太多、太多。如今世界各國批判、質疑達賴喇嘛的聲音愈來愈多，這些來自歐美的聲音不啻是天邊一聲響雷，為我們開啟另一扇認識達賴喇嘛的真實之窗。

本文參考資料：

1. 科林・戈登納著，《達賴喇嘛：神王的墜落》，Alibri 出版社（德國阿沙芬堡），1999 年初版，2008 增訂版。

   (Goldner, Colin, Dalai Lama - Fall eines Gottkönigs, Alibri, Aschaffenburg, 1. Aufl. 1999, Erw. Aufl. 2008)

2. 科林・戈登納著，〈跌下王位——西藏：五十年前達賴喇嘛踏上流亡之路〉，網址：

   https://www.jungewelt.de/loginFailed.php?ref=/2009/03-11/007.php，2011/10/12 擷取。

   (Goldner, Colin, Sturz vom Thron-Tibet: Vor 50 Jahren ging der Dalai Lama ins Exil, in: Junge Welt, 10.12.2011, URL:https://www.jungewelt.de/loginFailed.php?ref=/2009/03-11/007.php, Zugriffsdatum: Oktober 12, 2011)

3. 科林・戈登納，〈誆騙行爲〉，網址：

   http://www.kominform.at/article.php/20080702091217998，2011/06/06 擷取。

   (Goldner, Colin, Täuschungsmanöver, in: Red Aktion, 05.07.2008, URL:http://www.kominform.at/article.php/2008070209121 7998, Zugriffsdatum: Juni 06, 2011)

4. Fidelche，〈西藏、達賴喇嘛與人權〉，網址：

   http://de.paperblog.com/tibet-der-dalai-lama-und-die-mensc henrechte-71587/，2010/12/29 擷取。

(Fidelche, Tibet, der Dalai Lama und die Menschenrechte, URL:http://de.paperblog.com/tibet-der-dalai-lama-und-die-menschenrechte-71587/, Zugriffsdatum: Dezember 29, 2010)

5. 弗立茲‧葛倫克著,〈紀念碑揭幕禮〉,2008 年 7 月第 15 期 Die Gazette,網址:
http://www.gazette.de/Archiv/Gazette-15-Juli1999/Lesepro ben1.html,2011/02/25 擷取。

(Glunk, Fritz R., Enthüllung eines Denkmals, in: Die Gazette, Nr. 15, 07.1999,
URL:http://www.gazette.de/Archiv/Gazette-15-Juli1999/Le seproben1.html, Zugriffsdatum: Februar 25, 2011)

第六章 法國作家暨記者筆下的達賴喇嘛

挾著諾貝爾和平獎的光環,達賴喇嘛所到之處無不所向披靡、萬人空巷,是眾人仰望的超級巨星,神聖不可侵犯。德國前總理施密特就曾經這麼說:「這位想要藉由祈禱和微笑改變世界的老人,徹徹底底征服了我們,在他面前我們完全放棄批評性思考。如果仔細看看歷史,我們會發現達賴喇嘛統治西藏的時候,西藏仍是農奴制,這一制度在五○年代中期才(被中國共產黨)廢除⋯⋯如果我們在西藏問題上只看到達賴喇嘛的微笑,那就說明我們看重的只是西藏問題帶給我們的象徵意義,而不是西藏本身。」

達賴喇嘛的魅力,連向來理性思考、辯證推理的歐洲人都無法擋,拜在他的藏紅大袍之下。他所表現的理性、和平、寬容的假象更是得到歐洲人的讚賞,引以為西方人的東方知己,甚至將他與甘地、曼德拉、馬丁‧路德‧金相提並論。1997 年印度達蘭薩拉發生打壓雄天派的「喇嘛人祭」血腥事件,是歐洲人第一次驚醒而恢復冷靜,理性檢視他們所認識、以及不認識的達賴喇嘛,也在這時出現了第一波質疑達賴、揭露藏密真相的書籍,如德國特利蒙地(Trimondi)所著的《達賴喇嘛的陰暗面:藏傳佛教的雙修、巫術與政治》(*Der Schatten des Dalai Lama: Sexualität, Magie und Politik im tibetischen Buddhismus*)與科林‧戈登納(Colin Goldner)所寫的《達賴喇嘛:神王的墜落》(*Dalai Lama - Fall eines Gottkönigs*)。

2008 年北京奧運的成功，促使各國面對即將展示政經實力、重返世界舞台的中國。於此之時，歐美國家將中國拿到天秤上，對比達賴在北京奧運會前後的表現、一系列喇嘛暴動等相關事件，逐漸認識到中國對世界的逐步開放，以及達賴的種種活動其實無關宗教，因而開啓了歐洲第二波打破「不可碰觸」的達賴喇嘛「神話」。法國作家暨資深記者馬克辛・維瓦（Maxime Vivas）就觀察到：2008 年之前，想在巴黎找個地方討論西藏問題不但困難重重，媒體輿論更是一面倒；但隨著中國不斷開放、西藏加速發展、中外交流不斷深化，法國輿論逐漸認清達賴的雙面，知道他力圖影響法國的對華政策、挑起兩國緊張關係，因而對達賴的態度開始明顯轉變。

法國這個以「自由與寬容」爲傲的國家，早先面對西藏問題時，卻只有「唯一思維」，只容「記者無國界組織」的羅伯特・梅納爾（Robert Ménard）之輩信口雌黃，不允許自由辯論。如今公眾輿論態度雖然有了轉變，但維瓦很清楚，要在法國社會裡揭示達賴喇嘛的眞實面目，仍然是件不容易的事，因爲達賴是法國媒體「碰不得」的神話偶像——智慧、和平、佛教精神領袖、諾貝爾和平獎得主；誰要是敢甘冒大不韙，撕下這位「自在佛」的面具，必定遭到封殺。但維瓦選在 2011 年 8 月 18 日，也就是達賴喇嘛到法國南部圖盧茲市講經後的第三天，向「神話」下戰帖——出版新書《達賴並非如此「禪」：達賴隱匿的另一面》(Dalaï-lama - Pas si Zen: La face cachée du Dalaï-lama) 揭露達賴的眞面目，無懼那些昧於眞相的「人

權主義分子」群起攻之。《當代價值》雜誌的書評便評論說：
「維瓦破壞的是法國、西方媒體與政界輿論裡不可觸動的
偶像。」

　　雖然維瓦的紀實文學《達賴並非如此「禪」：達賴隱匿的另
一面》(*Dalaï-lama - Pas si Zen: La face cachée du Dalaï-lama*) 於 2011 年 8
月 18 日上市時，並沒有立刻受到主流媒體的關注，比不上其
他讚揚達賴書籍的高調亮眼，但法國電視五台世界節目組、
電視三台地方台、法蘭西文化電台、法蘭西新聞電台、《現代
價值》等媒體以及不少網站都介紹了他的書。這說明了法國
社會對這個敏感議題開始感興趣，也說明了書中的內容和邏
輯引起法國人的重視。雖然塑造了達賴神聖形象的大媒體選
擇維護達賴的地位，不想也不願碰觸這個議題，拒絕評論維
瓦的書，但實際上「在這個議題上，輿論的一致性已經開
始打破」。

　　這毋寧是個可喜的現象。過去的一言堂時代，已然成為
過去式。隨著網路資訊的發達，達賴喇嘛已經不能再像過去
一樣，人前人後表裡不一矇騙世人、玩弄全球民眾於股掌之
上。維瓦的觀察指出了非常關鍵的重點：「我致力於繼續投
入論戰，指出達賴的真實面目，他是一個政治人物，一
個致力於建立神權國家、恢復過去統治的人物。他所維
護的許多東西，與西方、與法國的基本理念有很大差距
和矛盾。」

　　馬克辛・維瓦 (Maxime Vivas) 是 1997 年羅歌・瓦楊文學

獎得主,曾出版十餘部著作。同時也是資深記者的他,於 2007
年出版《人所不知的「記者無國界組織」》,揭露「記者無國
界組織」的眞相,在沒有任何書評推薦的情況下,一版再版,
並翻成外文介紹到國外,是一本不可多得的政治性書籍。「記
者無國界組織」在法國傳媒界的影響力十分巨大,他們竭盡
全力封殺維瓦這本書,但據說法國各大媒體記者都「私下讀
過這本書」,因爲維瓦的寫作十分嚴謹,所引用的都是有憑有
據的資料。

就如同揭發「記者無國界組織」一樣,維瓦寫作《達賴
並非如此「禪」:達賴隱匿的另一面》(Dalaï-lama-Pas si Zen: La face caché
e du Dalaï-lama) 也是「有憑有據」:引用達賴在不同時期、不同地
點的演講、受訪內容和他本人撰寫的書籍,將達賴前後矛盾、
互相否定的言行攤在西方媒體面前,迫使他們正視以往視而
不見的事實,並幫助西方讀者更眞實的理解、認識被中國解
放後的新西藏。

尤其維瓦曾在 2010 年 7 月偕同法國《費加羅報》、《世界
報》和《自由長矛》記者實地走訪西藏,他發現「我們幾個
雖然見解各異,但在同一時刻一起看到的事物是相同的、
眞實的,儘管達賴喇嘛的追捧者從來不曾寫過這些。」人
們一直聽信達賴的謊言,誤以爲新西藏在中國共產黨的治理
下,遭受了殘酷的「文化大滅絕」:西藏的各種文化包括語言、
文字、信仰、習俗都在中國的處心積慮下,即將從地球上消
失。但實際上維瓦他們一行人所看到的卻是截然不同的景

象：新西藏的報紙、商店招牌、電臺和電視廣播使用藏語，大學裡也教授西藏文化，環境受到良好保護；酒吧的服務員每天工作七小時、一週工作五天，並領取相應的工資；街上到處可以看到虔誠的藏傳佛教信徒從事禮拜活動，卻沒有受到任何干擾和限制——而「即使在法國也是禁止在大街上進行任何宗教活動的。」

近距離觀察西藏的結果，使得維瓦重新思考西藏問題。回國後他花了一年的時間研究、比對達賴喇嘛本人及其親信的言論、新聞報導、各國學者研究、法國議員赴藏考察所撰寫的官方統計報告資料，最後得出結論：達賴在「總是微笑、寬容、和平主義、隱忍中共迫害」的形象之下，隱藏著「另一幅面孔」。

維瓦的這本紀實研究出版後，有人指責他是中國政府的傳聲筒，也有人認為他引用的資料不夠全面。但維瓦認為：「用一週的時間走訪西藏可能不夠，但我不是寫博士論文，我只是用材料結合我的思考與耳聞目睹的現象來寫書。如果說這樣的瞭解不夠，那麼史學家就不可能寫中世紀歷史，因為他沒有去過那個時代。我的書的可靠之處在於大多數材料都是達賴和其周圍人士提供的，這就顯示一種難以反駁的邏輯力量。記者寫書要充分掌握資料、充分展示事實。這是一部書獲得成功的關鍵。」

這本書的內容一共 13 章，很值得我們在此先部分摘錄維瓦的冷靜觀察及理性評論：

　　達賴代表的其實是佛教裡一個非常小的派別，在西藏也只是四個主要教派裡的一個，教徒人數只占世界佛教徒的 2%，卻被西方媒體捧爲佛教唯一代表、佔中國 1/4 領土的領袖。西方媒體的目的是否就是要在中國煽起 2004 年烏克蘭的『橙色革命』？

　　達賴一方面宣揚各宗教派別間的和諧共處、相互尊重，另一方面卻對藏傳佛教的雄天派公然打擊、排斥與鎮壓；指責後者與北京關係密切的同時，達賴自己卻拿著美國中央情報局的錢。

　　達賴與歐洲國家深惡痛絕的納粹有著密切關係：奉希特勒之命去西藏尋找『最純人種』的納粹分子海因利希‧哈勒（Heinrich Harrer）一直是達賴身邊的親信；1984 年在倫敦明確承認達賴獨立的 7 名西方代表，均是各國的納粹分子——其中就包括哈勒。……達賴爲謀（西藏）獨立，已到不擇手段的地步。

　　如今達賴不斷強調自治，但自治方案的內容呢？都是達賴說了算：經濟由北京支持，北京中央政府只能負責外交與國防，……如果這叫『自治』，不知『獨立』該如何定義！這在法國、在任何國家都是不可能做到的。

　　達賴在西藏當政期間沒對政治體制做過什麼實質性改革。……儘管達賴高調宣揚民主選舉，但其政權的政教合一、神權掌握最後決定權的實質，根本沒有變化。達賴流亡政府其實掌握在達賴親友與一小撮人手中，根本沒

有民主。

　　維瓦並不反對達賴所代表的宗教、以及達賴個人，但他要讓法國人與西方輿論看清達賴是一個**政治人物**，以及他所代表的政治利益，顯示達賴的宗教本質在達賴的總體中其實只佔一個很小的部分。維瓦說：「達賴的佛教學說吸引了公眾輿論與普羅大眾，大家相信他所說的一切；但如果指出達賴其實是**政治人物**、進行的是**政治活動**、有著明確的**政治目的**——意欲推翻西藏屬於中國此一聯合國與世界各國都認同的事實，就會有許多人改變看法。西方不喜歡政治人物。」

　　這確實是真知灼見，一針見血。達賴喇嘛在他所謂「最幸福的國度」舊西藏時期，以神權統治佔總人口98%的藏民，百萬農奴被喇嘛階級當作「活牲口」宰割，他們沒有任何權利、性命保障，只能為喇嘛領主、喇嘛貴族服一輩子勞役，在制度化的愚昧中，空盼來生轉世到更好的階級。如今達賴喇嘛在世界各地巡迴放送：西藏「苦難深重」、遭到中國「殖民統治和文化滅絕」；卻絕口不提他自己當年在西藏實行的，其實是政教合一的封建農奴制的殘酷統治！

　　1959年3月，西藏發生暴動，而這場暴動的策劃者，正是達賴喇嘛本人，顯示他從一開始就不是一個和平主義者；在北京奧運期間，達賴又發動徒眾在全球進行抵制北京奧運聖火的傳遞，又在西藏發起暴動抵制北京奧運，同樣顯示達賴自始至終都不是和平主義者；諾貝爾的和平獎頒發給達賴

時，已注定將來會成爲一個世界性的笑話，使諾貝爾和平獎
的光彩變得黯淡而漸漸消失其光明性。1959 年達賴趁亂逃到
印度達蘭薩拉後，每每向西方社會顯示「和平使者」的面貌，
維瓦卻直戳出來：「達賴喇嘛有兩副面孔。一個總是笑容滿
面，善良、智慧、寬容、和平，隱忍中國的迫害；這就是
法國及其他國家雜誌、書籍封面上的面孔。另一個是眉頭
深鎖的失落君主，唯一的目標是返回拉薩，復辟神權制度，
就算不能完全如願，也不能與他昔日的實質權力差太遠。
達賴一點也不想改革他從歷任駭人先輩那裡繼承而來的種
種權利，也不想根除人們聞所未聞的暴力制度，儘管幾個
世紀以來，文明世界早就已經將之棄如敝屣。」

　　爲了使現代西藏重返舊西藏政教合一的神權統治狀態，
達賴喇嘛與歐洲的納粹黨人過從甚密，包括他早期在西藏時
的老師：奧地利籍的登山專家海因利希‧哈勒（Heinrich
Harrer）。哈勒是納粹黨衛隊（SS）軍官、衝鋒隊（SA）成員，
1938 年希特勒派他前往西藏探險。哈勒在西藏當了達賴喇嘛
七年的老師，教他英語、地理、西方文化，達賴則視哈勒爲
「步入西方和現代化的啓蒙老師」，兩人關係非比尋常。這段
往事在 1997 年拍成好萊塢電影「Seven Years in Tibet」——
火線大逃亡，由大帥哥布萊德‧彼特扮演哈勒，刻意美化哈
勒的納粹角色。

　　達賴對哈勒的感恩，大到甚至爲他公開宣稱 1939——
1945 年的納粹大屠殺，是猶太人的「前世報應」。1994 年，

達賴在倫敦召集支持藏獨的西方人士，除了**海因利希‧哈勒**以及人類學家**布魯諾‧貝格**（Bruno Beger）這兩位前納粹黨衛軍之外，還有原智利駐印度大使**米蓋爾‧索拉諾**（Miguel Serrano）。索拉諾與法西斯分子皮諾切特（Pinochet）極為親近，1999年達賴呼籲英國政府釋放在倫敦被捕的皮諾切特，已然向世人昭告他的法西斯傾向。

維瓦也揭發了達賴喇嘛與日本奧姆真理教主麻原彰晃（Shoko Asahara）的關係。他們兩人的關係起於1980年代，在印度首度見面後，之後陸續會晤了至少五次。達賴宣稱奧姆教是「傳播大乘佛教」的宗教，為麻原灌頂祝福，讚揚他是「**很有能力的宗教導師**」；麻原也在著作《最高指引》中承認，達賴委託他「**在日本進行宗教改革**」。

麻原從奧姆邪教斂取得來的錢財中，捐了一億日元贊助達賴的「西藏事業」。達賴喇嘛感謝「**奧姆教團提供我們佛教流亡集體─特別是不久前剛從西藏來的僧侶學生─一筆慷慨的捐款**」，而麻原則回函給達賴：「**我的願望就是西藏能儘快回到藏人的手上，我將盡可能提供任何幫助。**」1995年3月20日，奧姆真理教造下的東京地鐵沙林毒氣事件震驚全球，數千無辜平民傷亡，教主麻原彰晃被東京法院判處死刑；麻原的罪行令人髮指，但達賴仍稱呼他是「一個不甚完美的**朋友**」。1995年第38期德國《焦點》週刊〈並非聖潔的擔保〉（Unheilige Bürgschaft）一文報導說：「**沒有達賴的支持，麻原根本不可能建立起他的教派帝國。**」再看看他們的親密合影，確實可見二人本來就是一丘之貉。

　　達賴對外與法西斯、恐怖分子積極建立關係，對內則唯我獨尊、排除異己：在印度達蘭薩拉的「西藏社區」，竭力迫害多傑雄天的信眾。維瓦揭露說：「2008 年 1 月 7 日達賴喇嘛在印度南部一所大學裡發表了罕見的激烈演說，強令追隨他的信徒不准跟信奉智慧佛多傑雄天的兄弟姊妹講話。」達賴稱多傑雄天的信眾為「兄弟姊妹」，是因為他們也同屬藏傳佛教的黃教，於 1959 年追隨達賴集團流亡到印度。「同是天涯淪落人」本來應該「同舟共濟」，但卻因為達賴在 1970 年代的某一天，夢見達賴五世也供奉的「神靈」多傑雄天；夢醒後憑記憶感覺多傑雄天沒有智慧佛的靈氣，斷定他是「邪靈」、異端，頒佈「敕令」禁止所有藏傳佛教信徒供奉多傑雄天；西藏流亡政府也隨之鎮壓、驅逐達蘭薩拉的多傑雄天信徒，摧毀他們的寺廟及佛壇，使他們流落街頭、無處可歸。達賴喇嘛甚至**公開威脅**所有想幫助多傑雄天信眾的人，都「將受到同樣的懲罰」。

　　西藏流亡政府依照達賴的指示，將多傑雄天信徒逐出門庭，甚至指稱雄天某位有影響力的信徒「**至少訪問過中國兩、三次**」，暗示說雄天信徒是「內奸」。達賴 2012 年 8 月在法國圖盧茲市以「促進各種宗教間的和諧」為講題，振振有詞強調：「**這個世界上必須有不同的宗教，這是很重要的。在各種不同傳統之間的和諧關係基礎上，應該相互理解，彼此尊重。**」但達賴自己的實際作為呢？他從來都不包容一點點微小的異見，迫害無辜的多傑雄天信徒毫不手軟。「智慧佛多傑雄天信徒聯盟」因而指控達賴歧視、迫害、編

狹：「完全違背佛陀同體大愛、慈悲和平的教導」，是「二十一世紀的佛教獨裁者」。

達賴喇嘛勇於指責「多傑雄天的信眾都是接受中國資助的叛徒」的同時，卻隻字不提他自己及流亡政府的經費主要都來自美國中央情報局透過「國家民主基金會」(NED) 的捐助。法國《外交世界》月報報導：「二十世紀六〇年代，美國中央情報局資助了 170 萬美金。」《紐約時報》也證實：「直接付給這位宗教領袖的年度津貼爲 18 萬美金。」達賴的駐華盛頓代表則承認：「這是公開的祕密，我們並無異議。」

維瓦由此得出結論：「達賴喇嘛口口聲聲說自己要保衛西藏人，但他實際上更是在爲美國人、爲美國中央情報局效勞。……美國對中國這個國家的強大、崛起感到不安，覺得他在單極世界的霸主地位受到威脅，因此資助達賴喇嘛的分裂活動，這不但是削弱中國的一種手段，還可以在世界屋脊踏上一腳，築起軍事基地。」

這一系列的資料與事實，揭露了美國中情局對達賴、對法國「記者無國界組織」的支援；巴黎街頭挑戰 2008 北京奧運火炬，乃至法國總統薩科齊對華態度的轉變，都是達賴集團與「記者無國界組織」製造挑撥的；而他們背後的推手，正是中情局、美國國家民主基金會等反中組織。維瓦因而呼籲法國人、西方人，看清達賴以及他所代表的政治實質——這個從來不說實話、前後矛盾的人，其實是在「隱藏自己的真實目的，他是非常危險的」。此書以這樣的話結束：「出於上

述種種原因，中國絕不會放棄西藏自治區，而達賴喇嘛、他的吹捧者與贊助者才是惡魔。」

維瓦相信，不管讀者對中國共產黨政權有什麼看法，但中國帶給西藏社會的進步都是不容置疑的；這是所有統計數字與客觀觀察家們都能夠證實的，即使是法國議會親自考察西藏也會得出同樣的結論。西方媒體以前對西藏的看法往往過於一廂情願，維瓦認為那是自己人製造給自己人看的「轉圈新聞」。

維瓦這本揭露「達賴政客本色」的書籍獲得電視、網路的青睞，我們可以說法國確實值得以「自由與寬容」的子民自傲。他們從「身為諾貝爾和平獎得主，達賴成了智慧的標誌……有誰會去質疑這樣一位帶給一族人民自由希望的活佛呢？」這樣的迷思走出來，經由理性思判、冷靜觀察，越來越多的法國民眾，無畏於主流媒體以及人權分子對達賴的因循捍衛，希望更深入瞭解真實的達賴；尤其法國工商企業界人士，更是迫切地想要瞭解西藏的實況。這或許是近年來虛胖的「達賴熱」的真實反饋：媒體塑造了達賴的神話形象，也由媒體解開達賴的政客身分與人前人後不同的二張臉。我們不能期望社會大眾一時之間全部認清達賴的真實面貌，但隨著台灣與全球各國對達賴的**政治本質、非佛教本質**明確報導的過程，達賴喇嘛擁有不同的二張臉的真相，也愈來愈清晰地呈現在世人眼前；這個頂著不神聖的「神聖」光環的政治人物，終將退出世界政治舞台及正統佛教舞台，還

給世人一個「宗教歸宗教、政治歸政治」以及「仿冒佛教歸
仿冒佛教、正統佛教歸正統佛教」的清明光景；因爲達賴並
非眞正佛教徒，達賴的本質只是一個仿冒佛教、竊盜佛教智
慧而入簒佛教以後，卻又打壓正統佛教的暴君；所以達賴也
將在全球佛教徒開始深入瞭解正統佛教教義以後，逐漸被正
統佛教徒認清而揚棄。

本章參考資料：

1. 〈藏人文化社區 □文化廣場> 達賴並非如此「禪」〉（Dalaï-lama - Pas si zen），網址：http://bbs.tibetcul.com/simple/?t126129.html，2011/11/26 擷取。

2. 2011/09/14 香港文匯網，〈法國學者打破西方「達賴神話」〉，網址：http://trans.wenweipo.com/gb/news.wenweipo.com/2011/09/14/IN1109140080.htm，2011/11/26 擷取。

3. 2011/10/11 中國評論新聞網，〈法國學者著書：揭達賴偽神祇眞面目〉，網址：http://chinareviewagency.com/doc/1018/6/4/2/101864271.html?coluid=6&kindid=26&docid=101864271&mdate=1011103510，2011/11/26 擷取。

4. 2011/9/3 鳳云天下〈法國作家著書揭露達賴眞面目〉，網址：http://www.belgtimes.com/bbs/forum.php?mod=viewthread&tid=28678，2011/11/26 擷取。

5. 2011/09/23《歐洲時報》沈大力〈不入禪定的自在活佛〉，網址：http://www.oushinet.com/172-3556-141546.aspx，2011/11/26 擷取。

第七章 歐洲新聞媒體筆下的達賴喇嘛

西元 1989 年達賴喇嘛獲頒諾貝爾和平獎，一時之間，全球的鎂光燈全都聚在這位流亡藏人領袖的身上，輝映出西方人眼中的達賴喇嘛——睿智、幽默、仁慈、民主、科學、人道、推動種族及宗教互容不遺餘力。西方人眼中的達賴喇嘛儼然具備現代、開放的人格特質，是一位體現了西方基督文化的東方教主，他的地位頓時凌駕在天主教教宗之上，使所有評論梵諦岡教宗的同樣聲音都不會出現在達賴喇嘛身上；如果有人敢於發出與眾不同的聲音，立刻撻伐四起，因為達賴喇嘛的神聖光環是這麼光彩奪目，任何人都不能逼視他。

由於達賴喇嘛流露著與西方文化相契合的人格特質，加上諾貝爾和平獎的加持，他一躍成為西方世界的媒體寵兒。西方媒體爭相採訪這位「神王」——他既是人王又是法王，他既是清苦的修行人又是手握權杖的國王，他的形象融合了卑下與高貴、世俗與出塵，因而給人難以抵擋的吸引力，西方媒體及市民階級向他蜂擁而至，對他無上頂戴。

然而，達賴喇嘛這個光環，畢竟只是西方人心理想望的投射。打從德國哲學家尼采宣告「上帝已死」以來，人們不再依靠宗教的精神滋養及救贖。那麼，為什麼這位來自東方的「教主」竟能輕易地超越西方的基督信仰，擄獲無數西方人的心？這是一個值得探討的題目，也是許多德國人自問的：「我們真的需要來自東方的宗教嗎？我們需要的到底是什麼？」

德國學者科林・戈登納（Colin Goldner）指出：「與其說德國人需要來自東方的神祕玄學，不如說他們需要的是能夠投射他們心理的投影幕。」而達賴喇嘛正是這塊投影幕，西方人在他身上投射出他們所希望看到的；換句話說，西方人所看到的、所風靡的，其實是源自於他們自心中的渴望及想像，達賴喇嘛只是這些想像的載體，而達賴喇嘛從來都不是西方人所以為的那麼慈憫、愛人、祥和、謙下。

我們無意臧否達賴喇嘛的個人形象，因為個人形象不是社會所在意的。對社會大眾來說，更應該在意或者探究的，毋寧應該放在「作為一個言行動輒牽動社會觀感乃至仿效的公眾人物」，他有他所應負的社會責任。從這個觀點來說，我們想要從西方媒體對達賴喇嘛的報導中，一窺達賴喇嘛對西方社會的各方面影響。

首先來看看歐洲社會，特別是媒體對達賴喇嘛的焦點何在？1980 年之後，秉承佛教在歐洲百年來的細流傳布，藏傳佛教有如雨後春筍快速竄起。由於先有出版界的禪、文學熱，浪漫版的佛學思想成為歐美人士趨之若鶩的研討對象。這時候學者、乃至整個社會大眾對佛教的需求，是從之前的思想研究轉而進入想要實修的階段。也就是說，人們不再滿足於語言式、訓示式的佛學，而希望進入佛教的實質，經由打坐、冥想，獲得身心的清明解脫。這樣的心靈背景看似熱衷於佛學、精進於佛學，但卻有圈內人——德國佛教聯盟前祕書湯姆・蓋斯特（Tom Geist）提出銳利的觀察：「當前的『佛教熱』是媒體製造出來的，與真實的佛教無關。媒體過度形塑佛

教的打坐觀想、生活方式,結果是產生許多心靈的浪漫家,
影視明星、歌手、足球明星趨之若鶩,大談輪迴、解脫,
但他們卻對研讀佛教教理、身體力行感到枯燥無味、興趣
缺缺。浪漫過後是冷靜的衝擊,大家紛紛轉而投入其他心
靈解脫之道。」(Lotusblätter, 2, 1994, S. 1/1994 年第 2 期〈蓮葉雜誌〉
第 1 頁)

　　湯姆·蓋斯特提出的這個觀點,不但說出了社會的佛學
熱是被新聞媒體「炒」出來的,也點出歐美人士對於佛教的
實質並沒有足夠的深刻瞭解,而是出版界、大眾媒體製造出
來的熱情與假象。那些修學打坐、冥想的學人,只是在尋求
心靈的滿足,而不是以整個生命躍入探究與他們息息相關的
生命本質。這樣的社會心理背景,在遇到藏傳佛教之後,更
形成一個放大的渦輪,將整個媒體捲入西方對香格里拉的美
好想像中。

　　在 1997 年爆發雄天事件、喇嘛「人祭」之前,歐洲媒體
一面倒向達賴喇嘛的人權、悲憫、包容的人格特質與宗教魅
力。人們怎麼都想不到,這位席捲媒體、風靡歐美、頂戴諾
貝爾和平獎桂冠的人王兼法王,竟然以極盡殘暴的兇殘暴力
除掉與他唱反調的雄天護法神的信眾。雄天事件以「人祭」
的方式,在短時間內乾淨俐落殺掉三名喇嘛、扒下人皮,以
儆來茲。這麼殘暴的政治暗殺手法,震撼了歐洲媒體。

　　多傑雄天(Dordsche Schugden)是薩迦派的護法神,與達
賴喇嘛的私人護法神卑哈(Pehar)水火不容。為了鞏固自身權

力，1996 年 3 月 30 日達賴喇嘛流亡政府以「**雄天不利西藏福祉並且危害達賴喇嘛個人安全**」爲由，下達公文明令禁止雄天信仰；並且張貼雄天信仰黑名單，搜索他們的住家，不准他們進出流亡政府的機關單位，孩子不准入學。達賴政府甚至威嚇雄天信仰者：「**……我們會毀滅你們的生命以及一切活動。**」一位曾配合西方電視台拍攝報導的藏人喇嘛，也遭到死亡威脅：「**……七天之內你必死無疑！**」（1998 年 1 月 6 日瑞士 SF1 電視台）

1996 年英國雄天總部號召信眾走上倫敦街頭示威，高舉著顯示達賴陰暗面的標語：「**迷人的微笑、威嚇的手段。**」抗議達賴喇嘛打壓雄天信仰（Kagyü Life 21, 1996, 34／1996 年第 31 期〈噶舉生活〉第 34 頁），違反宗教自由。1997 年 2 月 4 日印度達蘭薩拉發生人祭喇嘛事件：「**反對雄天信仰最力、也是達賴好友的洛桑嘉措**（Lobsang Gyatso）**遭到人祭血腥謀殺。**」達賴流亡政府對外宣稱兇手是雄天信徒，並在 1998 年 1 月 25 日上瑞士電視台「星辰時間」（Sternstunde）節目，出示多傑雄天協會寫給洛桑嘉措，威脅要殺掉他的藏文文件。這份用藏文寫成的信件稍後翻譯成西文，裡面卻沒有任何威脅、謀殺的字眼；信中內容只是多傑雄天協會邀請洛桑嘉措在德里討論「教義」問題，但流亡政府卻拿來當作謀殺洛桑嘉措、搜查藏人社區、清除異己的有力證據。

經過幾週的審訊之後，印度的刑事警察沒有採用這份證據，認爲它與謀殺案之間的關聯非常小，達蘭薩拉法院也因此駁回達賴政府對多傑雄天協會的謀殺指控。而雄天信眾則認

為，謀殺洛桑嘉措的兇手來自達賴喇嘛陣營，自導自演轉嫁給雄天信徒。因為光在印度，雄天的信徒就超過 2 萬人，從權力政治的觀點，這支相對有力的教派威脅到達賴喇嘛的地位。雄天的西方信眾甚至認為，整個人祭暗殺行動，來自達賴喇嘛的命令；從進入屋宅、血腥謀殺、迅速撤退，每個環節都經過縝密的規劃及設計。這個血祭喇嘛事件，充分顯現達賴喇嘛的專制、獨裁、暴力、偽善本質，與他一向面對西方媒體時的人道、和平、包容形象，不僅相去甚遠，並且背道而馳。

雄天事件最先從網路延燒出來，瑞士電視台緊接著報導，德國媒體跟進，甚至平面媒體遣出特派員報導印度達蘭薩拉當地流亡藏人社區的現況。2009 年 7 月 30 日德國〈辰星雜誌〉（Stern Magazin）第 32 期，以 8 頁篇幅專題報導〈雙面達賴──溫和藏人與他的不民主政體〉（Die zwei Gesichter des Dalai Lama – Der sanfte Tibeter und sein undemokratisches Regime），總編托瑪斯·奧斯孔（Thomas Osterkorn）表示：

不能因為支持就掩蓋問題。本期的封面故事〈光明形象的黑暗面〉為您報導達賴喇嘛系統鮮為西方人所知的黑暗面──流亡政府在印度的不民主統治：凡是批判達賴政府的報社均遭到關門的命運，與達賴持不同信仰的喇嘛受到打壓。……許多讀者應該還記得，1978 年辰星編輯部籲請大家捐款，幫助流亡的西藏兒童。如今，我們的記者在咖啡店裡看批評達賴的書時，即引起其他客人的側目。在達蘭薩拉，幾乎沒有人敢公開說達賴的隻字片語；然而私底下卻有很多人表達他們的不滿。

　　雄天事件就像平地的一聲雷，震碎歐洲媒體的粉紅色眼鏡，紛紛開始探討他們崇仰的達賴喇嘛，到底是怎麼樣的一個人？這是他們所認識的達賴喇嘛嗎？抑或達賴喇嘛藏著他們所不曾看過的黑暗面？暴力、打壓、專制、獨裁……，這些只有在過去君主時代才有的暴君特質，卻出現在一向溫和的諾貝爾和平獎得主達賴喇嘛身上。質疑、批判的聲音開始向外傳開，媒體界、學界都開始探討、發聲，這波批判的聲浪一直持續到今天，沒有斷絕過。

　　達賴喇嘛所代表的，不僅是一個流亡的宗教領袖，更代表了失去心靈支柱的後現代主義的新精神。在歐洲媒體眼中，達賴喇嘛是一個深具個人及公眾魅力的領袖。他總是面帶微笑，侃侃而談社會問題，科學與宗教對話，甚至佛教的心靈慰藉。照理說，向來具有文化深度、銳利觀察、批判精神的歐洲媒體在面對這樣一個令人心儀的宗教人物時，應該能夠持守他們市民文化底蘊的傳統精神，加以檢視。然而事實卻並非如此，相反的，新聞媒體起了迷魅的效力，帶動整個歐洲社會盲目崇拜來自雪山的原始文化。

　　在德國平面媒體中，最大而為人周知的雜誌是《明鏡週刊》（Spiegel）及《焦點雜誌》（Focus）。先談《焦點雜誌》，在日本發生東京地鐵毒氣攻擊事件之後，連續以 1995 年第 21 期〈毒氣與仇恨〉（Giftgas und Haß）、1995 年第 38 期〈並非聖潔的擔保〉（Unheilige Bürgschaft）……等多期追蹤報導，向大眾揭曉達賴喇嘛與日本東京地鐵沙林毒氣事件主腦麻原彰晃的師徒關係；以及麻原彰晃如何與達賴喇嘛互相幫襯，各取

所需成就偉大「事業」。從這裡可以看出,《焦點雜誌》(Focus)深富媒體人求真求是的精神,善於從發生的客觀事件中,一一縷析、追溯來龍去脈,呈現人、事、物的模擬真面目,忠實顯像給讀者。

相對於《焦點雜誌》,一向對宗教秉持特有批判精神的《明鏡週刊》(Spiegel),則偏向接受達賴喇嘛的觀點。即便 1997 年的雄天人祭事件疑點重重,《明鏡週刊》依然盲目報導:「**雄天信徒是這幾樁暗殺案件的兇手,兇手逃往中國將案件導向是中國的祕密行動。**」(Spiegel, 16/1998, 119,1998 年第 16 期《明鏡週刊》第 119 頁)這不但有違媒體力求真相的精神,更是人云亦云、隨著達賴喇嘛流亡政府而起舞。更有甚者,〈明鏡週刊〉以輕鬆短筆,娛樂式的呈現大家喜歡看到的達賴喇嘛,符合現代人的速食閱讀文化。在〈*神王的自白:達賴喇嘛做春夢*〉(*Bekenntnis eines Gottkönigs: Dalai Lama träumt von Frauen*)一文中,引用了達賴喇嘛的話:「**出家可以為信仰作更多事。性愛是人類與畜牲的共同行為。身為人,我有特定的道德必須遵守;而出家過獨身生活,是人與畜牲的分野。**」(2010 年 7 月 6 日網路版《明鏡週刊》Spiegel Online)但記者卻沒有為讀者進一步探討:雙身修法是藏傳佛教的最高級實修,喇嘛均以雙修為終極目標,並視之為每天應有的日常作息;如此一來,達賴喇嘛回答「您也會作『春夢』嗎?」的問題,不但避重就輕──對外保持獨身假象、內則實具密灌雙修的上師身分,並且已經違犯了出家不淫、不妄語的佛教戒律。

再如 2007 年 7 月 16 日封面專題〈達賴喇嘛:觸摸得到

的神〉（*Dalai Lama: Gott zum Anfassen*）以悉達多太子的步行七步來引出大眾對達賴喇嘛的七個誤解，包括：達賴喇嘛希望藏傳佛教在西方廣傳。《明鏡》記者向讀者澄清：「達賴喇嘛希望大家『留在基督信仰，留在你們文化圈中的宗教』」，並註解說：「達賴喇嘛視藏傳佛教爲西方人『最後的出路』」，同樣是沒有深入探討藏傳佛教「實質政治」與「意象政治」的緊密關連——時輪續（Kalachakra）本初佛（Adibuddha）以建立僞佛帝國、統治全宇宙爲終極目標。對照達賴喇嘛出走西藏，以西藏爲獻禮，贏得全世界對他以及其西藏信仰的同情，逐步從電影界、出版界、學界……等另類外交的方式，傳播其信仰宗教、向全世界埋下未來統治之根的高明手法，在在顯示達賴喇嘛並非《明鏡》記者所見的「單面」達賴。

值得指出的是，這些迎合大眾口味的報導、乃至澄清，無非是把大眾推向罪惡的無底深淵；因爲這種軟性的粉紅色系列報導，引領大眾在不知不覺間進入藏傳佛教的「慾望城國」，而以達賴喇嘛爲代表的慾望城國充斥了雙修、權力、政治、謀殺，而這些都是佛陀告誡學人必須遠離的：捨棄塵世欲望，是走上正確出離之路、獲得解脫自在果實的第一步。

達賴喇嘛在諾貝爾和平獎的光環之下，冠冕堂皇的迴避了來自西方媒體、學界的批判及質疑。然而，作爲藏傳佛教的最高領導人、甚至西方以他爲佛教的唯一代表，他有責任接受公眾評論，並回應大眾、媒體、學界的各種公開質疑。就如2011年9月14日梵蒂岡報導〈入稟國際刑事法院・性侵受害者集體訴教宗〉，要求教宗等高層「對世界各地（天主教神職人員）

犯下的性侵及其他性暴力等反人道罪行，以及受害者的身心創傷，負上直接的上級責任」，達賴喇嘛也應該「負起直接的上級責任」向大眾說明：「他，作爲藏傳佛教的代表，如何是一個具格僧人的行爲，包括打壓異己、恐怖主義、雙身修法的邪淫……等，是否違犯佛所制戒？是否爲出家僧人應有的行爲？」

然而，我們看到媒體報導的達賴喇嘛，從來沒有對這些質疑、批判作過應有的回應。儘管西方主流媒體仍然籠罩在達賴的諾貝爾和平獎的光環之下，不時對他的一舉一動加以報導。但部分媒體對他的客觀觀察及批評分析，仍然值得我們繼續關注。

綜而言之，西方媒體已經開始走出達賴「白色象牙塔」迷思，能夠從這座「巨塔」的縱剖面、橫剖面，來分析達賴喇嘛的雙面。更進一步說，西方媒體已經懂得看穿「達賴熱」是一種媒體人爲炒作的結果。就如德國科林・戈登納（Colin Goldner）所說：達賴是西方人心理投射需要的投影幕。既然如此，當歐洲媒體願意拉起心中的投影布幕時，豈能不看到達賴喇嘛的眞實面目呢？

本章參考資料：

1. 包曼博士，〈佛教在德國——歷史與現況〉
（Dr. Martin Baumann: *Buddhismus in Deutschland - Geschichte und Gegenwart*）

２．特利蒙地,《達賴喇嘛的陰暗面：藏傳佛教中的雙修、巫術與政治》(Trimondi: *Der Schatten des Dalai Lama: Sexualität, Magie und Politik im tibetischen Buddhismus*)

３．辰星雜誌,〈總編的話：達賴喇嘛的黑暗面〉Editorial: Die dunkle Seite des Dalai Lama (Stern, 32/2009)

４．甘地網,〈藏傳佛教將帶眾生何處去？〉(*Wohin führt der tibetische Buddhismus?*)

第八章　關於達賴的小故事

第十四世達賴喇嘛丹增嘉措曾說:「我不知道爲什麼我能毫不猶豫地撿起蜘蛛和蠍子,也不在意蛇,可是我不喜歡馬和毛毛蟲給我的冷淡感覺。」[1] 這一位宗教法王、心靈導師,爲什麼會對曾伴隨人類文明演進相偕同行的馬兒覺得「冷淡」,反而對人們普遍憎惡的蜘蛛、蠍子及蛇之類的「五毒之屬」大感親近?這樣與眾不同的心性,易於引起人們的好奇和猜疑;我們倒是可以轉述一些關於達賴的小故事,從多些個角度來觀察,看看達賴的心中到底是怎麼想的。

一、出走流亡鬧獨立　達賴竟是漢家郎

第十四世達賴喇嘛是在中國中央政府派員嚴密監視下,經過尋訪核查後,確定爲第十三世達賴喇嘛的轉世靈童,並由當時的行政院長親手簽批、頒令和冊封爲第十四世達賴喇嘛的。2009 年 9 月 3 日發表於中天電視網站中天新聞的〈達賴冊封檔案解封:竟是漢族血統全家姓趙〉一文,揭露了關於監視尋訪、確認轉世靈通、護送小靈童赴拉薩、冊封小靈童爲十四世達賴喇嘛的歷史檔案,證明搞了一輩子西藏獨立的達賴,其實是出生自一個有漢族血統的「趙」姓家庭:

當 1935 年 5 月,西藏地方噶廈政府攝政王,熱振活佛

---

[1] 達賴官方網站傳記:《流亡中的自在》:第四章:避難藏南
　http://www.dalailamaworld.com/topic.php?t=366

決定派格桑佛與凱墨色等三人，向「東方漢人地方」的青海
境內尋找十三世達賴喇嘛轉世靈童的時候，當時國民政府的
蔣介石委員長立即派人至青海，嚴密監視藏方尋訪人員的活
動。1937 年冬天，當尋訪轉世靈童人員，在青海塔爾寺附
近發現小靈童時，時任國民黨軍事委員會西安行營主任的蔣
鼎文，立即通過蒙藏委員會委員長吳忠信向蔣介石呈遞報
告。蔣介石讀過認定小靈童是具有漢族血緣的人，其家庭全
家姓趙的報告後，曾興奮得搓著手連聲自語：「天助我也，
天助我也！」

　　當轉世小靈童拉木頓珠（即現在的十四世達賴喇嘛）被護
送到拉薩之後，蔣介石又特地派遣蒙藏委員會委員長吳忠
信，於 1939 年 12 月進藏，主持轉世達賴小靈童拉木頓珠的
坐床儀式。當時，蔣介石正兼任國民政府行政院長，他為了
避免小靈童拉木頓珠在坐床前夕的僧俗集團爭鬥中夜長夢
多，立即批准小靈童拉木頓珠免予金瓶掣籤，並簽批頒布了
小靈童拉木頓珠繼任第十四世達賴喇嘛的冊封政令。有了國
民政府行政院這份決議，並經蔣介石親手簽批頒布政令，撥
發給第十四世達賴喇嘛坐床經費四十萬銀元，正在拉薩的中
國國民政府蒙藏委員會委員長吳忠信，於 1940 年 2 月 22
日在布達拉宮，為小靈童拉木頓珠舉行了就任第十四世達賴
喇嘛的隆重坐床典禮。隨後，西藏地方噶廈政府援清代舊
制，派了扎薩阿旺堅贊來到重慶晉見中央政府，向國民政府
中央「謝恩」。

　　〈達賴冊封檔案解封：竟是漢族血統全家姓趙〉一文中

指出：「沒想到這個生於青海省境內塔爾寺附近的漢族民眾居住的村莊，其父母以及家庭成員都只會講漢語，不會說藏語，並曾全家以趙為姓的漢藏族混血兒拉木頓珠，在繼任第十四世達賴喇嘛之後，卻背棄了自己的出身，極盡挑撥民族感情，製造民族矛盾之能事，企圖從事「藏獨」的勾當。這是當年親筆簽批、冊封小靈童拉木頓珠為第十四世達賴的蔣委員長做夢都沒有想到的。」[2]

二、當年「佛公」遭毒殺 達賴依然搞藏獨

1940 年 2 月 22 日，達賴坐床盛典後，十四世達賴喇嘛的父親祈卻才仁、母親德吉才仁，和小達賴的兄弟姊妹們，也隨小靈童拉木頓珠來到拉薩，成為被稱為「達拉」的西藏的大貴族。祈卻才仁一家從青海的普通農家，一下子飛升為西藏的大貴族，拉木頓珠從祁家川山溝的小放羊娃，一躍成了十四世達賴喇嘛，這種命運的大轉變，讓祈卻才仁如同做夢一般，他知道這一切改變，都是因為當時的西藏攝政王熱振活佛全力促成。所以，他對熱振活佛感恩不盡，因此祈卻才仁一家與熱振活佛建立了非常良好的信任關係。

由於達賴的父親祈卻才仁的漢藏混血家庭環境，他只會說青海地方漢語，不會說藏語，更聽不懂拉薩的藏話，所以，儘管他一家人成為顯赫的西藏大貴族，住進了宮廷，卻無法與僧俗界達官貴人們交往。祈卻才仁一家平時只能與小達賴

2 中天電視網站：2009.09.03 文章主題：〈達賴冊封檔案解封：竟是漢族血統全家姓趙〉http://forum.ctitv.com.tw/viewtopic.php?t=83619

的主經師熱振活佛接觸，這位樸實的青海漢子，在與熱振活佛的接觸中，慢慢理解了西藏僧俗界存在著不同的政治勢力、派系的鬥爭。因此，祈卻才仁後來成為熱振活佛反對親英勢力分裂西藏的堅定支持者。

根據有關資料顯示，當政治立場不同的頭目「達紮活佛」上臺代理攝政後，立即制定了一條新規定：不准十四世達賴喇嘛的父母和家人，隨意前往看望小達賴。當時，噶廈政府中有官員對此提出異議，結果也被達紮關進監獄。達賴喇嘛的母親德吉才仁在《我子達賴——十四世達賴喇嘛母親口述自傳》一書中指出：「**在達賴陛下真正繼位之前，他一點權力也沒有，整塊土地上最有權勢的人就是達紮。**」

當年小達賴雖然還沒有親政，但祈卻才仁因為是小達賴的父親，被西藏的僧俗界尊稱為「佛公」。「佛公」祈卻才仁非常不滿意西藏地方噶廈政府對他的種種限制。他的口頭禪是漢語的國罵，幾乎張口就來。根據當年在國民政府駐藏辦事處任職的陳錫璋、朱少逸分別在《西藏從政紀略》與《拉薩見聞記》中記述：達賴的父親不僅不會說藏語，而且也不習慣藏族的生活方式。當年國民政府蒙藏委員會委員長吳忠信，率領代表團在拉薩拜見達賴父母時，達賴父親身著漢裝，長袍馬褂，以青海漢族人喜歡的「饅頭」招待代表團，並頻頻表示「藏人的糌粑吃不下」，勸代表團多吃點饅頭。正因如此，祈卻才仁被西藏地方噶廈政府中親英勢力認定為「堅定的親漢派」。

代理攝政達紮活佛有鑑於如果他們要迫害熱振活佛的

話，只要「佛公」祈卻才仁站出來維護熱振活佛，他們就很難服眾，於是，英國駐拉薩代表處與地方噶廈政府的頭目們，制定出了先祕密殺掉小達賴的父親祈卻才仁，再動手除掉熱振活佛的陰謀計畫。就在 1947 年 4 月 14 日愛國愛教的熱振活佛被噶廈政府逮捕前的一個月，達賴的父親祈卻才仁在家中突然暴斃。

對於「佛公」祈卻才仁的暴斃原因，當時拉薩僧俗界人士幾乎一致認為是死於謀殺。據國民政府駐拉薩辦事處陳錫璋的英文祕書柳升祺見證說：「頭一天『佛公』來到辦事處聚會，還和他們在一起談笑風生，第二天辦事處就被告知說，『佛公』圓寂了，去世了。」「他斷氣時，血從他的鼻子與直腸流出來」，達賴喇嘛的母親德吉才仁當時就認定「佛公」是被噶廈政府的人毒死的，並嚴正指出：「我丈夫之所以被人毒害，是因為如果他還活著，逮捕和暗殺瑞廷（即熱振活佛）的計畫就不會進行得這麼順利。」

西藏地方噶廈政府在毒殺了小達賴喇嘛的父親之後，就肆無忌憚地逮捕熱振活佛；並于 1947 年 5 月 7 日晚上，將熱振活佛殺害在布達拉宮內的監獄中。小達賴喇嘛的母親德吉才仁卻堅信「這是一樁政治陰謀與報復案」，因此，小達賴喇嘛的母親曾經在不同的場合，公開向那些殺害自己丈夫的首惡分子問罪，直指攝政的達紥活佛和藏軍總司令拉魯等人。那麼，時年已經 12 歲的小達賴喇嘛，應該知道其父親之死的真相；事實上，十四世達賴喇嘛的確是完全知道他父親被毒死的真相的。因此在 1956 年 4 月，當與前來祝賀西

藏自治區籌委會成立的副總理陳毅會見時，達賴喇嘛就向陳毅副總理當面流露過他的擔憂。他說，他怕索康和帕拉整他。因為索康等人把他的父親毒死了，使他心有餘悸。

但是，這個十四世達賴喇嘛後來的行為，卻更加令人匪夷所思！他不僅完全同那些殺害自己父親的「藏獨」分子糾合在一起，更在西方世界四處搖尾乞憐，甘心充當西方反華勢力的馬前卒；他不遺餘力地鼓吹建立大藏區的「西藏獨立國」，成為了當今叫囂「西藏獨立」的總頭目，也成為當今漂流在國際社會的最大的麻煩製造者。「佛公」祈卻才仁若地下有知，想必會大惑不解，而對此難以瞑目吧？[3]

三、潛藏的暴力傾向

達賴曾回憶小時候：「我父親中等身材，急性子，我記得有一次我扯了他的鬍子，因為頑皮，被狠揍了一頓。」[4]「佛公」的這個反應雖是躁急了些，但還算是一般父母管教範圍之內的常態表現。隨後，達賴因為被認證為靈童，因此離開了父母家人，接受喇嘛更冷硬嚴酷的管教。「於是從此開始了我生命中一段並不怎麼快意的日子。」達賴追述說：「比較痛苦的一件記憶和我的一位叔叔有關，他是古本寺的喇嘛。有一天傍晚，他正坐著讀祈禱文，我弄翻

---

[3] 本節故事取材自：任善炯：〈藏獨毒殺達賴父親 達賴為何仍搞藏獨〉2009/09/07 http://blog.udn.com/ifengblog/3295412
[4] 達賴官方網站傳記：《流亡中的自在》第一章〈手持白蓮的觀音〉http://www.dalailamaworld.com/topic.php?t=369

了他的書。正如今天所見，這本經典已書頁脫落。所以，當時我一碰即散。叔叔抓起我，狠狠揍了我。他非常憤怒，我也嚇壞了，之後的的確確有好幾年，我一直忘不了他黝黑的、麻瘋的臉、以及刺人的鬍子。從此以後，只要看到他，我就非常恐懼。」[5]

暴力的傾向會因為恐懼的積壓，與暴力行為的反覆學習而形成，當達賴滿四歲被簇擁著走上連接到拉薩的路上，便開始欺負與他同車共乘的三哥羅桑桑天了，他自招：「大部分旅程，我都和桑天坐在由一對騾拉的車輿裡。我們大半時間都在爭吵辯論，就如一般的孩子，甚至經常大打出手，如此使車輿經常陷入失衡的險境。此時，車夫就得制止這種『獸性』，請來母親。母親往內探看，總會看到同樣的景象：桑天流著眼淚，而我臉上掛著勝利的表情，安坐不動。因為，桑天年級雖然較長，我卻是比較直率的。儘管我們感情確實夠好，卻無法相安無事。我們之中，總有一個人會出言引發爭議，最後以打架和流淚收場；但流淚的總是他，而不是我。桑天就是脾氣太好，擺不出兄長的架勢來對待我。」[6]

不僅如此，達賴對他的幼弟天津秋吉也一樣：「我個人並不怎麼看重我的小弟⋯⋯有一次我發現他把小池塘所有的鯉魚都撈出來，整齊地擺在池塘旁邊的草地上時，

[5] 達賴官方網站傳記：《流亡中的自在》第一章〈手持白蓮的觀音〉
http://www.dalailamaworld.com/topic.php?t=369
[6] 同上註。

我狠狠地打了他耳光。」[7] 達賴還有個「最寵愛的潔役」叫作諾布通篤，達賴坦白的回憶：「我長大些，他加入我戰況最激烈的比賽裡。在我假想戰裡，我時常大打出手。我記得有時候對他不懷好意，甚至到用我鉛俑的劍傷人的地步。」後來這個被達賴稱為「顯然是我最熱情的玩伴。在我整個童年時代，他一直是個忠實的朋友以及歡樂的源泉」的潔役諾布通篤，還等不到達賴的童年過完就死了。達賴並沒有隻字片語提到死因，想必在那個政教專制的年代和封閉的社會，一個下人的生命是不值一提的吧！達賴對兄弟、朋友的態度冷漠，出手以暴力相向毫不留情，也就可想而知了。[8]

　　1960 年代末，達賴家中養了一頭名叫「哲仁」的黑白斑點雌貓，這個「哲仁」也沒有逃過達賴的暴力摧殘。達賴說：「我有次逮到牠在我屋子裡殺死一隻老鼠。我朝牠大吼，牠急忙爬到布幔上，一不小心失足跌了下來，受到重傷。雖然我盡可能悉心照顧牠，幾天後牠還是死了。」[9] 又由於達賴喜歡觀察野生動物，因此特地在窗外搭了一個鳥架，它周圍有鐵絲和網，以防較大的鳥和猛禽闖入，把小鳥嚇跑。但有時這種措施還不夠，達賴就會取出兒時在諾布

---

[7] 達賴官方網站傳記：《流亡中的自在》第五章〈中國見聞〉
　　http://www.dalailamaworld.com/topic.php?t=365
[8] 本節故事取材自：鳳凰網部落格－udn 部落格
　　http://blog.udn.com/ifengblog/3295412
[9] 達賴官方網站傳記：《流亡中的自在》第十章〈披著僧袍的狼〉
　　http://www.dalailamaworld.com/topic.php?t=353

林卡宮練習使用的，第十三世達賴喇嘛留下的老式空氣槍，「準備給這些貪婪的大傢伙一個教訓。」達賴還自我辯護說：「我的槍法很準，當然我不會殺死牠們，我只想使牠們覺得痛，得到一個教訓。」[10] 達賴並沒有說明他究竟有沒有「失手」誤殺，但是顯然吃過達賴「教訓」的鳥兒一定不少。[11]

　　由此可知達賴對其為「最高法王」角色的被認證，到接受、學習、認同，漸漸在待人接物上產生了一種心性和習氣，那就是喜歡動不動就玩「扮演上帝」的遊戲，擔任仲裁者、審判者的角色；自己判斷之後，更會直接出手執行懲處，而且「使命必達」，不計後果是否矯枉過正，達賴潛藏著的傲慢和暴力傾向也就不言可喻了。

四、不問蒼生問鬼神的達賴

　　德國藏學專家特利蒙地（Trimondi）在其著作《達賴喇嘛的陰暗面》（Der Schatten des Dalai Lama - Sexualität, Magie und Politik im tibetischen Buddhismus）一書中揭露：達蘭薩拉的政治決定仍然是依靠占星、問卜、析夢、抽籤！每一個政治決定都要通過這些方式來解決，每一次都得去問那個兇惡的蒙古凶神 Pehar（卑哈惡魔）！這種巫卜的方法在最近幾年反而更多了，除了 Nechung（乃窮神諭），還有三個神

---

[10] 同上註。
[11] 達賴官方網站傳記：《流亡中的自在》第一章〈手持白蓮的觀音〉
http://www.dalailamaworld.com/topic.php?t=369

棍參與達賴政府決策，其中有一個來自西康區的年輕女子。[12]

　　達賴喇嘛自己怎麼看這個問題呢？他說：「有些『進步』的藏人問我為什麼還用這種老方法取得資訊？原因很簡單，根據以往的經驗，占卜的結果總是正確的。我不僅相信鬼魂，我更相信各種各樣的鬼魂。其中有國立神棍Nechung（乃窮，或譯「涅仲」），我們認為它很精確，一千年來它沒有出過任何錯。」（來源：Dalai Lama XIV：Das Buch der Freiheit, Bergisch Gladbach801993）、（來源：瑞士報紙 Tagesanzeiger 1998.3.23.）[13]

　　其實所謂「沒有出過任何錯」是參與的人彼此遮掩得好，但是也有穿幫凸槌的時候。1956 年底，達賴喇嘛離開拉薩赴印，與班禪喇嘛同行。留印期間除參加紀念法會、朝聖外，還向尼赫魯求助，尋求政治庇護不果，達賴對於自己要不要回拉薩舉棋不定，只好再求問「涅仲」。正在作法的時候自行闖入的達賴首任首相魯康瓦，不管三七二十一走過來對達賴說：「當人遇到危難時，人就問神；當神遇到危難時，他們就說謊。」[14] 言下之意這涅仲鬼神是不老實、不可靠的；或者是間接戳破這個 Nechung（「乃窮」或「涅仲」

---

[12] 特利蒙地（Trimondi）著，《達賴喇嘛的陰暗面》，頁 547-548。（Der Schatten des Dalai Lama - Sexualität, Magie und Politik im tibetischen Buddhismus）

[13] 同上註。

[14] 達賴官方網站傳記：《流亡中的自在》〈第六章 尼赫魯懊悔了〉http://www.dalailamaworld.com/topic.php?t=364

神論），根本是人為操演的騙人把戲。

西方藏學者戈倫夫曾指出：「（西藏人）認為聖人接觸過的任何東西都有神奇的力量，因此很珍視活佛，特別是達賴喇嘛的大小便（把它們做成丸藥吞服）。……人們認為僧人是神聖的，因此他們神聖的行動就能治病。」[15]這種謊言說得多了，竟連被造神的達賴也信以為真。達賴喇嘛曾經得意洋洋地告訴法國記者董尼德說：「我的確可以紓解某些痛苦。有時候，只要我對他們吹口氣就可以。有時候，他們帶著裝滿水的瓶子要我吹氣，然後他們再喝被吹過的水。有些時候還蠻有效的。」[16] 這個就是在現代科學新知，和舊時代封建神權迷信當中擺盪的達賴喇嘛。

其實達賴對於這一類有關於「鬼通神變」之類的事，是既不懂、沒把握，卻又忍不住要迷信裝懂、故弄玄虛。達賴在其自傳中曾經說道：「常常有人問我所謂的『西藏佛教神通』。許多西方人想知道羅桑倫巴等人所寫有關西藏的書，其中提到的祕密修法是不是真的。他們也問我『香巴拉』是不是真的存在？（某些特定的經書提到過這個傳奇的國家，人們推測它是隱藏在西藏北方的荒原之中）。六十年代早期，有一位著名的科學家寫信給我說，他聽說某些高級喇嘛能示顯神變，因此他要求是否能作

---

[15] 徐明旭著，《陰謀與虔誠：西藏騷亂的來龍去脈》〈第一部：西藏的自然和歷史 第三章：落後、停滯的社會〉，明鏡出版社，1999.2 第 1版，頁 81。

[16] 同上註。

些實驗證明這些事情是真的。」[17]

　　達賴的回答是:「對前面兩個問題,我通常回答是『這些書大部分是虛構的』;但是真的有香巴拉這個國家,不過不是任何世俗感官所能看到。」這種矛盾的言詞,已經充分的表露他的茫然和捉襟見肘。更重要的是從這位「最高法王」的嘴裡,已經明白露出了喇嘛教的最大馬腳——喇嘛教的所謂『密續』寫的神通、佛法證境,其實『大部分是虛構的』。

　　後一個問題的回答,同樣是矛盾而且不知所云。達賴說:「否認某些祕法真的會產生一些神祕現象也是不對的。為了這個理由,我幾乎考慮寫信告知這位科學家,他聽到的事情是真的。」這是說某些「高級喇嘛」能現神通,而且可以做實驗來證明。可是達賴的「幾乎考慮寫信告知」,正表示「畢竟不曾寫信告知」。為什麼呢?達賴回答了:「我也歡迎他來作實驗;但是我很抱歉不得不告訴他,能夠作這種實驗的人還沒有出生!真的,在那個時候有許多現實的原因,使我們不可能參與這類的調查研究。」這麼顢頇的騙術,真是把現今世人都當成舊西藏社會那些不識字而蒙昧好欺的農奴了。

五、破戒開葷還挑美味

---

[17] 本節故事取材自:達賴官方網站傳記:《流亡中的自在》〈第十二章 神通與神秘〉http://www.dalailamaworld.com/topic.php?t=351

　　有記者問達賴:「在南方藏人居民點,市場上幾乎看不到賣豬肉,藏人說他們不吃豬肉,因為你的生肖是豬,你對此怎麼看?」達賴喇嘛誇張地回答說:「哎喲,如果他們真的這樣,他們就是愚昧或盲從。」接著補充說明:「我達賴喇嘛自己都喜歡吃豬肉,對這個沒有限制。我特別喜歡吃中國烹調味道的豬肉,最好的是四川菜。在我去臺灣訪問時,曾說過喜歡吃辣椒牛肉,記者把我這個話報導了出去。臺灣邀請我的一個寺廟住持看到報導後給我發來傳真說,『你最好不要提辣椒牛肉』。(笑)一般來說,藏人,尤其是年輕喇嘛避免吃魚、雞、豬肉和雞蛋。」記者便追問說:「但是你全吃?」達賴喇嘛大喇喇的說:「是的。但在我參加佛學考試之前,不吃。過了考試,就沒有限制了。」[18]

　　達賴喇嘛不去反省懺悔自己的故犯戒律,反而譏笑那些因為尊敬他,而避忌他的生肖不食豬肉的人;這真是假仁假義,甚至是不仁不義。達賴自述會因為參加「佛學考試」而暫時不吃豬肉,這樣和一般漢地學子在考試前,因為祈求文昌帝君庇佑考運,而暫時不吃牛肉幾乎是完全一樣的迷信心理。這樣的心態與嚴重的欲界口腹之貪,而自身也尚在凡夫的三縛結煩惱中,又有什麼修為和證量去僭稱「法王」呢?

---

[18] 曹長青著,《抵抗撒旦的和平偶像—達蘭薩拉採訪達賴喇嘛》。取材自:曹長青網站
http://caochangqing.com/big5/newsdisp.php?News_ID=465

六、達賴喇嘛誨盜 竟以「偷吃」為風趣

達賴喇嘛經常竄訪世界、遊走各地，更每每以「世界宗教大師」形象故作輕鬆自在，幽默風趣。訪問台灣時有位記者訪問他：「佛教有『過午不食』的說法嗎？」

達賴喇嘛說：「是啊！」

記者又問：「那肚子餓了，怎麼辦呢？」

達賴喇嘛說：「就到廚房去偷吃囉！」[19]

轉述者盲目崇拜竟還認為達賴「擁有赤子之心」，並說這「才是生活中的幽默大師。」事實上這正像是德國記者科林·戈登納（Colin Goldner）所提醒的「人們認知的偏差和荒謬」，他指出：「無論他的言論是多麼的陳詞濫調，都會被當作是看透紅塵的表現。」「就連最荒誕不經的話從達賴喇嘛嘴裡說出來也會變成真理。」他也同時提出警告：「對達賴喇嘛的完美化，完全是一種虛幻的印象，是基於對事實利害的一無所知。」[20]

提問者逕提「過午不食」一詞，顯然是針對「戒律」上的持、犯、開、遮而發問，然而達賴非但不於此正面作答，反而另為開闢犯「偷盜」罪的「蹊徑」，真不知達賴是視戒律如兒戲，還是以妄言綺語當作幽默？

---

[19] 機智故事——！十點
http://tw.knowledge.yahoo.com/question/question?qid=1011091004077
[20] 〈打破達賴喇嘛神話的人！〉—德國科學記者、教派專家科林·高爾德納（Colin Goldner）揭露達賴喇嘛　來源：「無名小站」部落格
http://www.wretch.cc/blog/kc4580455/13439377

七、人類追求肉體歡愉的另一個方法

達賴喇嘛顯然對同性戀的問題也有獨到的看法,而不像其他佛教僧侶直截了當的譴責。面對這個問題,他沉思了一下說:「同性戀當然不能繁殖下一代,但它是否因此而錯誤?我不知道。我認為這是人類追求肉體歡愉的另一個方法。」

問他是否覺得同性戀違反自然?是否認為這是不正常的行為?他說:「如我所說的,這是另一種追求肉體歡愉的方法,追求歡愉算是違反人性嗎?我不能為其他人定義肉體歡愉是什麼。」這符合藏傳佛教要努力追求肉體快樂的雙身法教義。

達賴喇嘛赴美訪問時,曾被問到他對同性戀的看法,他先對這樣的行為有所責備,但後來又說了和先前被訪談時相同的論點,他說:「如果兩個人並沒有誓言守貞,而兩人也未因這種行為受到傷害,那麼為什麼不能接受這樣的行為?」由佛教僧侶口中說出這樣的答案,幾乎就像天主教的教宗公開支持墮胎一樣教人吃驚。[21]

八、天生的「造反派」

達賴曾經說過:「西藏人有句俗諺說,一個愈世故的

---

[21] 馬顏克・西哈亞(Mayank Chhaya)著,莊安祺譯,《達賴喇嘛新傳──人、僧侶,和神秘主義者》〈22.性與欲〉,聯經出版社(台北),2007初版,頁 196-197。
http://www.gdma.org.cn/taiwan/book/dalaila7848.htm

人，其內心的憎恨情感愈是深藏不露。所以內心愈是有強烈憎恨情感或怒意的人，在外表上看來就愈溫和謙恭。我不知道這種特質是否該受珍視。」[22] 但可想而知的是，達賴本人是非常「珍視」這種特質，並且親躬履踐外表的「溫和謙恭」。

因此，有人問達賴：「當佛教徒面對不公義的事情時，由于佛法慈悲，會不會寬懷以示不作異議。」

達賴答：「這是一種錯置了的慈悲！」

再問：「如果面對冥頑不明的強權如何？」

達賴說：「那就起來造反！！」[23]。

如果聽過達賴開示前文「關於憤怒」的人，便可以由此瞭解潛藏在達賴內心的「憤怒」，也更能看穿在「溫和謙恭」這樣外表形塑之下，達賴的真面目其實是個「天生的造反派」。

---

[22] 〈達賴答客問〉「關於憤怒」
http://www.ylib.com/author/dalai/answer1-1.htm
[23] PChome 個人新聞台〈修行人與修養人的行事方式〉
http://mypaper.pchome.com.tw/rickywong/post/1301827365

第九章 南德日報——神聖的假象

背景說明：

2012 年 6 月 7 日，德國第一電視台（ARD）「全景」節目（Panaroma）播出「達賴喇嘛與中情局」（Der Dalai Lama und die CIA）[1]；6 月 8 日，德國第一大報《南德日報》報導〈神聖的假象〉。兩大媒體聯袂揭露第十四世達賴喇嘛在冷戰期間接受美國中央情報局的巨資援助、訓練藏人游擊隊，受命於中情局，而對中國西藏與印度邊界地區，以武裝進行游擊戰的史實。這兩樁報導引發德國及歐洲媒體跟進，紛紛報導達賴喇嘛和平面具下的暴力真相，質疑他言行不一：一向以大菩薩的聖者姿態示人而標榜和平，卻鼓動武力抗爭；於美國對西藏的金錢支援、武力合作知之甚詳，卻對外表示一無所知，繼續矇騙世人。

2012年6月8日《南德日報》（Süddeutsche Zeitung）第三版，德國巴伐利亞邦·慕尼黑發行

---

[1]（譯註）影片網址：
http://daserste.ndr.de/panorama/archiv/2012/dalailama111.html

神聖的假象

第十四世達賴喇嘛，純和平主義的最高代表，對美國中情局推動西藏計畫的內情並非如他所言一無所知。這位神王[2] 正籠罩在巨大陰影中。

【慕尼黑報導】美國中央情報局（譯註：CIA，以下簡稱中情局）特工約翰・肯尼・克諾斯（John Kenneth Knaus）首次會晤達賴喇嘛時，相當忐忑不安。代號「ST CIRCUS」——中情局行話「西藏馬戲團」的祕密行動，已經進行了8年。代號「公司」的中情局為了抵禦共產中國這個共同敵人，不但在軍營培訓藏人游擊隊，提供大量軍火，並且資金贊助神王達賴喇嘛。機密文件顯示，中情局以「資金援助達賴喇嘛」名義，每年匯給達賴喇嘛180,000美元。

1964年，「ST CIRCUS」行動負責人克諾斯（John Kenneth Knaus）在印度北部的達蘭薩拉（Dharamsala）首度會晤達賴喇

---

2 （譯註）德文 Gottkönig 一詞，係指既是世間人王又是出世間法王，中文沒有對應的譯詞。為求適切翻譯，先查密教經典早期有譯為「（大）教王」經如《佛說無二平等最上瑜伽大教王經、金剛頂一切如來真實攝大乘現證大教王經》等；又查「神王」是每個國家民族神話傳說中即時性的擁有最高權力的神，如中國的神王玉皇大帝，希臘的神王宙斯，《密跡力士大權神王經》（偈頌序）「佛入涅槃，現身神王頂光化佛……大權神王。」
(T32,n1688)（http://www.cbeta.org/result/normal/T32/1688_001.htm）考量既有「神王」一詞，接近德文 Gottkönig 之義，且舊約聖經中亞伯拉罕奉「神」耶和華為他們的「王」而成為神的國，因此將 Gottkönig 譯為「神王」。

嘛。他不曾期待達賴這位宗教領袖、非暴力代言人給予熱情感謝，但也絲毫沒料到會遭到達賴喇嘛冷淡相待。現年89歲的克諾斯，坐在馬里蘭州切維蔡斯村（Chevy Chase）[3] 的起居室回憶往事：無論如何，雙方畢竟是盟友，而且藏方對中情局的聯絡人還是達賴喇嘛的胞兄。「我畢恭畢敬走向達賴喇嘛，」克諾斯雙手合十說：「但那是我所受過最冷的接待，非常制式，非常規矩。」達賴喇嘛本人也許很熱情、詼諧，但「他顯然不想對我公開表達歡迎之意」。

事隔多年之後，克諾斯（John Kenneth Knaus）才明白當年達賴喇嘛為什麼對他保持距離。這位藏族宗教領袖深深瞭解這位中情局訪客所代表的意義：毒害、殺戮、卑鄙下流。克諾斯說：「對他來說，我代表了暴力，這是佛教徒所不能苟同的。」無論如何，他絕不能公開流露讚許之意。[4]

達賴喇嘛既是神聖不可侵犯、至高無上的道德權威，卻又與暴力搭上線，的確令人費解。人應該言行如一，但達賴喇嘛一方面身為反暴力的和平使者，一方面又接受卑鄙下流中情局給予的金援、組織游擊隊向中國抗爭，這個矛盾，不論在當時還是現在，都令人不可思議。諾貝爾和平獎得主、藏人游擊隊、美國中情局，這種搭配就像教皇、他的女人、保時捷，可謂奇聞。然而世界之大，有時就是這麼無奇不有。

---

[3] （譯註）Chevy Chase——切維蔡斯村，美國數一數二的富有街區之一。
[4] （譯註）暴力本來就是偽藏傳佛教（喇嘛教）的教義本質，達賴喇嘛欲迎還拒，不是因為他是佛教徒，而是囿於和平的宗教領袖的身分，不能公開表達贊同之意。

克諾斯（John Kenneth Knaus）上面那段往事回憶，出自美國麗莎·凱西（Lisa Cathey）的訪談鏡頭。麗莎·凱西正在執導紀錄片《中情局在西藏》（CIA in Tibet），預計年底（譯註：2012）問世。她一共拍了30多個類似訪談，部分已經發佈在她的 kefiblog.com 網站。從這些訪談片段，我們看到像克諾斯這樣的退休特工、或雙鬢斑白的游擊義軍，細數往事。一個又一個的真實故事，佔著他們生命的重要篇章，不傳唱於世就會抱憾千古。他們暢談早為世人遺忘的喋血惡戰，戰火從1955年左右蔓延至七〇年代初期。戰場在西藏開打，1959年後轉戰尼泊爾。紀錄片導演麗莎·凱西是在7年前碰觸到這個議題。當時她看到父親克萊·凱西（Clay Cathey）的高爾夫車上貼著「自由西藏」的標語，追問緣由。克萊·凱西回答她，他曾為中情局工作，在美國中部的科羅拉多培訓西藏游擊隊員。她認為這段歷史需要更精確的重述、再現；另外，雖然感到自己與西藏「有緣」，她仍想突顯中情局扮演的特殊角色──但「這當然與多數人心目中和平、非暴力的西藏形象，大相逕庭」，凱西如此表示。

也許現在是時候了：「一切都過去了，不用再三緘其口嚴守祕密了。」紀錄片中一位從游擊隊退伍的藏人如是說。

有關中情局和達賴喇嘛的書籍、影片，早在九〇年代末就已出現；然而諸多內情仍然隱晦不為人知。達賴喇嘛的標準答案始終是：他事後方知藏胞武裝抗爭的來龍去脈。但無可諱言的是，達賴喇嘛的兩位胞兄很早就向中情局投石問路，而中情局後來也確實出手贊助西藏游擊隊。「我的兄長

認為讓我與這些內幕消息保持距離,是明智之舉。」這位藏人宗教領袖在他的自傳中這麼說。

《南德日報》(Süddeutsche Zeitung)和第一電視台《全景》(Panorama)節目聯袂探究,結果充分顯示,達賴喇嘛顯然與中情局關係匪淺,他所瞭解的內情也並非如他所說的一無所知。不但退伍藏人的說詞充分指向這個事實,數年前解密的美國政府檔案也披露了此一內幕──雖然這個內幕到目前為止尚未受到廣泛關注。雖然沒有證據顯示達賴喇嘛說謊,但他也從來沒有開誠布公;他的角色是不透明的,他處理這個議題的態度是不坦率的。真相在證悟者身上不應該是複數。

許多(譯註:藏密)佛教徒相信,1391年第一世達賴喇嘛首度降生於世,1935年7月輪迴轉世投生為農家子弟、成為第十四世達賴喇嘛,被尊為「神王、大悲觀音、智慧之海、白蓮之尊、無上之師、如意珍寶」。達賴喇嘛至少獲頒95個至高榮譽獎章、數不清的名譽學位,他還擁有教皇才有的獨尊稱號:His Holiness(譯註:聖上、陛下)。儘管達賴喇嘛聲稱「願為眾生示現種種身」,然而除了北京之外,世上沒有人想在冷戰中看到他成為美國中情局的棋子。達賴喇嘛與中情局往來密切,與他的道德威望很不相稱。

達賴喇嘛也是公正與和平的象徵。而中情局有史以來既非慈善團體、亦非虔敬的修士會,直至今日,「中情局」仍然是扶植獨裁者、暗殺、綁架、刑訊的代名詞。中情局是美國外交政策的黑手,不但策劃暴動顛覆民選政府,也經由所

謂的「健康改造委員會」(Health Alteration Committee) 決策，暗殺不順己意的對手。「回顧往事是危險的，」1997年夏天，喬治・特尼特 (George Tenet) 就職中情局主任時，如此形容往昔生涯。眞是放諸四海而皆準的至理名言。

達賴喇嘛的密使初洽中情局時，「公司」早已不堪聞問了。「基於美國政府1951年和1956年**對達賴喇嘛的承諾**，中情局展開了西藏計畫」，1968年中情局的備忘錄這樣記載。1951年，新德里美國大使館和加爾各答領事館居中穿針引線，達賴喇嘛密使與中情局首度會面，商請美方提供軍事及資金援助；而達賴喇嘛的胞兄，亦是促成此次會面的始作俑者之一。同年，美國國防部致函達賴喇嘛，允諾他西藏反抗運動所需的「輕型武器」和資金援助。

1956年夏季，中情局認爲中共解放軍自1950年進軍西藏以來的局勢日趨嚴峻，時機成熟而制定代號「ST CIRCUS」的行動計畫 (譯註：指西藏情勢開始符合美方利益)。根據中情局六〇年代備忘錄的記載：「該計畫的目的在於：扶持西藏自治的政治理念」以及「在共產中國內部培植可能的政治反動力量」。當然，此外還有戰略軍事要地及土地豐富資源的考量，這是中情局走遍天涯永不改變的兩項利益考量。

中情局的下一步棋就是在南海某個島上訓練西藏游擊隊員，教他們格殺、射擊、佈雷、製造炸彈；而達賴喇嘛的一位兄弟則受派前往擔任中情局教練及藏胞之間的教學翻譯。不久，第一批游擊隊員坐在一架無國徽的B17轟炸機上，由波蘭飛行員、捷克技師載到西藏上空，跳傘空降進入

西藏。為防失利落入中國軍隊手中,他們的脖子上都戴著一條項鍊,裡面是一張達賴喇嘛的照片和一個砒霜膠囊。這些游擊戰士後勤所需的機槍、彈藥、醫藥、宣傳品、其他物資,都由中情局從空中補給。美方執行的空中物資運輸,總計將近40次;起初是運往西藏,後來轉戰尼泊爾。

1959年初,中情局訓練的這些游擊戰士護送達賴喇嘛翻山越嶺,流亡印度;達賴喇嘛逃到印度後,大力標榜自己的無暴力立場。達賴喇嘛逃亡途中,隨扈不斷以無線電向中情局窗口報訊;然而這個逃亡計劃是不是中情局一手包辦的,無法就此論定。達賴喇嘛的最新說詞是不久前他在維也納堅稱的:整個逃亡事件都是西藏內部的事(譯註:指與他人無涉)。

達賴喇嘛—這位許是當時最著名的難民—平安到達目的地之後,不出數月就致函D.D.艾森豪總統,感謝他提供「個人援助及物資支援」;1960年新選上任的J.F.甘迺迪總統和1964年的L.B.詹森總統也都收到類似謝函,其中沒有隻字片語提到武器、中情局或游擊隊。達賴喇嘛此類措辭友善、內容浮泛的信箋,是他慣用的政治典型:時至今日,他都可以袖手聲稱自己從未請求美國軍事援助,也從未號召藏人武裝抗爭;越俎代庖作這些勾當的,都是達賴喇嘛核心集團中的其他成員。

與中情局密切合作的細節,達賴可能未必鉅細靡遺全都掌握,但他說自己一無所知,也絕非實情;達賴至少在1958年,就已知悉中情局的民兵訓練行動。10年前他自己向女記者提起檢閱藏人游擊隊的軼事,足以為證。他咯咯笑著告訴

她，當時兩位出身中情局游擊訓練的戰士演示火箭炮，開火之後，花了15分鐘才填妥彈藥：「我說，『你們每對敵人開一槍就要拜託他等15分鐘嗎？這可不行。』」

此時中情局將集訓地改遷至美國科羅拉多洛磯山的軍訓場——黑爾營（Camp Hale）。營地在海拔3000米的崇山峻嶺間，四周白雪皚皚、蒼松環抱，彷彿置身喜馬拉雅。約翰·肯尼·克諾斯（John Kenneth Knaus）正是黑爾營的教練之一，藏人稱為「肯先生」，負責政治宣傳課程。當時教學使用的政治傳單，克諾斯一張都沒丟，保存了50年；接受紀錄片訪談時，他展示了其中一張，自豪的笑著說：「上面該講的都講了。怎麼打游擊戰、為什麼要抗爭……等。」當時中情局沒人去過西藏，幾乎沒有一個教練瞭解西藏，而懂藏語的也只有一個人，他們所用的地圖還是1904年英國遠征隊所繪製的。[5] 雖然如此，克諾斯覺得，那些受訓的「小夥子們還真行」。

曾經一度有大約85,000名的游擊隊員以「四水六崗」（Chushi Gangdrug）為名，在藏南對中國軍隊以少擊多、以小搏大。他們與中情局密切配合，為了自由（譯註：本質是為了獨立），背水一戰。[6] 黑爾營曾有游擊隊員提出，能否發

[5] （譯註）原文直譯為：「所用的地圖還是為1904年的英國遠征繪製的」。然依西藏史，1904年英國遠征軍在 Jounghusband 的率領下，進攻西藏，當時的達賴十三世因此避居蒙古及中國，所以文中提及的地圖係英國遠征軍為入侵西藏所繪，故改譯如上。

[6] （譯註）這些游擊隊員的背景，他們到底是既得利益者不甘中國解放失去特權而戰？還是廣大的貧農藏胞為了失去自由而戰？他們追求

放攜帶式原子武器給他們，用來「一次解決上百個中國人」。一名「四水六崗」的退伍兵說：「我們為了殺中國人而活。」還有一名武裝抗爭人員在BBC的紀錄片中說：「我們巴不得大開殺戒，打死愈多人愈好。通常我們宰殺畜生時，會念咒超度牠們；但殺中國人的時候，甭想我們唸一句咒語。」

戰爭就是戰爭，政治也始終是政治。1971年，美國外交部長亨利・季辛吉（Henry Kissinger）與北京密談後，中止了中情局的西藏計畫。美國中情局的整個西藏行動，斥資高達數千萬美元。正值外交轉捩時期的中情局，在備忘錄記載：從美方觀點來看，這段時期以來的達賴喇嘛，不論資金或政治，全都仰賴美國。

達賴喇嘛的藏人游擊隊失去美國情報部門這個靠山，頓時土崩瓦解。1974年，尼泊爾流亡營地廣播達賴喇嘛的繳械口諭，最後一批藏人游擊隊員終於放下武器。但並非所有人都泰然接受這個局面，有的游擊隊員飲彈身亡，有的投河自盡；還有一名出身中情局軍訓的武裝戰士，繳械之後割喉自殺。

對部分四水六崗的老兵來說，戰鬥尚未結束。他們從尼泊爾輾轉逃亡印度，編入特種邊防部隊（Special Frontier Force，簡稱SFF），成為印度軍隊下的祕密純西藏部隊。1971年他們**獲得達賴喇嘛同意**，參與東巴基斯坦（今孟加拉國）戰役。這

的自由，到底是既得利益者想要恢復政教合一的特權？還是貧農藏胞想要回到農奴制度下被人奴役的「自由」？請讀者由新舊西藏的事實來驗證。

580名藏兵榮獲印度軍方授予榮譽勳章、表彰英勇時，達賴喇嘛—和平主義的最高代表者—榮列特邀嘉賓，參與軍事檢閱儀式。這位（譯註：僞）證悟者從未自詡完美，但爲他源源不絕帶來國際鉅額供養的非暴力路線，顯然有了南轅北轍的大迴轉。

整整30年後，克諾斯（John Kenneth Knaus）再度獲得達賴喇嘛這位「聖上」的接見。剛從中情局離職的他，對達賴提起他們初次會晤的情形。他談到冷冰冰的接待、不受歡迎的感受時，「達賴喇嘛脫掉鞋子，腳縮進長袍，說：『咱們談談吧。』」克諾斯以充滿喜悅的眼神，娓娓述說著——不知他是因爲達賴喇嘛的反應而感動，還是純粹因爲往事令他回味不已。

「我們出手援助，對西藏是好是壞？」克諾斯問這位藏族精神領袖。他答：「好壞各一點。」典型的達賴喇嘛式回答，閃爍其詞不下定語。就像六〇年代，他在聯合國明修棧道，以和平使者的身分對外慷慨陳詞時，中情局機艙暗窗下的藏人游擊軍正暗渡陳倉，準備秣馬厲兵大戰一場。這位藏人游擊軍的最高領導人，對這些戰事心知肚明；而「公司」內知道達賴心知肚明的，更大有人在。中情局出自戰爭年代的機密備忘錄評價說：「西藏領袖視游擊隊爲流亡政府的民兵部隊。」

約翰·肯尼·克諾斯（John Kenneth Knaus）深臥躺椅，手枕腦後怡然自得；他似躺非坐，棕黃紋眼鏡和八字鬍使他看起來相當愉悅。他一本正經、一字一字的總結：「我們協助

藏人，爲他們的心願而戰鬥。」然後笑了起來。令人感到他
對此事無怨無悔。

　　克諾斯爲「公司」效力了44年。中情局檔案形容爲「最
浪漫行動之一」的西藏計畫，是他一生的驕傲。

　　雖說他現在不想知道善是什麼，但過去他曾站在善的一
方。

John Goetz／Hans Leyendecker／Bastian Obermayer　聯合報導

這些年逾半百的老先生，暢談血流成河的烽火戰事。
若非他們敘述這些軼事，我們可能以爲神王達賴眞的對此一
無所知。

「浪漫的行動」？
對約翰‧肯尼‧克諾斯而言，西藏行動只是一件拿來傲人的
職涯盛事。

「我們巴不得大開殺戒，打死愈多人愈好」：1972年，達賴喇嘛在印度北阿坎德邦的恰克拉塔（Chakrata）檢閱印度的西藏特種部隊。

本篇報導獲得《南德日報》授權中譯

達賴喇嘛與日本東京地鐵沙林毒氣事件主腦麻原彰晃，師徒
親密合影。

1995年3月20日，奧姆眞理教造下的東京地鐵沙林毒氣事件
震驚全球，數千無辜平民傷亡，教主麻原彰晃被東京法院判
處死刑；麻原的罪行令人髮指，但達賴仍稱呼他是「一個不
甚完美的朋友」。1995 年第38期德國《焦點》週刊〈並非聖
潔的擔保〉(Unheilige Bürgschaft) 一文報導說：「沒有達賴的支持，
麻原根本不可能建立起他的教派帝國。」

附 錄

08.06.2012| *Süddeutsche Zeitung* |

München, Bayern, Deutschland | Die Seite Drei

Heiliger Schein

Der Dalai Lama, höchster Repräsentant des reinen Pazifismus, wusste wohl doch mehr vom Treiben der CIA in Tibet, als er bisher zugegeben hat. Nun fallen gewaltige Schatten auf den Gottkönig.

München – Vor dem ersten Treffen mit dem Dalai Lama war der CIA-Agent John Kenneth Knaus ziemlich nervös. Seit acht Jahren lief die verdeckte und geheime Operation „ST CIRCUS", was im CIA-Slang für „Zirkus Tibet" steht. Die „Company", wie die Central Intelligence Agency genannt wird, bildete in Camps tibetische Guerilleros aus und versorgte sie mit Tonnen von Waffen für den Kampf gegen den gemeinsamen Feind, das kommunistische China. Auch der Gottkönig wurde unterstützt: Jährlich überwies die CIA 180,000 Dollar, die in vertraulichen Unterlagen als „Geldhilfe für den Dalai Lama" deklariert waren.

Natürlich hatte Knaus, der Leiter der Operation der CIA war, vor der Begegnung 1964 im nordindischen Dharamsala keinen überschwänglichen Dank von dem Religionsführer und Vertreter der Gewaltlosigkeit erwartet. Aber mit so viel Kälte habe er dann doch nicht gerechnet, erinnert sich der 89-Jährige

278 / 附 錄

in seinem Wohnzimmer in Chevy Chase, Maryland. Immerhin waren sie doch Verbündete, und der tibetische Kontaktmann der CIA war ein Bruder des Dalai Lama. „Ich trat also unterwürfig auf ihn zu", erzählt Knaus und faltet die Hände wie zum Gebet, aber es war einer „der kühlsten Empfänge, die ich jemals erlebt habe. Sehr formell, sehr korrekt". Der Dalai Lama, der so warmherzig und humorvoll sein kann, mochte „mich offensichtlich nicht willkommen heißen".

Erst viel später habe er verstanden, warum ihn der Dalai Lama demonstrativ auf Distanz gehalten hatte: Das spirituelle Oberhaupt der Tibeter wusste, für was der Besucher auch stand: Gift, Mord und Gemeinheit. „Ich war für ihn die Verbindung zu der Gewalt, die er als Buddhist nicht gutheißen konnte", sagt Knaus. Jedenfalls nicht nach außen.

Eine unantastbare höchste moralische Instanz wie der Dalai Lama könnte solche Verbindungen nur schwer erklären. So einer lebt doch, was er lehrt. Zu groß war und ist der Widerspruch zwischen einem von der dreckigen CIA finanzierten und organisierten Guerillakrieg und der sanften Botschaft des Dalai Lama vom gewaltlosen Widerstand. Der Friedensnobelpreisträger, tibetische Guerillakämpfer und die CIA – das klingt fast so seltsam wie: der Papst, seine Frau und sein Porsche. Aber manchmal ist die Welt eben seltsam.

John Kenneth Knaus spricht in die Kamera der amerikanischen Filmemacherin Lisa Cathey, das Interview mit ihm ist eines von mehr als 30 Gesprächen, die sie für ihren

Dokumentarfilm „CIA in Tibet" geführt hat, und der in diesem Jahr noch fertiggestellt werden soll. Einen Teil der Gespräche hat Cathey auf kefiblog.com schon vorab veröffentlicht. Die Videoclips zeigen pensionierte Agenten wie Knaus und ergraute Widerstandskämpfer, die vor dem Tod einmal unbedingt über das reden wollen, was ihnen wichtig war. Darüber, was damals wirklich passiert ist. Im Plauderton berichten sie von einem längst vergessenen, äußerst blutigen Krieg, der von etwa 1955 bis Anfang der siebziger Jahre geführt wurde. Erst in Tibet. Dann, ab 1959, von Nepal aus. Die Dokumentarfilmerin ist vor sieben Jahren auf das Thema gestoßen, als sie ihren Vater, Clay Cathey, nach dem Grund für den „Free Tibet"- Aufkleber auf seinem Golfkarren fragte. Er erzählte, dass er als CIA-Mitarbeiter tibetische Guerillakämpfer trainiert hatte, in Colorado, mitten in Amerika. Sie fand, das sei eine Geschichte, die man mal genauer erzählen müsse. Und auch wenn sie sich Tibet „verbunden" fühlt, will sie auf die besondere Rolle der CIA aufmerksam machen – „die natürlich mit dem Tibet-Bild kollidiert, das die meisten haben, mit Frieden und Gewaltlosigkeit", sagt Cathey.

Vielleicht ist die Zeit dafür gekommen: „Jetzt ist alles vorbei. Jetzt können wir die Geheimnisse erzählen", sagte ein Tibet-Veteran in einem Interview.

Bereits Ende der neunziger Jahre waren einige Bücher und Filme über die CIA und den Dalai Lama erschienen, aber vieles blieb schwammig, im Ungefähren. Er habe erst im Nachhinein die ganze Wahrheit über den bewaffneten Kampf seiner tibetischen Landsleute erfahren, lautet seine Standardantwort. Unbestritten ist, dass zwei seiner älteren Brüder früh Kontakte zur CIA geknüpft hatten, die dann zum Sponsor der Guerilla in Tibet wurde: „Meine Brüder hielten es für weise, diese Informationen von mir fernzuhalten", so steht es in der Autobiografie des religiösen Oberhaupts der Tibeter.

Recherchen der *Süddeutschen Zeitung* und des TV-Magazins „Panorama" lassen nun den Schluss zu, dass er der CIA deutlich nähergestanden und erheblich mehr gewusst haben muss, als er zugeben mag. Darauf deuten nicht nur die zum Teil sehr freimütigen Bekenntnisse der Veteranen hin, sondern auch ehemals streng vertrauliche Dokumente der amerikanischen Regierung, die vor einigen Jahren freigegeben wurden – ohne bislang große Beachtung gefunden zu haben. Der Dalai Lama hat zwar nicht nachweisbar gelogen, aber auch nie die ganze Wahrheit gesagt. Seine Rolle ist undurchsichtig, sein Umgang mit dem Thema scheint nicht aufrichtig. Und bei einem Erleuchteten sollte die Wahrheit nicht im Plural vorkommen.

Der 14. Dalai Lama, der nach dem Glauben vieler Buddhisten erstmals 1391 auf die Welt gekommen ist und im Kreislauf der Wiedergeburten im Juli 1935 als Bauernsohn wiederkehrte, er wird von seinen Anhängern als „Gottkönig", „Buddha des Mitgefühls", „Ozean der Weisheit", „Herr des

Weißen Lotus", „Unvergleichlicher Meister", „Das wunscherfüllende Juwel" verehrt. Der Träger von etwa 95 hohen und allerhöchsten Auszeichnungen, der zigfache Dr. h.c., dessen offizielle Anrede – wie sonst nur noch beim Papst – Seine Heiligkeit ist, sagte zwar einmal, er versuche, „für jeden das zu sein, was der andere will", aber als Schachfigur der CIA im Kalten Krieg will ihn die Welt, Peking einmal ausgenommen, wohl nicht sehen. Eine direkte CIA-Connection würde nicht zu seiner hohen moralischen Autorität passen.

Der Dalai Lama steht auch für Gerechtigkeit und Frieden, die CIA war und ist kein Gebetsverein, keine fromme Bruderschaft, sie steht für die Errichtung oder Unterstützung von Diktaturen, für Attentate, Entführungen und für Folter – bis in diese Tage. Früh war sie die unsichtbare Hand der amerikanischen Außenpolitik; sie inszenierte Aufstände zum Sturz von demokratisch gewählten Regierungen und beschloss im tatsächlich genau so genannten „Komitee zur Veränderung des Gesundheitszustandes" die Ermordung missliebiger Gegenspieler. „Es ist gefährlich, über unsere Schultern zu schauen", sagte der ehemalige CIA-Chef George Tenet bei seinem Amtsantritt im Sommer 1997 zur Vergangenheit des Dienstes. Ein kluger Ratschlag zu allen Zeiten.

In der Firma roch es schon streng, als Emissäre des Dalai Lama erstmals Kontakt aufnahmen: „Das Tibet-Programm der CIA . . . basiert auf Verpflichtungen der US-Regierung, die 1951 und 1956 gegenüber dem Dalai Lama gemacht wurden", heißt es in einem CIA-Memorandum aus dem Jahr 1968. Der erste Kontakt wurde 1951 von Emissären des Dalai Lama über die US-Botschaft in Neu-Delhi und das US-Konsulat in Kalkutta eingeleitet. Es ging um militärische und finanzielle Hilfe. Auch einer seiner Brüder sprach vor. Noch im selben Jahr ließ das US-Verteidigungsministerium dem Dalai Lama einen Brief zukommen, in dem einer tibetischen Widerstandsbewegung „leichte Waffen" zugesagt und finanzielle Hilfen in Aussicht gestellt wurden.

Im Sommer 1956 wurde dann Operation „ST CIRCUS" beschlossen, nachdem die chinesischen Besatzer, die Tibet 1950 überfallen hatten, immer brutaler geworden waren: „Ziel des Programms ist es, das politische Konzept eines autonomen Tibet am Leben zu halten" sowie ein „Potenzial für Widerstand gegen mögliche politische Entwicklungen innerhalb des kommunistischen China" aufzubauen, steht in einem CIA-Memorandum aus den sechziger Jahren. Natürlich ging es auch um strategische Militärbasen und riesige Bodenschätze, für die sich die CIA immer und überall interessierte. Fortan bildete die CIA Guerilleros auf einer Südseeinsel fürs Töten aus, fürs Schießen, Minenlegen und Bombenbauen. Einer der vielen Brüder des Dalai Lama fungierte dabei als Dolmetscher. Ein *B-17*-Bomber ohne Hoheitszeichen, gesteuert von einem polnischen Piloten und einem tschechischen Techniker, setzte bald darauf die ersten Kämpfer mit dem Fallschirm über Tibet ab. Um den Hals trugen sie ein Amulett mit dem Bild des Dalai Lama und eine

Kapsel mit Cyanid – Gift für den Fall, dass sie einer chinesischen Einheit in die Hände fallen würden. Die CIA versorgte die Kämpfer aus der Luft mit Maschinengewehren und Munition, Medizin, Propagandamaterial und anderen Dingen. Insgesamt dirigierten die Amerikaner fast 40-mal Transportflugzeuge nach Tibet und später nach Nepal.

An der Seite von CIA-trainierten Kämpfern flüchtete der Dalai Lama im Frühjahr 1959 über die Berge nach Indien und proklamierte im Asyl dann Gewaltlosigkeit. Während der Flucht waren seine Begleiter in ständiger Funkverbindung mit ihren Kontaktleuten bei der CIA, ob die CIA den Fluchtplan ausgearbeitet hat oder nicht, ist umstritten. Der Dalai Lama beharrte jüngst in Wien auf der Version, seine Flucht sei eine rein tibetische Angelegenheit gewesen.

Wenige Monate nach der Ankunft des damals wohl bekanntesten Asylanten der Welt dankt der Dalai Lama dem Präsidenten Dwight D. Eisenhower sowohl für die „persönliche Unterstützung wie auch für Sachleistungen". Ähnliche Briefe erhalten 1960 der gerade gewählte Präsident John F. Kennedy und 1964 Präsident Lyndon B. Johnson. In den Präsidentenbriefen ist weder von Waffen noch von der CIA oder Guerilleros die Rede. Sie sind, friedlich im Ton, allgemein in der Sache beispielhaft für die Politik des Dalai Lama: Er kann bis heute dabei bleiben, die USA nie um militärische Hilfe gebeten und die Tibeter nie zu den Waffen gerufen zu haben. Die Drecksarbeit machten andere, die aus seinem engsten Führungszirkel stammten.

Vermutlich kannte er wirklich nicht jede Einzelheit der sehr intensiven Zusammenarbeit mit der CIA, aber so ahnungslos, wie er tut, war er keineswegs. Über die paramilitärische Ausbildung durch die CIA beispielsweise war er spätestens im Jahr 1958 informiert, wie eine Anekdote belegt, die er vor gut einem Jahrzehnt einer Reporterin erzählt hat: Demnach hätten ihm zwei tibetische Kämpfer, die von der CIA ausgebildet wurden, ihr Können an der Panzerfaust demonstriert. Sie hätten einmal gefeuert, dann aber eine Viertelstunde gebraucht, um nachzuladen. Kichernd meint der Dalai Lama zur Reporterin: „Ich sagte, werdet ihr einmal schießen und dann den Feind bitten, 15 Minuten zu warten? Unmöglich."

Zu dieser Zeit verlegte die CIA den Sitz des Ausbildungslagers nach Colorado, auf den Militärübungsplatz Camp Hale in den Rocky Mountains. Die Gegend dort, auf fast 3000 Metern Höhe gelegen, schien mit ihren schneebedeckten Gipfeln und den Pinienwäldern das Stück Amerika zu sein, das dem Himalaya-Plateau am ähnlichsten war. Einer der Ausbilder in Camp Hale war John Kenneth Knaus, von den Tibetern „Mr. Ken" genannt, er unterrichtete unter anderem Propaganda. Knaus hält ein Flugblatt in die Kamera, er hat sie alle aufbewahrt, seit 50 Jahren: „Hier drin wird alles erklärt", sagt er mit stolzem Lächeln, „wie man Guerillakrieg führt, warum kämpfen wir überhaupt und so weiter." Kaum einer der

CIA-Ausbilder kannte damals Tibet. Keiner war je in dem Land gewesen, nur einer konnte die Sprache. Die Landkarten, mit denen sie operierten, waren für eine britische Expedition 1904 gefertigt worden. Aber die Kämpfer, „die Kerle", seien „ziemlich erstaunlich gewesen", meint Knaus.

In Südtibet waren damals rund 85,000 Kämpfer im Einsatz, die unter dem Namen „Chushi Gangdrug" („Vier Flüsse, sechs Berge") firmierten und in kleinen Einheiten das überlegene chinesische Militär attackierten. Sie kooperierten eng mit der CIA. Für die Widerstandskämpfer ging es um die Freiheit, sie waren zu allem entschlossen. Einer der Guerilleros in Camp Hale fragte, ob sie eine tragbare Atomwaffe bekommen könnten, um „die Chinesen zu Hunderten zu töten". Ein Veteran der Chushi Gangdrug sagt: „Wir lebten nur, um Chinesen zu töten." In einer BBC-Dokumentation meint ein früherer Kämpfer: „Wir haben gern so viele getötet, wie wir konnten." Wenn „wir ein Tier töteten, sagten wir ein Gebet. Aber wenn wir Chinesen getötet haben, kam kein Gebet über unsere Lippen".

Krieg ist Krieg. Und Politik ist Politik. Nach einem Geheimbesuch des damaligen US-Außenministers Henry Kissinger 1971 in Peking beendeten die Amerikaner das Tibet-Abenteuer der CIA. Die Kosten der Operation lagen insgesamt bei einer zweistelligen Millionensumme. Einem US-Memorandum aus dem Jahr dieser diplomatischen Wende ist zu entnehmen, dass der Dalai Lama aus Sicht der

Amerikaner zu dieser Zeit finanziell und politisch komplett von ihnen abhängig war.

Ohne die Unterstützung durch den amerikanischen Geheimdienst brach der Widerstand der Tibeter rasch zusammen. Die letzten Kämpfer legten 1974 im nepalesischen Exil ihre Waffen nieder, nachdem in ihren Camps über Lautsprecher eine Botschaft des Dalai Lama abgespielt wurde, in der er zur Kapitulation aufgerufen hatte. Nicht alle Männer konnten sich mit der Situation abfinden. Einige erschossen sich, andere gingen in einen nahen Fluss, um sich das Leben zu nehmen. Einer der von der CIA trainierten Kämpfer gab erst sein Gewehr ab, dann schlitzte er sich mit einem Dolch die Kehle auf.

Für einen Teil der Chushi-Gangdrug-Männer war der Kampf noch nicht beendet, sie flohen aus Nepal weiter nach Indien. Dort schlossen sie sich der Special Frontier Force (SFF) an, einer geheimen, rein tibetischen Einheit der indischen Armee. Sie kämpfte 1971 gegen Ostpakistan (heute Bangladesch) – und das mit dem Einverständnis des Dalai Lama. Als die indische Armee dann 580 tibetischen Soldaten eine Tapferkeitsmedaille für ihren Einsatz verlieh, war der Dalai Lama, der höchste Repräsentant des reinsten Pazifismus, Ehrengast der militärischen Zeremonie. Der Erleuchtete gab nie vor, unfehlbar zu sein, aber sein gewaltloser Weg, der ihm bis heute große Spenden von Gönnern aus aller Welt einbringt, ist schon sehr kurvig.

Gut 30 Jahre nach dem ersten Treffen gewährt Seine Heiligkeit dem CIA-Mann Knaus eine zweite Audienz. Knaus, der soeben aus der CIA ausgeschieden ist, spricht den Dalai Lama auf die erste Begegnung an. Auf den sehr kühlen Empfang und auf sein Gefühl, damals nicht willkommen gewesen zu sein. „Und der Dalai Lama zog seine Schuhe aus, schob die Füße unter seine Robe und sagte: Lass uns reden." Knaus erzählt davon mit seligem Blick. Man weiß nicht genau, ob er gerührt ist von der Reaktion des Dalai Lama oder ob ihm die Geschichte einfach nur gut gefällt.

„Haben wir mit unserer Hilfe für Tibet Gutes oder Schlechtes getan?", fragt Knaus das spirituelle tibetische Oberhaupt. Von beidem ein bisschen, antwortet der Dalai Lama sinngemäß in seiner typischen Art, sich nicht wirklich festzulegen. So wie er in den sechziger Jahren nach außen, im Sichtbaren, als Mann des Friedens an die UNO appellierte, während sich die tibetischen Guerilleros hinter den verdunkelten Scheiben der CIA-Flugzeuge, im Unsichtbaren, auf ihren Kampf vorbereiteten. Auf einen Kampf, von dem ihr oberster Führer wusste. Davon waren jedenfalls bei der Firma viele überzeugt. In einem geheimen Memorandum des Dienstes aus den Kriegstagen findet sich die Einschätzung: „Die tibetische Führung betrachtet die Truppe als paramilitärischen Arm ihrer Exilregierung."

John Kenneth Knaus sitzt tief in seiner Couch, die Arme hinter dem Kopf verschränkt, sehr entspannt. Eigentlich liegt er mehr, als dass er sitzt. Seine braun-gelb gefleckte Brille und der Schnurrbart verleihen ihm etwas Fröhliches. „Wir haben", setzt er an und betont salbungsvoll beinahe jedes Wort, „den Tibetern geholfen, für ihr Anliegen zu kämpfen." Dann lächelt er. Man merkt: Er hat sich nichts vorzuwerfen, nicht in dieser Sache.

44 lange Jahre arbeitete er für die Firma, und das Unternehmen Tibet, das in CIA-Papieren als eine der „romantischsten Operationen" des Dienstes beschrieben wird, ist sein Stolz.

Da war er doch auf der Seite des Guten. Auch wenn der davon nichts wissen will.

Von John Goetz, Hans Leyendecker und Bastian Obermayer

Im Plauderton berichten die alten Herren von einem Krieg, in dem unendlich viel Blut floss.
Wenn da nicht diese Anekdote wäre, könnte man glauben, der Gottkönig habe nichts geahnt.

Eine „romantische Operation"?
Für John Kenneth Knaus ist sie der Stolz seines Arbeitslebens.

„Wir haben gern so viele getötet, wie wir konnten": Der Dalai Lama in Chakrata 1972, wo er die tibetische Spezialeinheit der indischen Armee besucht. Foto: oh

Fotos belegen die Bekanntschaft Seiner Heiligkeit ausgerechnet mit Shoko Asahara, dem Anführer der terroristischen Aum-Sekte. Auf ihr Konto sollen die Giftgasanschläge in Tokios U-Bahn gehen, wo im März dieses Jahres zwölf Menschen getötet und Tausende verletzt wurden.

Möglicherweise hätte der halbblinde Guru, der ab 26. Oktober in Tokio vor Gericht steht, sein Sektenimperium ohne die Unterstützung des Dalai Lama gar nicht aufbauen können. Sicher ist: Sein rasanter Aufstieg vom Quacksalber und kleinkriminellen Betrüger zum japanischen Ober-Guru binnen weniger Jahre wäre nicht so reibungslos verlaufen.

Noch am 7. April dieses Jahres, nur 18 Tage nach dem Giftgasanschlag auf die Tokioter U-Bahn, sagte der Dalai Lama gegenüber der japanischen Nachrichtenagentur Kyodo News Service, er sehe in dem Aum-Chef einen „Freund, wenn auch nicht unbedingt einen vollkommenen".

—— Unheilige Bürgschaft, FOCUS Magazin, Nr. 38 (1995)

佛教正覺同修會 〈修學佛道次第表〉

第一階段
* 以憶佛及拜佛方式修習動中定力。
* 學第一義佛法及禪法知見。
* 無相拜佛功夫成就。
* 具備一念相續功夫──動靜中皆能看話頭。
* 努力培植福德資糧,勤修三福淨業。

第二階段
* 參話頭,參公案。
* 開悟明心,一片悟境。
* 鍛鍊功夫求見佛性。
* 眼見佛性〈餘五根亦如是〉親見世界如幻,成就如幻觀。
* 學習禪門差別智。
* 深入第一義經典。
* 修除性障及隨分修學禪定。
* 修證十行位陽焰觀。

第三階段
* 學一切種智真實正理──楞伽經、解深密經、成唯識論…。
* 參究末後句。
* 解悟末後句。
* 透牢關──親自體驗所悟末後句境界,親見實相,無得無失。
* 救護一切眾生迴向正道。護持了義正法,修證十迴向位如夢觀。
* 發十無盡願,修習百法明門,親證猶如鏡像現觀。
* 修除五蓋,發起禪定。持一切善法戒。親證猶如光影現觀。
* 進修四禪八定、四無量心、五神通。進修大乘種智,求證猶如谷響現觀。

佛菩提二主要道次第概要表

佛 菩 提 道 —— 大 菩 提 道

遠波羅蜜多	資糧位	十信位修集信心——一劫乃至一萬劫。 初住位修集布施功德（以財施爲主）。 二住位修集持戒功德。 三住位修集忍辱功德。 四住位修集精進功德。 五住位修集禪定功德。 六住位修集般若功德（熏習般若中觀，加行位也）。
	見道位	七住位明心般若正觀現前，親證本來自性清淨涅槃。 八住位起於一切法現觀般若中道。漸除性障。 十住位眼見佛性，世界如幻觀成就。 一至十行位，於廣行六度萬行中，依般若中道慧，現觀陰處界猶如一至十迴向位熏習一切種智；修除性障，唯留最後一分思惑不斷。
近波羅蜜多	修道位	初地：第十迴向位滿心時，成就道種智一分（八識心王——親證後法）復由勇發十無盡願，成通達位菩薩。復又永伏性障而不法施波羅蜜多及百法明門。證「猶如鏡像」現觀，故滿初地 二地：初地功德滿足以後，再成就道種智一分而入二地；主修戒然清淨。 三地：二地滿心再證道種智一分，故入三地。此地主修忍波羅蜜多，留惑潤生。滿心位成就「猶如谷響」現觀及無漏妙定意生 四地：由三地再證道種智一分故入四地。主修精進波羅蜜多，於成就「如水中月」現觀。 五地：由四地再證道種智一分故入五地。主修禪定波羅蜜多及一切 六地：由五地再證道種智一分故入六地。此地主修般若波羅蜜多——變化所現，「非有似有」，成就細相觀，不由加行而自然證 七地：由六地「非有似有」現觀，再證道種智一分故入七地。此地流轉門及還滅門一切細相，成就方便善巧，念念隨入滅盡定
大波羅蜜多		八地：由七地極細相觀成就故再證道種智一分而入八地。此地主修相土自在，滿心位復證「如實覺知諸法相意生身」故。 九地：由八地再證道種智一分故入九地。主修力波羅蜜多及一切種 十地：由九地再證道種智一分故入此地。此地主修一切種智—智波羅德，成受職菩薩。 等覺：由十地道種智成就故入此地。此地應修一切種智，圓滿等覺人相及無量隨形好。
圓滿波羅蜜多	究竟位	妙覺：示現受生人間已斷盡煩惱障一切習氣種子，並斷盡所知障人間捨壽後，報身常住色究竟天利樂十方地上菩薩；以諸

圓滿成就究竟佛果

二道並修，以外無別佛法

		解脫道：二乘菩提
	外門廣修六度萬行	↓ 斷三縛結，成初果解脫
	內門廣修六度萬行	↓ 薄貪瞋癡，成二果解脫
。至第十行滿心位，陽焰觀成就。 迴向滿心位成就菩薩道如夢觀。		斷五下分結，成三果解脫
受五法、三自性、七種第一義、七種性自性、二種無我，能證慧解脫而不取證，由大願故留惑潤生。此地主修多及一切種智。滿心位成就「猶如光影」現觀，戒行自禪八定、四無量心、五神通。能成就俱解脫果而不取證他方世界廣度有緣，無有疲倦。進修一切種智，滿心位，斷除下乘涅槃貪。滿心位成就「變化所成」現觀。種智現觀十二因緣一一有支及意生身化身，皆自心真如盡定，成俱解脫大乘無學。一切種智及方便波羅蜜多，由重觀十二有支一一支中之心位證得「如犍闥婆城」現觀。		煩惱障現行悉斷，成四果解脫，留惑潤生。分段生死已斷，煩惱障習氣種子開始斷除，兼斷無始無明上煩惱。 ↓ 七地滿心斷除故意保留之最後一分思惑時，煩惱障習氣種子同時斷盡
種智及願波羅蜜多。至滿心位純無相觀任運恆起，故於成就四無礙，滿心位證得「種類俱生無行作意生身」。多。滿心位起大法智雲，及現起大法智雲所含藏種種功生法忍；於百劫中修集極廣大福德，以之圓滿三十二大		
隨眠，永斷變易生死無明，成就大般涅槃，四智圓明。利樂有情，永無盡期，成就究竟佛道。		↓ 斷盡變易生死成就大般涅槃

佛子 蕭平實 謹製

二〇〇九、〇二修訂
二〇〇九、〇八改印

佛教正覺同修會　贈閱書籍 目錄

1.**無相念佛**　平實導師著　回郵 10 元

2.**念佛三昧修學次第**　平實導師述著　回郵 25 元

3.**正法眼藏—護法集**　平實導師述著　回郵 35 元

4.**真假開悟簡易辨正法&佛子之省思**　平實導師著　回郵 3.5 元

5.**生命實相之辨正**　平實導師著　回郵 10 元

6.**如何契入念佛法門** (附：印順法師否定極樂世界) 平實導師著 回郵 3.5 元

7.**平實書箋—答元覽居士書**　平實導師著　回郵 35 元

8.**三乘唯識—如來藏系經律彙編**　平實導師編　回郵 80 元
　　　　　　　　　　(精裝本　長 27 ㎝　寬 21 ㎝　高 7.5 ㎝　重 2.8 公斤)

9.**三時繫念全集—修正本**　　回郵掛號 40 元 (長 26.5 ㎝×寬 19 ㎝)

10.**明心與初地**　平實導師述　回郵 3.5 元

11.**邪見與佛法**　平實導師述著　回郵 20 元

12.**菩薩正道—回應義雲高、釋性圓…等外道之邪見**　正燦居士著 回郵 20 元

13.**甘露法雨**　平實導師述　回郵 20 元

14.**我與無我**　平實導師述　回郵 20 元

15.**學佛之心態—修正錯誤之學佛心態始能與正法相應** 孫正德老師著 回郵35元
　　　　　　　　　附錄：平實導師著《略說八、九識並存…等之過失》

16.**大乘無我觀—《悟前與悟後》別說**　平實導師述著　回郵 20 元

17.**佛教之危機—中國台灣地區現代佛教之真相** (附錄：公案拈提六則)
　　　　　　　　　　　　　　　平實導師著　回郵 25 元

18.**燈　影—燈下黑** (覆「求教後學」來函等)　平實導師著　回郵 35 元

19.**護法與毀法—覆上平居士與徐恒志居士網站毀法二文**
　　　　　　　　　　　　　　張正圜老師著　回郵 35 元

20.**淨土聖道—兼評選擇本願念佛**　正德老師著　由正覺同修會購贈 回郵25 元

21.**辨唯識性相—對「紫蓮心海《辯唯識性相》書中否定阿賴耶識」之回應**
　　　　　　　　　正覺同修會 台南共修處法義組 著　回郵 25 元

22.**假如來藏—對法蓮法師《如來藏與阿賴耶識》書中否定阿賴耶識之回應**
　　　　　　　　　正覺同修會 台南共修處法義組 著　回郵 35 元

23.**入不二門—公案拈提集錦 第一輯** (於平實導師公案拈提諸書中選錄約二十則，
　　　　　　　　　合輯為一冊流通之) 平實導師著　回郵 20 元

24.**真假邪說—西藏密宗索達吉喇嘛《破除邪說論》真是邪說**
　　　　　　　　　　　　　　釋正安法師著　回郵 35 元

25.**真假開悟—真如、如來藏、阿賴耶識間之關係**　平實導師述著　回郵 35 元

26.**真假禪和—辨正釋傳聖之謗法謬說**　孫正德老師著　回郵 30 元

27.**眼見佛性—駁慧廣法師眼見佛性的含義文中謬說**　游正光老師著　回郵 25 元

28.**普門自在**——公案拈提集錦 第二輯（於平實導師公案拈提諸書中選錄約二十
則，合輯為一冊流通之）平實導師著 回郵25元

29.**印順法師的悲哀**——以現代禪的質疑為線索 恒毓博士著 回郵25元

30.**識蘊真義**——現觀識蘊內涵、取證初果、親斷三縛結之具體行門。
——依《成唯識論》及《唯識述記》正義，略顯安慧《大乘廣五蘊論》之邪謬
平實導師著 回郵35元

31.**正覺電子報** 各期紙版本 免附回郵 每次最多函索三期或三本。
（已無存書之較早各期，不另增印贈閱）

32.**現代人應有的宗教觀** 蔡正禮老師 著 回郵3.5元

33.**遠惑趣道**——正覺電子報般若信箱問答錄 第一輯 回郵20元

34.**遠惑趣道**——正覺電子報般若信箱問答錄 第二輯 回郵20元

35.**確保您的權益**——器官捐贈應注意自我保護 游正光老師 著 回郵10元

36.**正覺教團電視弘法三乘菩提 DVD 光碟（一）**
由正覺教團多位親教師共同講述錄製 DVD 8 片，MP3 一片，共 9 片。
有二大講題：一為「三乘菩提之意涵」，二為「學佛的正知見」。內
容精闢，深入淺出，精彩絕倫，幫助大眾快速建立三乘法道的正知
見，免被外道邪見所誤導。有志修學三乘佛法之學人不可不看。（製
作工本費 100 元，回郵 25 元）

37.**正覺教團電視弘法 DVD 專輯（二）**
總有二大講題：一為「三乘菩提之念佛法門」，一為「學佛正知見(第
二篇)」，由正覺教團多位親教師輪番講述，內容詳細闡述如何修學
念佛法門、實證念佛三昧，以及學佛應具有的正確知見，可以幫助
發願往生西方極樂淨土之學人，得以把握往生，更可令學人快速建
立三乘法道的正知見，免被外道邪見所誤導。有志修學三乘佛法
之學人不可不看。（一套 17 片，工本費 160 元。回郵 35 元）

38.**佛藏經** 燙金精裝本 每冊回郵 20 元。正修佛法之道場欲大量索取者，
請正式發函並蓋用大印寄來索取（2008.04.30 起開始敬贈）

39.**喇嘛性世界**——揭開藏傳佛教譚崔瑜伽的面紗 張善思 等人著
由正覺同修會購贈 回郵20元

40.**藏傳佛教的神話**——性、謊言、喇嘛教 正玄教授編著 回郵20元
由正覺同修會購贈 回郵20元

41.**隨 緣**——理隨緣與事隨緣 平實導師述 回郵20元。

42.**學佛的覺醒** 正枝居士 著 回郵25元

43.**導師之真實義** 蔡正禮老師 著 回郵10元

44.**淺談達賴喇嘛之雙身法**——兼論解讀「密續」之達文西密碼
吳明芷居士 著 回郵10元

45.**魔界轉世** 張正玄居士 著 回郵10元

46.**一貫道與開悟** 蔡正禮老師 著 回郵10元

47.**博愛**——愛盡天下女人 正覺教育基金會 編印 回郵10元

48.**意識虛妄經教彙編**——實證解脫道的關鍵經文 正覺同修會編印 回郵25元

49.**繫念思惟念佛法門** 蔡正元老師著 回郵10元

50.**廣論三部曲** 郭正益老師著 回郵20元

51.**邪箭囈語**——從中觀的教證與理證，談多識仁波切《破魔金剛箭雨論—反擊
　　　　　　蕭平實對佛教正法的惡毒進攻》邪書的種種謬理
　　　　　　　　　　　　陸正元老師著　俟正覺電子報連載後出版
52.**真假沙門**——依 佛聖教闡釋佛教僧寶之定義
　　　　　　　　　蔡正禮老師著　俟正覺電子報連載後結集出版
53.**真假禪宗**——藉評論釋性廣《印順導師對變質禪法之批判
　　　　　　　　　　　　及對禪宗之肯定》以顯示真假禪宗
　　　　　附論一：凡夫知見 無助於佛法之信解行證
　　　　　附論二：世間與出世間一切法皆從如來藏實際而生而顯
　　　　　余正偉老師著　俟正覺電子報連載後結集出版　回郵未定
54.**雪域同胞的悲哀**——揭示顯密正理，兼破索達吉師徒《般若鋒兮金剛焰》。
　　　　　　　　　　釋正安 法師著　俟正覺電子報連載後結集出版

★ 上列贈書之郵資，係台灣本島地區郵資，大陸、港、澳地區及外國地區，
　請另計酌增（大陸、港、澳、國外地區之郵票不許通用）。尚未出版之
　書，請勿先寄來郵資，以免增加作業煩擾。

★ 本目錄若有變動，唯於後印之書籍及「成佛之道」網站上修正公佈之，
　不另行個別通知。

函索書籍請寄：佛教正覺同修會　103 台北市承德路 3 段 277 號 9 樓
台灣地區函索書籍者請附寄郵票，無時間購買郵票者可以等值現金抵用，
但不接受郵政劃撥、支票、匯票。大陸地區得以人民幣計算，國外地區請
以美元計算（請勿寄來當地郵票，在台灣地區不能使用）。欲以掛號寄遞
者，請另附掛號郵資。

親自索閱：正覺同修會各共修處。　★請於共修時間前往取書，餘時無人
在道場，請勿前往索取；共修時間與地點，詳見書末正覺同修會共修現況
表（以近期之共修現況表為準）。

註：正智出版社發售之局版書，請向各大書局購閱。若書局之書架上已經
售出而無陳列者，請向書局櫃台指定洽購；若書局不便代購者，請於正覺
同修會共修時間前往各共修處請購，正智出版社已派人於共修時間送書前
往各共修處流通。　郵政劃撥購書及 大陸地區 購書，請詳別頁正智出版
社發售書籍目錄最後頁之說明。

成佛之道 網站：http://www.a202.idv.tw　　正覺同修會已出版之結緣書籍，
多已登載於 成佛之道 網站，若住外國、或住處遙遠，不便取得正覺同修
會贈閱書籍者，可以從本網站閱讀及下載。　書局版之《宗通與說通》
亦已上網，台灣讀者可向書局洽購，成本價 200 元。《狂密與真密》第一
輯~第四輯，亦於 2003.5.1.全部於本網站登載完畢；台灣地區讀者請向書
局洽購，每輯約 400 頁，賠本流通價 140 元（網站下載紙張費用較貴，容
易散失，難以保存，亦較不精美）。

＊＊藏傳佛教修雙身法，非佛教＊＊

正智出版社 籌募弘法基金發售書籍目錄　　2013/01/21

1.**宗門正眼**—公案拈提 第一輯 重拈　平實導師著　500 元
　　因重寫內容大幅度增加故，字體必須改小，並增爲 576 頁 主文 546 頁。
　　比初版更精彩、更有內容。初版《禪門摩尼寶聚》之讀者，可寄回本公司
　　免費調換新版書。免附回郵，亦無截止期限。（2007 年起，每冊附贈本公
　　司精製公案拈提〈超意境〉CD 一片。市售價格 280 元，多購多贈。）
2.**禪淨圓融**　平實導師著　200 元（第一版舊書可換新版書。）
3.**真實如來藏**　平實導師著　400 元
4.**禪—悟前與悟後**　平實導師著　上、下冊，每冊 250 元
5.**宗門法眼**—公案拈提 第二輯　平實導師著　500 元
　　　　　　（2007 年起，每冊附贈本公司精製公案拈提〈超意境〉CD 一片）
6.**楞伽經詳解**　平實導師著　全套共 10 輯　每輯 250 元
7.**宗門道眼**—公案拈提 第三輯　平實導師著　500 元
　　　　　　（2007 年起，每冊附贈本公司精製公案拈提〈超意境〉CD 一片）
8.**宗門血脈**—公案拈提 第四輯　平實導師著　500 元
　　　　　　（2007 年起，每冊附贈本公司精製公案拈提〈超意境〉CD 一片）
9.**宗通與說通**—成佛之道 平實導師著 主文 381 頁 全書 400 頁 成本價 200 元
10.**宗門正道**—公案拈提 第五輯　平實導師著　500 元
　　　　　　（2007 年起，每冊附贈本公司精製公案拈提〈超意境〉CD 一片）
11.**狂密與真密** 一～四輯　平實導師著　西藏密宗是人間最邪淫的宗教，本質
　　不是佛教，只是披著佛教外衣的印度教性力派流毒的喇嘛教。此書中將
　　西藏密宗密傳之男女雙身合修樂空雙運所有祕密與修法，毫無保留完全
　　公開，並將全部喇嘛們所不知道的部分也一併公開。內容比大辣出版社
　　喧騰一時的《西藏慾經》更詳細。並且函蓋藏密的所有祕密及其錯誤的
　　中觀見、如來藏見……等，藏密的所有法義都在書中詳述、分析、辨正。
　　每輯主文三百餘頁 每輯全書約 400 頁 流通價每輯 140 元
12.**宗門正義**—公案拈提 第六輯　平實導師著　500 元
　　　　　　（2007 年起，每冊附贈本公司精製公案拈提〈超意境〉CD 一片）
13.**心經密意**—心經與解脫道、佛菩提道、祖師公案之關係與密意 平實導師述 300 元
14.**宗門密意**—公案拈提 第七輯　平實導師著　500 元
　　　　　　（2007 年起，每冊附贈本公司精製公案拈提〈超意境〉CD 一片）
15.**淨土聖道**—兼評「選擇本願念佛」　正德老師著　200 元
16.**起信論講記**　平實導師述著　共六輯　每輯三百餘頁　成本價各 200 元
17.**優婆塞戒經講記**　平實導師述著 共八輯 每輯三百餘頁 成本價各 200 元
18.**真假活佛**—略論附佛外道盧勝彥之邪說（對前岳靈犀網站主張「盧勝彥是
　　　　　　　證悟者」之修正）正犀居士 (岳靈犀) 著　流通價 140 元
19.**阿含正義**—唯識學探源 平實導師著　共七輯　每輯 250 元

20.**超意境** CD 以平實導師公案拈提書中超越意境之頌詞,加上曲風優美的旋律,錄成令人嚮往的超意境歌曲,其中包括正覺發願文及平實導師親自譜成的黃梅調歌曲一首。詞曲雋永,殊堪翫味,可供學禪者吟詠,有助於見道。內附設計精美的彩色小冊,解說每一首詞的背景本事。每片 280 元。【每購買公案拈提書籍一冊,即贈送一片。】

21.**菩薩底憂鬱** CD 將菩薩情懷及禪宗公案寫成新詞,並製作成超越意境的優美歌曲。 1.主題曲〈菩薩底憂鬱〉,描述地後菩薩能離三界生死而迴向繼續生在人間,但因尚未斷盡習氣種子而有極深沈之憂鬱,非三賢位菩薩及二乘聖者所知,此憂鬱在七地滿心位方才斷盡;本曲之詞中所說義理極深,昔來所未曾見;此曲係以優美的情歌風格寫詞及作曲,聞者得以激發嚮往諸地菩薩境界之大心,詞、曲都非常優美,難得一見;其中勝妙義理之解說,已印在附贈之彩色小冊中。 2.以各輯公案拈提中直示禪門入處之頌文,作成各種不同曲風之超意境歌曲,值得玩味、參究;聆聽公案拈提之優美歌曲時,請同時閱讀內附之印刷精美說明小冊,可以領會超越三界的證悟境界;未悟者可以因此引發求悟之意向及疑情,真發菩提心而邁向求悟之途,乃至因此真實悟入般若,成真菩薩。 3.正覺總持咒新曲,總持佛法大意;總持咒之義理,已加以解說並印在隨附之小冊中。本 CD 共有十首歌曲,長達 63 分鐘,請直接向各市縣鄉鎮之 CD 販售店購買,本公司及各講堂都不販售。每盒各附贈二張購書優惠券。

22.**禪意無限** CD 平實導師以公案拈提書中偈頌寫成不同風格曲子,與他人所寫不同風格曲子共同錄製出版,幫助參禪人進入禪門超越意識之境界。盒中附贈彩色印製的精美解說小冊,以供聆聽時閱讀,令參禪人得以發起參禪之疑情,即有機會證悟本來面目而發起實相智慧,實證大乘菩提般若,能如實證知般若經中的真實意。本 CD 共有十首歌曲,長達 69 分鐘,於 2012 年五月下旬公開發行,請直接向各市縣鄉鎮之 CD 販售店購買,本公司及各講堂都不販售。每盒各附贈二張購書優惠券。〈禪意無限〉出版後將不再錄製 CD,特此公告。

23.**我的菩提路**第一輯 釋悟圓、釋善藏等人合著 售價 200 元

24.**我的菩提路**第二輯 郭正益、張志成等人合著 售價 250 元

25.**鈍鳥與靈龜**──考證後代凡夫對大慧宗杲禪師的無根誹謗。

平實導師著 共 458 頁 售價 250 元

26.**維摩詰經講記** 平實導師述 共六輯 每輯三百餘頁 優惠價各 200 元

27.**真假外道**──破劉東亮、杜大威、釋證嚴常見外道見 正光老師著 200 元

28.**勝鬘經講記**──兼論印順《勝鬘經講記》對於《勝鬘經》之誤解。

平實導師述 共六輯 每輯三百餘頁 優惠價200 元

29.**楞嚴經講記** 平實導師述 共 **15** 輯,每輯三百餘頁 優惠價 200 元

30.**明心與眼見佛性**──駁慧廣〈蕭氏「眼見佛性」與「明心」之非〉文中謬說

正光老師著 共448 頁 成本價250 元

31.**達賴真面目**—玩盡天下女人 白正偉老師 等著 中英對照彩色精裝大本 800 元
32.**喇嘛性世界**—揭開藏傳佛教譚崔瑜伽的面紗 張善思 等人著 200 元
33.**藏傳佛教的神話**—性、謊言、喇嘛教 正玄教授編著 200 元
34.**金剛經宗通** 平實導師述 共 9 輯 每輯三百餘頁 優惠價 200 元
　　　　　　　　2012 年 6 月 1 日出版第一輯後，每二個月出版一輯
35.**空行母**—性別、身分定位，以及藏傳佛教。
　　　　　珍妮‧坎貝爾著 呂艾倫 中譯 售價 250 元 8/1 起在各大書局上架
36.**末代達賴**—性交教主的悲歌 張善思、呂艾倫、辛燕編著 售價 250 元
37.**霧峰無霧**—給哥哥的信 辨正釋印順對佛法的無量誤解
　　　　　　　　　游宗明 居士著 成本價 200 元
38.**第七意識與第八意識？** 平實導師述 每冊 250 元
39.**黯淡的達賴**—失去光彩的諾貝爾和平獎 正覺教育基金會編著 售價 250 元
40.**人間佛教** 平實導師 述，定價 300 元
　　　　　　　　　將於《金剛經宗通》出版完畢後二個月出版
41.**佛法入門**—迅速進入三乘佛法大門，消除久學佛法漫無方向之窘境。
　　　　　　　　○○居士著 將於正覺電子報連載後出版。售價 200 元
42.**廣論之平議**—宗喀巴《菩提道次第廣論》之平議 正雄居士著
　　　　　　　約二或三輯 俟正覺電子報連載後結集出版 書價未定
43.**中觀金鑑**—詳述應成派中觀的起源與其破法、凡夫見本質 正德老師著
　　　　　　　於正覺電子報連載後結集出版之。 出版日期、書價未定
44.**末法導護**—對印順法師中心思想之綜合判攝 正慶老師著 書價未定
45.**實相經宗通** 平實導師述 俟整理完畢後出版之。
46.**菩薩學處**—菩薩四攝六度之要義 正元老師著 出版日期未定。
47.**法華經講義** 平實導師述 每輯 200 元 出版日期未定
48.**八識規矩頌詳解** ○○居士 註解 出版日期另訂 書價未定。
49.**印度佛教史**—法義與考證。依法義史實評論印順《印度佛教思想史、佛教
　　　　史地考論》之謬說 正偉老師著 出版日期未定 書價未定
50.**中國佛教史**—依中國佛教正法史實而論。 ○○老師 著 書價未定。
51.**中論正義**—釋龍樹菩薩《中論》頌正理。
　　　　　　　　　正德老師著 出版日期未定 書價未定
52.**中觀正義**—註解平實導師《中論正義頌》。
　　　　　　　　○○法師（居士）著 出版日期未定 書價未定
53.**佛藏經講記** 平實導師述 出版日期未定 書價未定
54.**阿含講記**—將選錄四阿含中數部重要經典全經講解之，講後整理出版。
　　　　　　　　平實導師述 約二輯 每輯 200 元 出版日期未定
55.**寶積經講記** 平實導師述 每輯三百餘頁 優惠價 200 元 出版日期未定
56.**解深密經講記** 平實導師述 約四輯 將於重講後整理出版
57.**成唯識論略解** 平實導師著 五～六輯 每輯 200 元 出版日期未定
58.**修習止觀坐禪法要講記** 平實導師述 每輯三百餘頁 優惠價 200 元

將於正覺寺建成後重講、以講記逐輯出版　日期未定

59.無門關──《無門關》公案拈提　平實導師著　出版日期未定

60.中觀再論──兼述印順《中觀今論》謬誤之平議。正光老師著　出版日期未定

61.輪迴與超度──佛教超度法會之真義。
　　　　　　　　　　　　○○法師（居士）著　出版日期未定　書價未定

62.《釋摩訶衍論》平議──對偽稱龍樹所造《釋摩訶衍論》之平議
　　　　　　　　　　　　○○法師（居士）著　出版日期未定　書價未定

63.正覺發願文註解──以真實大願為因　得證菩提
　　　　　　　　　　正德老師著　　出版日期未定　　書價未定

64.正覺總持咒──佛法之總持　正圜老師著　出版日期未定　書價未定

65.涅槃──論四種涅槃　平實導師著　出版日期未定　書價未定

66.三自性──依四食、五蘊、十二因緣、十八界法，說三性三無性。
　　　　　　　　　　　　　　　作者未定　出版日期未定

67.道品──從三自性說大小乘三十七道品　作者未定　出版日期未定

68.大乘緣起觀──依四聖諦七真如現觀十二緣起　作者未定　出版日期未定

69.三德──論解脫德、法身德、般若德。　作者未定　出版日期未定

70.真假如來藏──對印順《如來藏之研究》謬說之平議　作者未定　出版日期未定

71.大乘道次第　作者未定　出版日期未定　書價未定

72.四緣──依如來藏故有四緣。　作者未定　出版日期未定

73.空之探究──印順《空之探究》謬誤之平議　作者未定　出版日期未定

74.十法義──論阿含經中十法之正義　作者未定　出版日期未定

75.外道見──論述外道六十二見　作者未定　出版日期未定

＊＊藏傳佛教修雙身法，非佛教＊＊

正智出版社有限公司書籍介紹

禪淨圓融：言淨土諸祖所未曾言，示諸宗祖師所未曾示；禪淨圓融，另闢成佛捷徑，兼顧自力他力，闡釋淨土門之速行易行道，亦同時揭櫫聖教門之速行易行道；令廣大淨土行者得免緩行難證之苦，亦令聖道門行者得以藉著淨土速行道而加快成佛之時劫。乃前無古人之超勝見地，非一般弘揚禪淨法門典籍也，先讀為快。平實導師著 200元。

宗門正眼—公案拈提第一輯：繼承克勤圓悟大師碧巖錄宗旨之禪門鉅作。先則舉示當代大法師之邪說，消弭當代禪門大師鄉愿之心態，摧破當今禪門「世俗禪」之妄談；次則旁通教法，表顯宗門正理；繼以道之次第，消弭古今狂禪；後藉言語及文字機鋒，直示宗門入處。悲智雙運，禪味十足，數百年來難得一睹之禪門鉅著也。平實導師著500元（原初版書《禪門摩尼寶聚》，改版後補充為五百餘頁新書，總計多達二十四萬字，內容更精彩，並改名為《宗門正眼》，讀者原購初版《禪門摩尼寶聚》皆可寄回本公司免費換新，免附回郵，亦無截止期限）（2007年起，凡購買公案拈提第一輯至第七輯，每購一輯皆贈送本公司精製公案拈提〈超意境〉CD一片，市售價格280元，多購多贈）。

禪—悟前與悟後：本書能建立學人悟道之信心與正確知見，圓滿具足而有次第地詳述禪悟之功夫與禪悟之內容，指陳參禪中細微淆訛之處，能使學人明自真心、見自本性。若未能悟入，亦能以正確知見辨別古今中外一切大師究係真悟？或屬錯悟？便有能力揀擇，捨名師而選明師，後時必有悟道之緣。一旦悟道，遲者七次人天往返，便出三界，速者一生取辦。學人欲求開悟者，不可不讀。平實導師著。上、下冊共500元，單冊250元。

真實如來藏：如來藏真實存在，乃宇宙萬有之本體，並非印順法師、達賴喇嘛等人所說之「唯有名相、無此心體」。如來藏是涅槃之本際，是一切有智之人竭盡心智、不斷探索而不能得之生命實相；是古今中外許多大師自以為悟而當面錯過之生命實相。如來藏即是阿賴耶識，乃是一切有情本自具足、不生不滅之真實心。當代中外大師於此書出版之前所未能言者，作者於本書中盡情流露、詳細闡釋。真悟者讀之，必能增益悟境、智慧增上；錯悟者讀之，必能檢討自己之錯誤，免犯大妄語業；未悟者讀之，能知參禪之理路，亦能以之檢查一切名師是否真悟。此書是一切哲學家、宗教家、學佛者及欲昇華心智之人必讀之鉅著。 平實導師著 售價400元。

宗門法眼—公案拈提第二輯：列舉實例，闡釋土城廣欽老和尚之悟處；並直示這位不識字的老和尚妙智橫生之根由，繼而剖析禪宗歷代大德之開悟公案，解析當代密宗高僧卡盧仁波切之錯悟證據，並例舉當代顯宗高僧、大居士之錯悟證據（凡健在者，為免影響其名聞利養，皆隱其名）。藉辨正當代名師之邪見，向廣大佛子指陳禪悟之正道，彰顯宗門法眼。悲勇兼出，強捋虎鬚；慈智雙運，巧探驪龍；摩尼寶珠在手，直示宗門入處，禪味十足；若非大悟徹底，不能為之。禪門精奇人物，允宜人手一冊，供作參究及悟後印證之圭臬。本書於2008年4月改版，增寫為大約500頁篇幅，以利學人研讀參究時更易悟入宗門正法，以前所購初版首刷及初版二刷舊書，皆可免費換取新書，詳情請見〈售後服務—換書啟事〉。平實導師著 500元（2007年起，凡購買公案拈提第一輯至第七輯，每購一輯皆贈送本公司精製公案拈提〈超意境〉CD一片，市售價格280元，多購多贈）。

宗門道眼—公案拈提第三輯：繼宗門法眼之後，再以金剛之作略、慈悲之胸懷、犀利之筆觸，舉示寒山、拾得、布袋三大士之悟處，消弭當代錯悟者對於寒山大士……等之誤會及誹謗。 亦舉出民初以來與虛雲和尚齊名之蜀郡鹽亭袁煥仙夫子南懷瑾老師之師，其「悟處」何在？並蒐羅許多真悟祖師之證悟公案，顯示禪宗歷代祖師之睿智，指陳部分祖師、奧修及當代顯密大師之謬悟，作為殷鑑，幫助禪子建立及修正參禪之方向及知見。假使讀者閱此書已，一時尚未能悟，亦可一面加功用行，一面以此宗門道眼辨別真假善知識，避開錯誤之印證及歧路，可免大妄語業之長劫慘痛果報。欲修禪宗之禪者，務請細讀。平實導師著 售價500元（2007年起，凡購買公案拈提第一輯至第七輯，每購一輯皆贈送本公司精製公案拈提〈超意境〉CD一片，市售價格280元，多購多贈）。

楞伽經詳解：本經是禪宗見道者印證所悟真偽之根本經典，亦是禪宗見道者悟後起修之依據經典；故達摩祖師於印證二祖慧可大師之後，將此經典連同佛缽祖衣一併交付二祖，令其依此經典佛示金言、進入修道位，修學一切種智。由此可知此經對於真悟之人修學佛道，是非常重要之一部經典。此經能破外道邪說，亦破佛門中錯悟名師之謬說，亦破禪宗部分祖師之狂禪：不讀經典、一向主張「一悟即成究竟佛」之謬執。並開示愚夫所行禪、觀察義禪、攀緣如禪、如來禪等差別，令行者對於三乘禪法差異有所分辨；亦糾正禪宗祖師古來對於如來禪之誤解，嗣後可免以訛傳訛之弊。此經亦是法相唯識宗之根本經典，禪者悟後欲修一切種智而入初地者，必須詳讀。 平實導師著，全套共十輯，已全部出版完畢，每輯主文約320頁，每冊約352頁，定價250元。

宗門血脈—公案拈提第四輯：末法怪象—許多修行人自以為悟，每將無念靈知認作真實；崇尚二乘法諸師及其徒眾，則將外於如來藏之緣起性空—無因論之無常空、斷滅空、一切法空—錯認為佛所說之般若空性。這兩種現象已於當今海峽兩岸及美加地區顯密大師之中普遍存在；人人自以為悟，心高氣壯，便敢寫書解釋祖師證悟之公案，大多出於意識思惟所得，言不及義，錯誤百出，因此誤導廣大佛子同陷大妄語之地獄業中而不能自知。彼等書中所說之悟處，其實處處違背第一義經典之聖言量。彼等諸人不論是否身披袈裟，都非佛法宗門血脈，或雖有禪宗法脈之傳承，亦只徒具形式；猶如螟蛉，非真血脈，未悟得根本真實故。禪子欲知佛、祖之真血脈者，請讀此書，便知分曉。 平實導師著，主文452頁，全書464頁，定價500元（2007年起，凡購買公案拈提第一輯至第七輯，每購一輯皆贈送本公司精製公案拈提〈超意境〉CD一片，市售價格280元，多購多贈）。

宗通與說通：古今中外，錯誤之人如麻似粟，每以常見外道所說之靈知心，認作真心；或妄想虛空之勝性能量為真如，或錯認物質四大元素藉冥性（靈知心本體）能成就吾人色身及知覺，或認初禪至四禪中之了知心為不生不滅之涅槃心。此等皆非通宗者之見地。復有錯悟之人一向主張「宗門與教門不相干」，此即尚未通達宗門之人也。其實宗門與教門互通不二，宗門所證者乃是真如與佛性，教門所說者乃說宗門證悟之真如佛性，故教門與宗門不二。本書作者以宗教二門互通之見地，細說「宗通與說通」，從初見道至悟後起修之道、細說分明；並將諸宗諸派在整體佛教中之地位與次第，加以明確之教判，學人讀之即可了知佛法之梗概也。欲擇明師學法之前，允宜先讀。平實導師著，主文共381頁，全書392頁，只售成本價200元。

宗門正道—公案拈提第五輯：修學大乘佛法有二果須證解脫果及大菩提果。二乘人不證大菩提果，唯證解脫果；此果之智慧，名爲聲聞菩提、緣覺菩提。大乘佛子所證二果之菩提果爲佛菩提，故名大菩提果，其慧名爲一切種智函蓋二乘解脫果。然此大乘二果修證，須經由禪宗之宗門證悟方能相應。而宗門證悟極難，自古已然；其所以難者，咎在古今佛教界普遍存在三種邪見：1.以修定認作佛法，2.以無因論之緣起性空—否定涅槃本際如來藏以後之一切法空作爲佛法，3.以常見外道邪見（離語言妄念之靈知性）作爲佛法。如是邪見，或因自身正見未立所致，或因邪師之邪教導所致，或因無始劫來虛妄熏習所致。若不破除此三種邪見，永劫不悟宗門眞義、不入大乘正道，唯能外門廣修菩薩行。平實導師於此書中，有極爲詳細之說明，有志佛子欲摧邪見、入於內門修菩薩行者，當閱此書。主文共496頁，全書512頁。售價500元（2007年起，凡購買公案拈提第一輯至第七輯，每購一輯皆贈送本公司精製公案拈提〈超意境〉CD一片，市售價格280元，多購多贈）。

狂密與眞密：密教之修學，皆由有相之觀行法門而入，其最終目標仍不離顯教經典所說第一義諦之修證；若離顯教第一義經典、或違背顯教第一義經典，即非佛教。西藏密教之觀行法，如灌頂、觀想、遷識法、寶瓶氣、大聖歡喜雙身修法、喜金剛、無上瑜伽、大樂光明、樂空雙運等，皆是印度教兩性生生不息思想之轉化，**自始至終皆以如何能運用交合淫樂之法達到全身受樂爲其中心思想**，純屬欲界五欲的貪愛，不能令人超出欲界輪迴，更不能令人斷除我見；何況大乘之明心與見性，更無論矣！故密宗之法絕非佛法也。而其明光大手印、大圓滿法教，又皆同以常見外道所說離語言妄念之無念靈知心錯認爲佛地之眞如，不能直指不生不滅之眞如。西藏密宗所有法王與徒眾，都尚未開頂門眼，不能辨別眞僞，以依人不依法、依密續不依經典故，不肯將其上師喇嘛所說對照第一義經典，純依密續之藏密祖師所說爲準，因此而誇大其證德與證量，動輒謂彼祖師上師爲究竟佛、爲地上菩薩；如今台海兩岸亦有自謂其師證量高於釋迦文佛者，然觀其師所述，猶未見道，仍在觀行即佛階段，尚未到禪宗相似即佛、分證即佛階位，竟敢標榜爲究竟佛及地上法王，誑惑初機學人。凡此怪象皆是狂密，不同於眞密之修行者。近年狂密盛行，密宗行者被誤導者極眾，動輒自謂已證佛地眞如，自視爲究竟佛，陷於大妄語業中而不知自省，反謗顯宗眞修實證者之證量粗淺；或如義雲高與釋性圓…等人，於報紙上公然誹謗眞實證道者爲「騙子、無道人、人妖、癩蛤蟆…」等，造下誹謗大乘勝義僧之大惡業；或以外道法中有爲有作之甘露、魔術……等法，誑騙初機學人，狂言彼外道法爲眞佛法。如是怪象，在西藏密宗及附藏密之外道中，不一而足，舉之不盡，學人宜應愼思明辨，以免上當後又犯毀破菩薩戒之重罪。密宗學人若欲遠離邪知邪見者，請閱此書，即能了知密宗之邪謬，從此遠離邪見與邪修，轉入眞正之佛道。平實導師著 共四輯 每輯約400頁（主文約340頁）賠本流通價每輯140元。

宗門正義—**公案拈提**第六輯：佛教有六大危機，乃是藏密化、世俗化、膚淺化、學術化、宗門密意失傳、悟後進修諸地之次第混淆；其中尤以宗門密意之失傳，爲當代佛教最大之危機。由宗門密意失傳故，易令世尊本懷普被錯解，易令世尊正法被轉易爲外道法，以及加以淺化、世俗化，是故宗門密意之廣泛弘傳與具緣佛弟子，極爲重要。然而欲令宗門密意之廣泛弘傳予具緣之佛弟子者，必須同時配合錯誤知見之解析、普令佛弟子知之，然後輔以公案解析之直示入處，方能令具緣之佛弟子悟入。而此二者，皆須以公案拈提之方式爲之，方易成其功、竟其業，是故平實導師續作宗門正義一書，以利學人。 全書500餘頁，售價500元（2007年起，凡購買公案拈提第一輯至第七輯，每購一輯皆贈送本公司精製公案拈提〈超意境〉CD一片，市售價格280元，多購多贈）。

心經密意—心經與解脫道、佛菩提道、祖師公案之關係與密意。 二乘菩提所證之解脫道，實依第八識心之斷除煩惱障現行而立解脫之名；大乘菩提所證之佛菩提道，實依親證第八識如來藏之涅槃性、清淨自性、及其中道性而立般若之名；禪宗祖師公案所證之眞心，即是此第八識如來藏；是故三乘佛法所修所證之三乘菩提，皆依此如來藏心而立名也。此第八識心，即是《心經》所說之心也。證得此如來藏已，即能漸入大乘佛菩提道，亦可因證知此心而了知二乘無學所不能知之無餘涅槃本際，是故《心經》之密意，與三乘佛菩提之關係極爲密切、不可分割，三乘佛法皆依此心而立名故。今者平實導師以其所證解脫道之無生智及佛菩提之般若種智，將《心經》與解脫道、佛菩提道、祖師公案之關係與密意，以演講之方式，用淺顯之語句和盤托出，發前人所未言，呈三乘菩提之眞義，令人藉此《心經密意》一舉而窺三乘菩提之堂奧，迴異諸方言不及義之說；欲求眞實佛智者、不可不讀！主文317頁，連同跋文及序文…等共384頁，售價300元。

宗門密意—**公案拈提**第七輯：佛教之世俗化，將導致學人以信仰作爲學佛，則將以感應及世間法之庇祐，作爲學佛之主要目標，不能了知學佛之主要目標爲親證三乘菩提。大乘菩提則以般若實相智慧爲主要修習目標，以二乘菩提解脫道爲附帶修習之標的；是故學習大乘法者，應以禪宗之證悟爲要務，能親入大乘菩提之實相般若智慧中故，般若實相智慧非二乘聖人所能知故。此書則以台灣世俗化佛教之三大法師，說法似是而非之實例，配合眞悟祖師之公案解析，提示證悟般若之關節，令學人易得悟入。平實導師著，全書五百餘頁，售價500元（2007年起，凡購買公案拈提第一輯至第七輯，每購一輯皆贈送本公司精製公案拈提〈超意境〉CD一片，市售價格280元，多購多贈）。

淨土聖道—兼評日本本願念佛：佛法甚深極廣，般若玄微，非諸二乘聖僧所能知之，一切凡夫更無論矣！所謂一切證量皆歸淨土是也！是故大乘法中「聖道之淨土、淨土之聖道」，其義甚深，難可了知；乃至真悟之人，初心亦難知也。今有正德居士真實證悟後，復能深探淨土與聖道之緊密關係，憐憫眾生之誤會淨土實義，亦欲利益廣大淨土行人同入聖道，同獲淨土中之聖道門要義，乃振奮心神、書以成文，今得刊行天下。主文279頁，連同序文等共301頁，總有十一萬六千餘字，正德老師著，成本價200元。

起信論講記：詳解大乘起信論**心生滅門**與**心真如門**之真實意旨，消除以往大師與學人對起信論所說**心生滅門**之誤解，由是而得了知真心如來藏之非常非斷中道正理；亦因此一講解，令此論以往隱晦而被誤解之真實義，得以如實顯示，令大乘佛菩提道之正理得以顯揚光大；初機學者亦可藉此正論所顯示之法義，對大乘法理生起正信，從此得以真發菩提心，真入大乘法中修學，世世常修菩薩正行。平實導師演述，共六輯，都已出版，每輯三百餘頁，優惠價各200元。

優婆塞戒經講記：本經詳述在家菩薩修學大乘佛法，應如何受持菩薩戒？對人間善行應如何看待？對三寶應如何護持？應如何正確地修集此世後世證法之福德？應如何修集後世「行菩薩道之資糧」？並詳述第一義諦之正義：五蘊非我非異我、自作自受、異作異受、不作不受……等深妙法義，乃是修學大乘佛法、行菩薩行之在家菩薩所應當了知者。出家菩薩今世或未來世登地已，捨報之後多數將如華嚴經中諸大菩薩，以在家菩薩身而修行菩薩行，故亦應以此經所述正理而修之，配合《楞伽經、解深密經、楞嚴經、華嚴經》等道次第正理，方得漸次成就佛道；故此經是一切大乘行者皆應證知之正法。平實導師講述，每輯三百餘頁，優惠價各200元；共八輯，已全部出版。

真假活佛——略論附佛外道盧勝彥之邪說：人人身中都有真活佛，永生不滅而有大神用，但眾生都不了知，所以常被身外的西藏密宗假活佛籠罩欺瞞。本來就真實存在的真活佛，才是真正的密宗無上密！諾那活佛因此而說禪宗是大密宗，但藏密的所有活佛都不知道、也不曾實證自身中的真活佛。本書詳實宣示真活佛的道理，舉證盧勝彥的「佛法」不是真佛法，也顯示盧勝彥是假活佛，直接的闡釋第一義佛法見道的真實正理。真佛宗的所有上師與學人們，都應該詳細閱讀，包括盧勝彥個人在內。正犀居士著，優惠價140元。

阿含正義——唯識學探源：廣說四大部《阿含經》諸經中隱說之真正義理，一一舉示佛陀本懷，令阿含時期初轉法輪根本經典之真義，如實顯現於佛子眼前。並提示末法大師對於阿含真義誤解之實例，一一比對之，證實唯識增上慧學確於原始佛法之阿含諸經中已隱覆密意而略說之，證實世尊確於原始佛法中已曾密意而說第八識如來藏之總相；亦證實世尊在四阿含中已說此藏識是名色十八界之因、之本一證明如來藏是能生萬法之根本心。佛子可據此修正以往受諸大師（譬如西藏密宗應成派中觀師：印順、昭慧、性廣、大願、達賴、宗喀巴、寂天、月稱、……等人）誤導之邪見，建立正見，轉入正道乃至親證初果而無困難；書中並詳說三果所證的**心解脫**，以及四果慧**解脫**的親證，都是如實可行的具體知見與行門。全書共七輯，已出版完畢。平實導師著，每輯三百餘頁，定價250元。

超意境ＣＤ：以平實導師公案拈提書中超越意境之頌詞，加上曲風優美的旋律，錄成令人嚮往的超意境歌曲，其中包括正覺發願文及平實導師親自譜成的黃梅調歌曲一首。詞曲雋永，殊堪翫味，可供學禪者吟詠，有助於見道。內附設計精美的彩色小冊，解說每一首詞的背景本事。每片280元。【每購買公案拈提書籍一冊，即贈送一片。】

菩薩底憂鬱CD：將菩薩情懷及禪宗公案寫成新詞，並製作成超越意境的優美歌曲。1.主題曲〈菩薩底憂鬱〉，描述地後菩薩能離三界生死而迴向繼續生在人間，但因尚未斷盡習氣種子而有極深沈之憂鬱，非三賢位菩薩及二乘聖者所知，此憂鬱在七地滿心位方才斷盡；本曲之詞中所說義理極深，昔來所未曾見；此曲係以優美的情歌風格寫詞及作曲，聞者得以激發嚮往諸地菩薩境界之大心，詞、曲都非常優美，難得一見；其中勝妙義理之解說，已印在附贈之彩色小冊中。2.以各輯公案拈提中直示禪門入處之頌文，作成各種不同曲風之超意境歌曲，值得玩味、參究；聆聽公案拈提之優美歌曲時，請同時閱讀內附之印刷精美說明小冊，可以領會超越三界的證悟境界；未悟者可以因此引發求悟之意向及疑情，真發菩提心而邁向求悟之途，乃至因此真實悟入般若，成真菩薩。3.正覺總持咒新曲，總持佛法大意；總持咒之義理，已加以解說並印在隨附之小冊中。本CD共有十首歌曲，長達63分鐘，附贈二張購書優惠券。請直接向各市縣鄉鎮之CD販售店購買，本公司及各講堂都不販售。

禪意無限CD：平實導師以公案拈提書中偈頌寫成不同風格曲子，與他人所寫不同風格曲子共同錄製出版，幫助參禪人進入禪門超越意識之境界。盒中附贈彩色印製的精美解說小冊，以供聆聽時閱讀，令參禪人得以發起參禪之疑情，即有機會證悟本來面目，實證大乘菩提般若。本CD共有十首歌曲，長達69分鐘，於2012年五月下旬公開發行，請直接向各市縣鄉鎮之CD販售店購買，本公司及各講堂都不販售。每盒各附贈二張購書優惠券。〈禪意無限〉出版後將不再錄製CD，特此公告。

我的菩提路：第一輯：凡夫及二乘聖人不能實證的佛菩提證悟，末法時代的今天仍然有人能得實證，由正覺同修會釋悟圓、釋善藏法師等二十餘位實證如來藏者所寫的見道報告，已為當代學人見證宗門正法之絲縷不絕，證明大乘義學的法脈仍然存在，為末法時代求悟般若之學人照耀出光明的坦途。由二十餘位大乘見道者所繕，敘述各種不同的學法、見道因緣與過程，參禪求悟者必讀。全書三百餘頁，售價200元。

鈍鳥與靈龜：鈍鳥及靈龜二物，被宗門證悟者說為二種人：前者是精修禪定而無智慧者，也是以定為禪的愚癡禪人；後者是或有禪定、或無禪定的宗門證悟者，凡已證悟者皆是靈龜。但後來被人虛造事實，用以嘲笑大慧宗杲禪師，說他雖是靈龜，卻不免被天童禪師預記「患背」痛苦而亡：「鈍鳥離巢易，靈龜脫殼難。」藉以貶低大慧宗杲的證量。同時將天童禪師實證如來藏的證量，曲解為意識境界的離念靈知。自從大慧禪師入滅以後，錯悟凡夫對他的不實毀謗就一直存在著，不曾止息，並且捏造的假事實也隨著年月的增加而越來越多，終至編成「鈍鳥與靈龜」的假公案、假故事。本書是考證大慧與天童之間的不朽情誼，顯現這件假公案的虛妄不實；更見大慧宗杲面對惡勢力時的正直不阿，亦顯示大慧對天童禪師的至情深義，將使後人對大慧宗杲的誣謗至此而止，不再有人誤犯毀謗賢聖的惡業。書中亦舉證宗門的所悟確以第八識如來藏為標的，詳讀之後必可改正以前被錯悟大師誤導的參禪知見，日後必定有助於實證禪宗的開悟境界，得階大乘真見道位中，即是實證般若之賢聖。全書459頁，僅售250元。

維摩詰經講記：本經係世尊在世時，由等覺菩薩維摩詰居士藉疾病而演說之大乘菩提無上妙義，所說函蓋甚廣，然極簡略，是故今時諸方大師與學人讀之悉皆錯解，何況能知其中隱含之深妙正義，是故普遍無法為人解說；若強為人說，則成依文解義而有諸多過失。今由平實導師公開宣講之後，詳實解釋其中密意，令維摩詰菩薩所說大乘不可思議解脫之深妙正法得以正確宣流於人間，利益當代學人及與諸方大師。書中詳實演述大乘佛法深妙不共二乘之智慧境界，顯示諸法之中絕待之實相境界，建立大乘菩薩妙道於永遠不敗不壞之地，以此成就護法偉功，欲冀永利娑婆人天。已經宣講圓滿整理成書流通，以利諸方大師及諸學人。全書共六輯，每輯三百餘頁，優惠價各200元。

真假外道：本書具體舉證佛門中的常見外道知見實例，並加以教證及理證上的辨正，幫助讀者輕鬆而快速的了知常見外道的錯誤知見，進而遠離佛門內外的常見外道知見，因此即能改正修學方向而快速實證佛法。 游正光老師著。成本價200元。

勝鬘經講記：如來藏為三乘菩提之所依，若離如來藏心體及其含藏之一切種子，即無三界有情及一切世間法，亦無二乘菩提緣起性空之出世間法；本經詳說無始無明、一念無明皆依如來藏而有之正理，藉著詳解煩惱障與所知障間之關係，令學人深入了知二乘菩提與佛菩提相異之妙理；聞後即可了知佛菩提之特勝處及三乘修道之方向與原理，邁向攝受正法而速成佛道的境界中。平實導師講述，共六輯，每輯三百餘頁，優惠價各200元。共六輯，已經全部出版。

楞嚴經講記：楞嚴經係密教部之重要經典，亦是顯教中普受重視之經典；經中宣說明心與見性之內涵極為詳細，將一切法都會歸如來藏及佛性—妙真如性；亦闡釋佛菩提道修學過程中之種種魔境，以及外道誤會涅槃之狀況，旁及三界世間之起源。然因言句深澀難解，法義亦復深妙寬廣，學人讀之普難通達，是故讀者大多誤會，不能如實理解佛所說之明心與見性內涵，亦因是故多有悟錯之人引為開悟之證言，成就大妄語罪。今由平實導師詳細講解之後，整理成文，以易讀易懂之語體文刊行天下，以利學人。全書十五輯，2009/12/1開始發行，每二個月出版一輯，每輯三百餘頁，優惠價每輯200元。

我的菩提路第二輯：由郭正益老師等人合著，書中詳述彼等諸人歷經各處道場學法，一一修學而加以檢擇之不同過程以後，因閱讀正覺同修會、正智出版社書籍而發起抉擇分，轉入正覺同修會中修學；乃至學法及見道之過程，都一一詳述之。其中張志成等人係由前現代禪轉進正覺同修會，張志成原為現代禪副宗長，以前未閱本會書籍時，曾被人藉其名義著文評論平實導師（詳見《宗通與說通》辨正及《眼見佛性》書末附錄……等）；後因偶然接觸正覺同修會書籍，深覺以前聽人評論平實導師之語不實，於是投入極多時間閱讀本會書籍、深入思辨，詳細探索中觀與唯識之關聯與異同，認為正覺之法義方是正法，深覺相應；亦解開多年來對佛法的迷雲，確定應依八識論正理修學方是正法。乃不顧面子，毅然前往正覺同修會面見平實導師懺悔，並正式學法求悟。今已與其同修王美伶（亦為前現代禪傳法老師），同樣證悟如來藏而證得法界實相，生起實相般若真智。此書中尚有七年來本會第一位眼見佛性者之見性報告一篇，一同供養大乘佛弟子。

明心與眼見佛性：本書細述明心與眼見佛性之異同，同時顯示了中國禪宗破初參明心與重關眼見佛性二關之間的關聯；書中又藉法義辨正而旁述其他許多勝妙法義，讀後必能遠離佛門長久以來積非成是的錯誤知見，令讀者在佛法的實證上有極大助益。也藉慧廣法師的謬論來教導佛門學人回歸正知正見，遠離古今禪門錯悟者所墮的意識境界，非唯有助於斷我見，也對未來的開悟明心實證第八識如來藏有所助益，是故學禪者都應細讀之。游正光老師著共448頁　成本價250元

金剛經宗通：三界唯心，萬法唯識，是成佛之修證內容，是諸地菩薩之所修；般若則是成佛之道（實證三界唯心、萬法唯識）的入門，若未證悟實相般若，即無成佛之可能，必將永在外門廣行菩薩六度，永在凡夫位中。然而實相般若的發起，全賴實證萬法的實相；若欲證知萬法的真相，則必須探究萬法之所從來，則須實證自心如來一金剛心如來藏，然後現觀這個金剛心的金剛性、真實性、如如性、清淨性、涅槃性、能生萬法的自性性、本住性，名為證真如；進而現觀三界六道唯是此金剛心所成，人間萬法須藉八識心王和合運作方能現起。如是實證《華嚴經》的「三界唯心、萬法唯識」以後，由此等現觀而發起實相般若智慧，繼續進修第十住位的如幻觀、第十行位的陽焰觀、第十迴向位的如夢觀，再生起增上意樂而勇發十無盡願，方能滿足三賢位的實證，轉入初地；自知成佛之道而無偏倚，從此按部就班、次第進修乃至成佛。第八識自心如來是般若智慧之所依，般若智慧的修證則要從實證金剛心自心如來開始；《金剛經》則是解說自心如來之經典，是一切三賢位菩薩所應進修之實相般若經典。這一套書，是將平實導師宣講的《金剛經宗通》內容，整理成文字而流通之；書中所說義理，迥異古今諸家依文解義之說，指出大乘見道方向與理路，有益於禪宗學人求開悟見道，及轉入內門廣修六度萬行。講述完畢後將擇期陸續結集出版。總共9輯，每輯約三百餘頁，優惠價各200元，2012/6/1起已開始出版，每二個月出版一輯。

空行母—性别、身分定位，以及藏傳佛教：本書作者爲蘇格蘭哲學家，因爲嚮往佛教深妙的哲學內涵，於是進入當年盛行於歐美的藏傳佛教密宗，擔任卡盧仁波切的翻譯工作多年以後，被邀請成爲卡盧的空行母（又名佛母、明妃），開始了她在密宗裡的實修過程；後來發覺在密宗雙身法中的修行，其實無法使自己成佛，也發覺密宗對女性岐視而處處貶抑，並剝奪女性在雙身法中擔任一半角色時應有的身分定位。當她發覺自己只是雙身法中被喇嘛利用的工具，沒有獲得絲毫應有的尊重與基本定位時，發現了密宗的父權社會控制女性的本質；於是作者傷心地離開了卡盧仁波切與密宗，但是卻被恐嚇不許講出她在密宗裡的經歷，也不許她說出自己對密宗的教義與教制下對女性剝削的本質，否則將被咒殺死亡。後來她去加拿大定居，十餘年後方才擺脫這個恐嚇陰影，下定決心將親身經歷的實情及觀察到的事實寫下來並且出版，公諸於世。出版之後，她被流亡的達賴集團人士大力攻訐，誣指她爲精神狀態失常、說謊……等。但有智之士並未被達賴集團的政治操作及各國政府政治運作吹捧達賴的表相所欺，使她的書銷售無阻而又再版。正智出版社鑑於作者此書是親身經歷的事實，所說具有針對藏傳佛教而作學術研究的價值，也有使人認清藏傳佛教剝削佛母、明妃的男性本位實質，因此洽請作者同意中譯而出版於華人地區。珍妮•坎貝爾女士著，呂艾倫 中譯，每冊250元。

霧峰無霧—給哥哥的信：本書作者藉兄弟之間信件往來論義，略述佛法大義；並以多篇短文辨義，舉出釋印順對佛法的無量誤解證據，並一一給予簡單而清晰的辨正，令人一讀即知。久讀、多讀之後即能認清楚釋印順的六識論見解，與眞實佛法之牴觸是多麼嚴重；於是在久讀、多讀之後，於不知不覺之間提升了對佛法的極深入理解，正知正見就在不知不覺間建立起來了。當三乘佛法的正知見建立起來之後，對於三乘菩提的見道條件便將隨之具足，於是聲聞解脫道的見道也就水到渠成；接著大乘見道的因緣也將次第成熟，未來自然也會有親見大乘菩提之道的因緣，悟入大乘實相般若也將自然成功，自能通達般若系列諸經而成實義菩薩。作者居住於南投縣霧峰鄉，自喻見道之後不復再見霧峰之霧，故鄉原野美景一一明見，於是立此書名爲《霧峰無霧》；讀者若欲撥霧見月，可以此書爲緣。游宗明 居士著　成本價200元。

第七意識與第八意識？ 「三界唯心，萬法唯識」是佛教中應該實證的聖教，也是《華嚴經》中明載而可以實證的法界實相。唯心者，三界一切境界、一切諸法唯是一心所成就，即是每一個有情的第八識如來藏，不是意識心。唯識者，即是人類各各都具足的八識心王————眼識、耳鼻舌身意識、意根、阿賴耶識，第八阿賴耶識又名如來藏，人類五陰相應的萬法，莫不由八識心王共同運作而成就，故說萬法唯識。依聖教量及現量、比量，都可以證明意識是二法因緣生，是由第八識藉意根與法塵二法為因緣而出生，又是夜夜斷滅不存之生滅心，即無可能反過來出生第七識意根、第八識如來藏，當知不可能從生滅性的意識心中，細分出恆審思量的第七識意根，更無可能細分出恆而不審的第八識如來藏。本書是將演講內容整理成文字，細說如是內容，並已在〈正覺電子報〉連載完畢，今彙集成書以廣流通，欲幫助佛門有緣人斷除意識我見，跳脫於識陰之外而取證聲聞初果；嗣後修學禪宗時即得不墮外道神我之中，得以求證第八識金剛心而發起般若實智。平實導師 述，每冊250元。

黯淡的達賴——失去光彩的諾貝爾和平獎：本書舉出很多證據與論述，詳述達賴喇嘛不為世人所知的一面，顯示達賴喇嘛並不是真正的和平使者，而是假借諾貝爾和平獎的光環來欺騙世人；透過本書的說明與舉證，讀者可以更清楚的瞭解，達賴喇嘛是結合暴力、黑暗、淫欲於喇嘛教裡的集團首領，其政治行為與宗教主張，早已讓諾貝爾和平獎的光環染污了。本書由財團法人正覺教育基金會寫作、編輯，由正覺出版社印行，每冊250元。已於2013/01/31出版。

人間佛教：「大乘非佛說」的講法似乎流傳已久，卻只是在日本人企圖擺脫中國佛教的影響，而在明治維新時期才開始提出來的說法；台灣佛教、大陸佛教的淺學無智之人，由於未曾實證佛法而迷信外國人的學術考證，錯認爲這些別有用心的外國佛學考證的講法爲天竺佛教的真實歷史，甚至還有更激進的反對佛教者提出「釋迦牟尼佛並非真實存在而只是後人捏造的假歷史人物」，也竟然有少數人願意跟著「學術」的假光環而信受不疑，於是開始有一些人造作了反對中國佛教而推崇南洋小乘佛教的行爲；在這些佛教及外教人士之中，也就有一分人據此邪說而大聲主張「大乘非佛說」的謬論，這些人以「人間佛教」的名義來抵制大乘佛教，公然宣稱大乘佛教是由聲聞部派佛教的凡夫僧所創造出來的。這樣的說法流傳於台灣及大陸佛教界凡夫僧之中已久，卻非真正的佛教歷史中曾經發生過的事，只是繼承聲聞凡夫僧六識論的凡夫僧俗依於自己的六識論立場，純憑臆想而編造出來的妄想說法，然已經影響許多無智之凡夫僧俗信受不移；本書則是從佛教的經藏法義實質及實證內涵的本質立論，證明大乘本是佛說，從《阿含正義》尚未說過的不同面向來討論「人間佛教」的議題，證明「大乘真佛說」。平實導師 述，定價300元，預定於《金剛經宗通》出版完畢後二個月出版。

佛法入門：學佛人往往修學二十年後仍不知如何入門，茫無所入漫無方向，不知如何實證佛法；更因不知三乘菩提的互異互同之處，導致越是久學者越覺茫然，都是肇因於尚未瞭解佛法的全貌所致。本書對於佛法的全貌提出明確的輪廓，並說明三乘菩提的異同處，讀後即可輕易瞭解佛法全貌，數日內即可明瞭三乘菩提入門方向與下手處。○○菩薩著 出版日期未定。

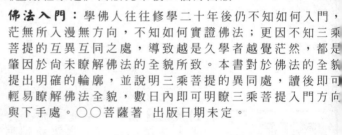

解深密經講記：本經係 世尊晚年第三轉法輪，宣說地上菩薩所應熏修之唯識正義經典，經中所說義理乃是大乘一切種智增上慧學，以阿陀那識－如來藏－阿賴耶識爲主體。禪宗之證悟者，若欲修證初地無生法忍乃至八地無生法忍者，必須修學《楞伽經、解深密經》所說之八識心王一切種智；此二經所說正法，方是真正成佛之道；印順法師否定第八識如來藏之後所說萬法緣起性空之法，是以誤會後之二乘解脫道取代大乘真正成佛之道，尚且不符二乘解脫道正理，亦已墮於斷滅見中，不可謂爲成佛之道也。平實導師曾於本會郭故理事長往生時，於喪宅中從首七開始宣講，於每一七各宣講三小時，至第十七而快速略講圓滿，作爲郭老之往生佛事功德，迴向郭老早證八地、速返娑婆住持正法。茲爲今時後世學人故，將擇期重講《解深密經》，以淺顯之語句整理成文，用供證悟者進道；亦令諸方未悟者，據此經中佛語正義，修正邪見，依之速能入道。平實導師述著，全書輯數未定，每輯三百餘頁，將於未來重講完畢後整理成文、逐輯出版。

修習止觀坐禪法要講記：修學四禪八定之人，往往錯會禪定之修學知見，欲以無止盡之坐禪而證禪定境界，卻不知修除性障之行門才是修證四禪八定不可或缺之要素，故智者大師云「性障初禪」；性障不除，初禪永不現前，云何修證二禪等？ 又：行者學定，若唯知數息，而不解六妙門之方便善巧者，欲求一心入定，極難可得，智者大師名之爲「事障未來」：障礙未到地定之修證。又禪定之修證，不可違背二乘菩提及第一義法，否則縱使具足四禪八定，亦不能實證涅槃而出三界。此諸知見，智者大師於《修習止觀坐禪法要》中皆有闡釋。作者平實導師以其第一義之見地及禪定之實證證量，曾加以詳細解析。將俟正覺寺竣工啓用後重講，不限制聽講者資格；講後將以語體文整理出版。欲修習世間定及增上定之學者，宜細讀之。平實導師述著。

阿含講記小乘解脫道之修證：數百年來，南傳佛法所說證果之不實，所說解脫道之虛妄，所弘解脫道法義之世俗化，皆已少人知之；從南洋傳入台灣與大陸之後，所說法義虛謬之事，亦復少人知之；今時台灣全島印順系統之法師居士，多不知南傳佛法數百年來所說解脫道之義理已然偏斜、已然世俗化、已非眞正之二乘解脫正道，猶極力推崇與弘揚。彼等南傳佛法近代所謂之證果者多非眞實證果者，譬如阿迦曼、葛印卡、帕奧禪師、一行禪師……等人，悉皆未斷我見故。近年更有台灣南部大願法師，高抬南傳佛法之二乘修證行門爲「捷徑究竟解脫之道」者，然而南傳佛法縱使眞修實證，得成阿羅漢，至高唯是二乘菩提解脫之道，絕非**究竟**解脫，無餘涅槃中之實際尚未得證故，法界之實相尚未了知故，習氣種子待除故，一切種智未實證故，焉得謂爲「究竟解脫」？即使南傳佛法近代眞有實證之阿羅漢，尚且不及三賢位中之七住明心菩薩本來自性清淨涅槃智慧境界，不知此賢位菩薩所證之無餘涅槃實際，仍非大乘佛法中之見道者，何況普未實證聲聞果乃至未斷我見之人？謬充證果已屬逾越，更何況是誤會二乘菩提之後，以未斷我見之凡夫知見所說之二乘菩提解脫偏斜法道，焉可高抬爲「究竟解脫」？而且自稱「捷徑之道」？又妄言解脫之道即是成佛之道，完全否定般若實智、否定三乘菩提所依之如來藏心體，此理大大不通也！平實導師爲令修學二乘菩提欲證解脫果者，普得迴入二乘菩提正見、正道中，是故選錄四阿含諸經中，對於二乘解脫道法義有具足圓滿說明之經典，預定未來十年內將會加以詳細講解，令學佛人得以了知二乘解脫道之修證理路與行門，庶免被人誤導之後，未證言證，干犯道禁，成大妄語，欲升反墮。本書首重斷除我見，以助行者斷除我見而實證初果爲著眼之目標，若能根據此書內容，配合平實老師所著《識蘊眞義》《阿含正義》內涵而作實地觀行，實證初果非爲難事，行者可以藉此三書自行確認聲聞初果爲實際可得現觀成就之事。此書中除依二乘經典所說加以宣示外，亦依斷除我見等之證量，及大乘法中道種智之證量，對於意識心之體性加以細述，令諸二乘學人必定得斷我見、常見，免除三縛結之繫縛。次則宣示斷除我執之理，欲令升進而得薄貪瞋痴，乃至斷五下分結…等。平實導師述，共二冊，每冊三百餘頁，定價各200元。

總經銷： 飛鴻 國際行銷股份有限公司
231 新北市新店區中正路 501 之 9 號 2 樓
Tel.02－82186688（五線代表號） Fax.02-82186458、82186459

零售：1.全台連鎖經銷書局：
三民書局、誠品書局、何嘉仁書店
敦煌書店、紀伊國屋、金石堂書局、建宏書局

2.台北市：佛化人生 羅斯福路 3 段 325 號 5 樓 台電大樓對面
士林圖書　士林區大東路 86 號　書田文化　石牌路二段 86 號
書田文化　大安路一段 245 號　書田文化　南京東路四段 137 號 B1
人人書局　大直北安路 524 號

3.新北市： 阿福的書店 蘆洲中正路 233 號（02-28472609）
金玉堂書局 三重三和路四段 16 號　來電書局 新莊中正路 261 號
春大地書店 蘆洲中正路 117 號　明達書局 三重五華街 129 號
一全書店 中和興南路一段 10 號

4.桃園市縣：桃園文化城 桃園復興路 421 號　金玉堂 中壢中美路 2 段 82 號
巧巧屋書局 蘆竹南崁路 263 號　內壢文化圖書城 中壢忠孝路 86 號
來電書局 大溪慈湖路 30 號　御書堂 龍潭中正路 123 號

5.新竹市縣：大學書局 新竹建功路 10 號　聯成書局 新竹中正路 360 號
誠品書局 新竹東區信義街 68 號　誠品書局 新竹東區力行二路 3 號
誠品書局 新竹東區民族路 2 號　墊腳石文化書店 新竹中正路 38 號
金典文化 竹北中正西路 47 號　展書堂 竹東長春路 3 段 36 號

6.苗栗市縣：建國書局苗栗市中山路 566 號 萬花筒書局苗栗市府東路 73 號
展書堂 頭份和平路 79 號　展書堂 竹南民權街 49-2 號

7.台中市縣： 瑞成書局、各大連鎖書店。
興大書齋 台中市國光路 250 號　詠春書局 台中市永春東路 884 號
參次方國際圖書 大里大明路 242 號
儀軒文化事業公司 太平中興路 178 號
文春書局 霧峰中正路 1087 號

8.彰化市縣：心泉佛教流通處 彰化市南瑤路 286 號
員林鎮：墊腳石圖書文化廣場 中山路 2 段 49 號（04-8338485）
大大書局 民權街 33 號（04-8381033）
溪湖鎮：聯宏圖書 西環路 515 號（04-8856640）

9.台南市縣：吉祥宗教文物 台南市公園路 595-26 號
宏昌書局 台南北門路一段 136 號　禪馥館 台南北門路一段308-1 號
博大書局 新營三民路 128 號　豐榮文化商場 新市仁愛街 286-1 號
藝美書局 善化中山路 436 號　志文書局 麻豆博愛路 22 號

10.高雄市：各大連鎖書店、瑞成書局
政大書城 三民區明仁路 161 號　政大書城 苓雅區光華路 148-83 號

明儀書局 三民區明福街 2 號　　明儀書局 三多四路 63 號
青年書局 青年一路 141 號
11.**宜蘭縣市**：金隆書局　宜蘭市中山路 3 段 43 號
　　　　　　　宋太太梅鋪　羅東鎮中正北路 101 號（039-534909）
12.**台東市**：東普佛教文物流通處 台東市博愛路 282 號
13.**其餘鄉鎮市經銷書局**：請電詢總經銷**飛鴻**公司。
14.**大陸地區請洽：**
　　香港：樂文書店（旺角 西洋菜街 62 號 3 樓、銅鑼灣 駱克道 506 號 3 樓）
15.**美國：世界日報圖書部**：紐約圖書部　電話 7187468889#6262
　　　　　　　　　　　　　　洛杉磯圖書部　電話 3232616972#202
16.**國內外地區網路購書：**
　　正智出版社 書香園地 http://books.enlighten.org.tw/
　　　　　　　　　　（書籍簡介、直接聯結下列網路書局購書）
　　三民 網路書局　http://www.Sanmin.com.tw
　　誠品 網路書局　http://www.eslitebooks.com
　　博客來 網路書局　http://www.books.com.tw
　　金石堂 網路書局　http://www.kingstone.com.tw
　　飛鴻 網路書局　http://fh6688.com.tw

附註：1.請儘量向各經銷書局購買：郵政劃撥需要十天才能寄到（本公司在您劃撥後第四天才能接到劃撥單，次日寄出後第四天您才能收到書籍，此八天中一定會遇到週休二日，是故共需十天才能收到書籍）若想要早日收到書籍者，請劃撥完畢後，將劃撥收據貼在紙上，旁邊寫上您的姓名、佳址、郵區、電話、買書詳細內容，直接傳真到本公司 02-28344822，並來電 02-28316727、28327495 確認是否已收到您的傳真，即可提前收到書籍。 2.因台灣每月皆有五十餘種宗教類書籍上架，書局書架空間有限，故唯有新書方有機會上架，通常每次只能有一本新書上架；本公司出版新書，大多上架不久便已售出，若書局未再叫貨補充者，書架上即無新書陳列，則請直接向書局櫃台訂購。 3.若書局不便代購時，可於晚上共修時間向正覺同修會各共修處請購（共修時間及地點，詳閱共修現況表。每年例行年假期間請勿前往請書，年假期間請見共修現況表）。 4.郵購：郵政劃撥帳號 19068241。 5.正覺同修會會員購書都以八折計價（戶籍台北市者為一般會員，外縣市為護持會員）都可獲得優待，欲一次購買全部書籍者，可以考慮入會，節省書費。入會費一千元（第一年初加入時才需要繳），年費二千元。 6.**尚未出版之書籍，請勿預先郵寄書款與本公司，謝謝您！** 7.若欲一次購齊本公司書籍，或同時取得正覺同修會贈閱之全部書籍者，請於正覺同修會共修時間，親到各共修處請購及索取；**台北市讀者**請洽：103 台北市承德路三段 267 號 10 樓（捷運淡水線 圓山站旁）請書時間：週一至週五為 18.00~21.00，第一、三、五週週六為 10.00~21.00，雙週之週六為 10.00~18.00

請購處專線電話：25957295-分機 14（於請書時間方有人接聽）。

關於平實導師的書訊，請上網查閱：
　　成佛之道　http://www.a202.idv.tw
　　正智出版社　書香園地　http://books.enlighten.org.tw/

★正智出版社有限公司售書之稅後盈餘，全部捐助財團法人正覺寺籌備處、佛教正覺同修會、正覺教育基金會，供作弘法及購建道場之用；懇請諸方大德支持，功德無量★

國家圖書館出版品預行編目(CIP)資料

黯淡的達賴：失去光彩的諾貝爾和平獎
/ 正覺教育基金會編著. -- 初版. --
臺北市：正覺出版社，2012.10
　　面；　　公分
ISBN 978-986-86852-1-5(平裝)

1.藏傳佛教

226.96　　　　　　　　　　　　　101016024

黯淡的達賴
—— 失去光彩的諾貝爾和平獎

編　　　者：財團法人正覺教育基金會

出　版　者：正覺教育基金會　正覺出版社

通訊地址：10367 台北市承德路三段 267 號 10 樓

電　　　話：+886-2-25957295 ext.10-21（請於夜間共修時間聯繫）

傳　　　眞：+886-2-25954493

帳　　　號：0903717095910　合作金庫　民族分行

總　經　銷：飛鴻國際行銷股份有限公司

　　　　　　231 新北市新店區中正路 501-9 號 2 樓

　　　　　　電話：○二 82186688（五線代表號）

　　　　　　傳眞：○二 82186458　82186459

定　　　價：新臺幣貳佰伍拾元

初版首刷：2013 年 1 月 31 日　　二千冊